江西省哲学社会科学成果文库

JIANGXISHENG ZHEXUE SHEHUI KEXUE
CHENGGUO WENKU

中国气候智能型农业研究

RESEARCH ON DEVELOPMENT OF
CLIMATE-SMART AGRICULTURE IN CHINA

李秀香 著

社会科学文献出版社
SOCIAL SCIENCES ACADEMIC PRESS (CHINA)

总　序

作为人类认识世界和改造世界的重要工具，作为推动历史发展和社会进步的重要力量，社会科学承载着"认识世界、传承文明、创新理论、资政育人、服务社会"的特殊使命。在中国实施全面建成小康社会、全面深化改革、全面推进依法治国、全面从严治党的关键时期，以创新的社会科学成果引领全民共同开创中国特色社会主义事业新局面，进一步增强中国特色社会主义道路自信、理论自信、制度自信，为经济、政治、社会、文化和生态的全面协调发展提供强有力的思想保证、精神动力、理论支撑和智力支持，这是时代发展对社会科学的基本要求，也是社会科学进一步繁荣发展的内在要求。

江西素有"物华天宝，人杰地灵"之美称。千百年来，勤劳、勇敢、智慧的江西人民，在这片富饶美丽的大地上，创造了灿烂的历史文化，在中华民族文明史上书写了辉煌的篇章。在这片自古就有"文章节义之邦"盛誉的赣鄱大地上，文化昌盛，人文荟萃，名人辈出，群星璀璨，他们创造的灿若星辰的文化经典，承载着中华文明成果，汇入了中华民族的不朽史册。作为当代江西人，作为当代江西社会科学工作者，我们有责任继往开来，不断推出新的成果。今天，我们已经站在了新的历史起点上，面临许多新情况、新问题，需要我们给出科学的答案。汲取历史文明的精华，适应新形势、新变化、新任务的要求，创造出今日江西的辉煌，是每一个社会科学工作者的愿望和孜孜以求的目标。

社会科学推动历史发展的主要价值在于推动社会进步、提升文明水平、提高人的素质。然而，社会科学自身的特性又决定了它只有得到民众的认同并为其所掌握，才会变成认识和改造自然与社会的巨大物质力量。因此，社会科学的繁荣发展及其作用的发挥，离不开其成果的运用、交流与广泛传播。

为充分发挥哲学社会科学研究优秀成果和优秀人才的示范带动作用，促进江西省哲学社会科学繁荣发展，我们设立了江西省哲学社会科学成果出版资助项目，全力打造《江西省哲学社会科学成果文库》。

《江西省哲学社会科学成果文库》由江西省社会科学界联合会设立，资助江西省哲学社会科学工作者的优秀著作出版。该文库每年评审一次，通过作者申报和同行专家严格评审的程序，每年资助出版10部左右代表江西现阶段社会科学研究前沿水平、体现江西社会科学界学术创造力的优秀著作。

《江西省哲学社会科学成果文库》涵盖整个社会科学领域，要求进入文库的是具有较高学术价值和具有思想性、科学性、艺术性的社会科学普及和成果转化推广著作，并按照"统一标识、统一封面、统一版式、统一标准"的总体要求组织出版。希望通过持之以恒地组织出版，持续推出江西社会科学研究的最新优秀成果，不断提升江西社会科学的影响力，逐步形成学术品牌，展示江西社会科学工作者的群体气势，为增强江西的综合实力发挥社会科学的积极作用。

近年来，中共江西省委出台了《关于进一步繁荣发展哲学社会科学的意见》，要求继续做好社科文库出版资助工作。我们将以更高的标准，更严的要求，全力将《江西省哲学社会科学成果文库》打造成立得住、叫得响、传得开、留得下的精品力作。

吴永明

2016 年 12 月

前　言

　　本书是国家社科基金"中国气候智能型农业发展研究"（项目编号：11BJY103）的研究成果，目前已经结题。该课题组经过开题、布置研究任务、资料搜集、初步调研及初期研究成果的发表工作，在 2011 年发表了相关研究成果学术论文 2 篇。在 2012 年，经过深入查阅资料、进行部门和省内的基础调研，课题组完成主要调研工作（包括对国外、省外的），撰写调研报告，着手总报告初稿的撰写，并投稿发表了学术论文 2 篇。在 2013 年，课题组进一步调研，召开小型研讨会，发表研究成果，完成总报告研究的定稿，共发表学术论文 2 篇，而且这三个年度发表的相关学术论文均在 CSSCI 级别以上，有一篇发表在权威期刊上，一篇被《高等学校文科学术文摘》转载，2012 年相关研究成果专著《"气候智能型"城市建设研究》出版。已公开发表的相关研究成果见附录二（2014～2015 年），课题研究人员根据预评审的修改建议进行了深度调研、查阅资料、反复修改。2014 年 11 月 5 日，课题负责人接受了《中国科学报》记者采访，对"气候智慧型"农业特点、国际经验以及我国发展"气候智慧型"农业的瓶颈等问题谈了自己的看法，采访稿《中国气候智慧型农业的未来》发表在当日《中国科学报》第五版。

　　气候智能型农业是联合国粮农组织 2010 年才提出的概念，目前只在越南、非洲等个别发展中国家进行了初步实验，在中国刚刚启动试点，因此，本书选题新、视角新。中国选择发展气候智能型农业这一战略性、决策性和前瞻性的道路，就必须要构建一套评估指标体系，作为实践的重要抓手。本书在这方面进行了初步尝试，有一定的抛砖引玉作用。

由于国内外尚没有成功的气候智能型农业模板可供借鉴参考，因此，虽然本书研究历时三年多，研究团队投入了大量时间和精力，仍有许多纰漏，尤其是大量实践经验和数据需要进行检验。希望各位读者、专家不吝赐教，多多批评指正！

李秀香

2017 年 4 月 30 日

目　录

第一章 发展气候智能型农业的背景及问题的提出

2010 年 10 月，联合国粮食和农业组织（FAO）提出了发展气候智能型农业①设想。如果德国把工业智能化时代称为工业 4.0②，那么气候智能型农业无疑是农业 4.0③ 时代的范本。而这一农业 4.0，正是在全球共同应对气候变化的不懈努力逐步取得成就的大背景下破土而生的。

第一节 全球气候变化问题的产生及其威胁

一 全球气候变化问题的提出

全球气候变化是指气候在统计学意义上、气候在全球范围内持续 10 年或更长时间平均状态的巨大改变或者变动。气候变暖、气候变冷、酸雨、臭氧层破坏、灾害天气等都是全球气候变化的典型表现④。世界气象学者普遍认为，近些年来全球范围内极端气候事件的频发与全球气候变暖有着密切的关系，因此，全球气候变暖是人类面临的最严峻的生存问题之一，

---

① 气候智能型农业，国内又翻译为"气候智慧型"农业。
② "工业 4.0"是德国联邦教研部与联邦经济技术部在 2013 年汉诺威工业博览会上提出的概念。德国科学家认为，18 世纪引入机械制造设备的工业是 1.0 时代，20 世纪初的电气化与自动化是 2.0 时代，20 世纪 70 年代开始的信息化是 3.0 时代，现在正在进入的智能化工业是 4.0 时代，即实体物理世界和虚拟网络世界融合的时代。
③ 本书认为农业 1.0 是工具时代，农业 2.0 是机械时代，农业 3.0 是生物技术与信息化时代，农业 4.0 则是智能农业时代。
④ 目前国际社会所讨论的全球气候变化问题，通常是指全球气候变暖问题，因此这两个词的互换率很高，本书中的用词亦如此。

关乎人类未来的发展。

2001 年，政府间气候变化专门委员会（IPCC）发布的第三次气候变化评估报告[①]指出，近一百多年来，大气中温室气体浓度明显增加，我们所处的地球正经历着一次以全球变暖为主要特征的显著变化，自 1860 年以来全球平均气温上升了 0.6℃ ±0.2℃[②]。

早在 19 世纪，气候变暖这一问题及其危害就已逐渐为人所知。1827年，法国科学家约瑟夫·傅里叶（Jean Baptiste Fourier）最早证实了"温室效应"[③]。他发现有一些气体能通过捕捉部分从地球表面反射的长波热辐射，而使地球表面像罩着一层玻璃一样保持温暖。1859 年，英国科学家约翰·廷斗（John Tyndall）在他的实验室测试空气中氧与氮的透光性时顺便测试了手边的碳，发现碳完全不透光；后来他又发现二氧化碳（CO_2）也不透光。这些不透光的气体后来皆称为"温室气体"[④]。1896 年，诺贝尔化学奖获得者瑞典科学家史凡特·阿列纽斯（Svante Arrhenius）认为，煤炭在持续燃烧的过程中通过与空气中的氧气结合不断生成 CO_2，从而使地球温度上升。他还预言：如果大气中的 CO_2 体积分数增加 1 倍，地表温度增高 4℃ ~6℃[⑤]。

此后，英、美科学家也证明存在"全球暖化可能性"。1938 年，乔治·

①　1988 年，WMO（世界气象组织）和 UNEP（联合国环境规划署）建立了政府间气候变化专门委员会（IPCC）。它的作用是在全面、客观、公开和透明的基础上，对世界上有关全球气候变化的现有科学、技术和社会经济信息进行评估。IPCC 迄今发布了五份关于全球气候变化的评估报告：IPCC-FAR，1990；IPCC-SAR，1995；IPCC-TAR，2001；IPCC-AR4，2007；IPCC-AR5，2015。本书所引用 IPCC 报告均来自 http：//www. ipcc. ch/publications_and_data/publications_and_data_reports. htm.

②　IPCC Third Assessment Report：Climate Change 2001（TAR）.

③　大气中的水蒸气（H_2O）、二氧化碳（CO_2）、甲烷（CH_4）、氧化亚氮（N_2O）和臭氧（O_3）等气体能使太阳短波辐射到达地面，但地表向外放出的长波热辐射线却被吸收，这就使地表与低层大气温度增高，因其作用类似于栽培农作物的温室，故名"温室效应"，产生温室效应的这些气体被称为温室气体。CO_2、CH_4 和 N_2O 等被称为长生命期的温室气体（LLGHGs），其化学性质稳定，可在大气中留存十年到数百年甚至更长时间，所以它们的排放可对气候产生长期影响。

④　Michael Grubb, et al., The Kyoto Protocol—a Guide and Assessment［M］. Royal Institute of International Affairs and Earthscan Publications Ltd：UK, 1999, p. 3.

⑤　〔圭亚那〕施里达斯·拉夫尔：《我们的家园——地球》，夏堃堡译，中国环境科学出版社，1993，第 75 页。

卡林达（George Callendar，英国气象学家）分析了 19 世纪末世界各地零星观测 CO_2 的资料，认为与 19 世纪初相比，全球 CO_2 浓度上升了 6%，首次获得了 CO_2 增加的迹象，并发现随着 CO_2 浓度上升，全球存在变暖倾向，因而在世界上引起很大反响[①]。而美国斯克里普斯海洋研究所的凯林（Charles David Keeling）等科学家研究发现，工业革命以前大气中 CO_2 含量大约是 280ppm 左右，一直相对稳定，但从第一次工业革命后开始持续上升，不到 300 年时间，大气中 CO_2 的体积分数从 280ppm 急剧攀升到 355ppm[②]。20 世纪 90 年代末，美国气候科学家迈克尔·曼、雷蒙德·布拉德利和马尔科姆·休斯对近千年来北半球温度序列进行了"重构"，认为 20 世纪温室效应加剧，全球变暖加快了节奏，如同一根曲棍球杆朝上的击球面，在 1900 年之前地球气温一直保持大致平稳，然后突然猛增。这就是著名的气候变化之"曲棍球杆曲线"。该项研究成果被 IPCC 第三次研究报告引用。2008 年迈克尔·曼等人又给出了近两千年的全球温度序列，这次的序列不再是"曲棍球杆"了，而像一根"湿面条"，当然这根"湿面条"也是在走不断上升"路线"的。

2007 年，IPCC 第四次评估报告指出，全球平均地表温度在过去的 100 年间已经上升了 0.74℃[③]。

表 1-1 是 IPCC 对不同浓度下 CO_2 对气温增长影响的预测，当 CO_2 浓度增加 3.5 倍时，温度上升 6.3 倍。图 1-1 是 1977～2008 年全球 CO_2 浓度变化趋势。

表 1-1　CO_2 平均当量及可能引起的温度增长

平均 CO_2 当量（ppm）	温度增长（℃）		
	最佳估值	很可能以上	可能性区间
350	1.0	0.5	[0.6，1.4]
450	2.1	1.0	[1.4，3.1]
550	2.9	1.5	[1.9，4.4]

①　萧如珀：《全球暖化的发现》，《环保信息》，（中国台湾）2005 年第 87 期。

②　Richard P. Turco，Earth Under Siege [M]. Oxford University Press：UK，1997，p. 368.

③　IPCC Fourth Assessment Report：Climate Change 2007（AR4）.

续表

平均 CO₂ 当量（ppm）	温度增长（℃）		
	最佳估值	很可能以上	可能性区间
650	3.6	1.8	[2.4, 5.5]
750	4.3	2.1	[2.8, 6.4]
1000	5.5	2.8	[3.7, 8.3]
1200	6.3	3.1	[4.2, 9.4]

资料来源：IPCC. IPCC 第四次评估报告 [EB/OL]. http://www.ipcc.ch/publications_and_data/ar4/wg1/zh/tssts-4-5.html。

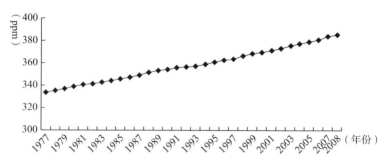

图 1-1　1977~2008 年全球 CO_2 浓度变化趋势

数据来源：NASA. http://www.nasa.gov/。

由图 1-1 可知，CO_2 浓度 1977 年不到 340ppm，2008 年增长到了 380ppm 以上。大气中，CO_2 浓度增长幅度在不断地上升，且这种增长趋势不可挡。大气中 CO_2 浓度很高，主要是发达国家为了经济的快速发展，早期排放了大量的 CO_2。现在发展中国家也处于当年发达国家的经济发展阶段，CO_2 的排放量也很高。即使发达国家与发展中国家同时实施减排措施，在今后相当长的时间内 CO_2 浓度还将不断上升。图 1-2 是全球气温变化趋势图。

由图 1-2 可知，在 1977~2008 年期间，全球气温在不断上升，温度上升的幅度也在不断地增加。有研究表明，相对于工业化前，全球平均气温上升了 0.8℃，陆地升温的幅度大约是海洋的 2 倍。

2013 年 9 月 27 日，政府间气候变化专门委员会（IPCC）在瑞典斯德哥尔摩召开新闻发布会，公布了第五次评估报告（AR5）第一工作组报告决策者摘要的主要内容。从这次报告可知，1880~2012 年，全球的平均气温约上

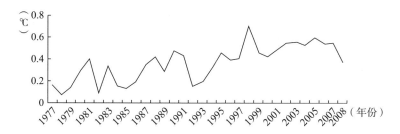

图 1 - 2　1977~2008 年全球温度变化趋势

数据来源：NASA. http://www. nasa. gov/。

升了 0.85℃。特别是近 30 年的温度变化，这三十年的任何一个 10 年的平均温度都要高于 1850 年后的任何一个 10 年。2014 年 11 月初，IPCC 在哥本哈根发布了第五次评估的综合报告，显示 1880~2012 年，全球地表平均气温大约上升了 0.85℃，在北半球，1983~2012 年可能是过去 1400 年中最暖的 30 年。

中国科学家钱维宏教授对 21 世纪将全球气温上升值控制在 2℃ 以内[①]的提法提出质疑，认为，21 世纪的全球平均温度最多上升 0.6℃，不可能达到 2℃ 的阈值[②]。

世界气象组织 2009 年、2010 年的报告显示，2008 年是近 150 年来 10 个最暖的年份之一，比 1961~1990 年的平均气温高了 0.31℃。2010 年是有记录以来 3 个最热的年份之一，共有 18 个国家出现史上最高温度。2011 年北半球许多国家的高温、干旱创了历史纪录。

二　人类活动及农业对全球气候变化的影响

（1）人类活动的影响

全球气候变化主要有两大影响因素：自然力和人类活动力。自然力的影响主要来自日地关系以及气候系统内部的相互作用与反馈，如太阳辐射、大气环流、火山活动和海洋运动等。据研究，近百年和近千年全球平均气温与太阳活动的相关系数分别为 0.88 和 0.73，与火山活动的相关系

---

① 基于 IPCC 在 2001 年的第三次和 2007 年的第四次报告中给出的结论。

② 游雪晴：《冬季酷寒席卷全球 气候变暖明显证据不足》，人民网，最后访问日期：2013 年 10 月 12 日，http://http://scitech. people. cn/GB/10822395. html。

数分别为 - 0.4 和 - 0.49①。人类活动力的影响主要包括人类燃烧化石燃料导致硫化物气溶胶浓度的变化、陆面覆盖和土地利用的变化以及毁林等引起的大气中温室气体浓度的增加。目前的大量研究成果证明，导致近百年全球气候持续变暖的主要因素是人为因素，即工业革命加快了世界各国的工业化和城市化发展进程，从而加剧了温室气体的排放。同样出于工业化和城市化的原因，对森林资源的消耗急剧增加，大量的砍伐导致全球森林覆盖率不断降低。这些因素均导致全球"温室效应"持续增强。IPCC 第四次研究报告公布，在地球气候变暖的所有因素中，人为因素占据了 90%。也有研究认为，人类活动使得大气层中温室气体的浓度增加了 25%②。

首先，看化石燃料燃烧的作用。1988 年，美国气象科学家詹姆斯·汉森（James Hansen）在美国国会听证会上首次提出气候变暖的危险性，他也因对燃烧化石燃料等人类活动可能导致全球变暖风险提出警告，被尊为"全球变暖研究之父"。目前研究表明，化石燃料燃烧与人类改变自然活动所排放的 CO_2 量比率为 3∶1③。

其次，看贸易及全球化对温室效应的影响。气候变暖很多情况是由贸易和经济全球化的外部性带来的。这里所说的外部性主要体现在，由于贸易和全球化，许多本可以在距消费地很近的地方生产的产品却远距离生产，并通过船舶和飞机运输到世界各地，这一过程将产生大量 $CO_2$④。例如，从新西兰运送 1 公斤奇异果到英国，会排放 1 千克 CO_2，假如在英国境内产销，CO_2 排放量仅为 50 克，相差了 20 倍之多⑤。但同时贸易和经济全球化使得减排技术和设施能在全球自由流通，对抑制温室气体的排放所产生的全球变暖也有积极的影响。

---

① 王丹：《气候变化对中国粮食安全的影响及对策研究》，华中农业大学博士学位论文，2009。
② David Crisp and Charles E. Miller, "Key OCO Facts", see Earth Science Reference Handbook, 2008, pp. 199 - 203, NASA.
③ Nakicenovic, Nebojsa: Freeing Energy from Carbon, in Technological Trajectories and the Human Environment, edited by J. H. Ausubel and H. D. Langford, Washington, D. C.: National Academy Press, 1997.
④ Les Leopold, Globalization is Fueling Global Warming [N]. Alter Net, 2007.
⑤ 曲如晓、马建平：《贸易与气候变化：国际贸易的新热点》，《国际商务》2009 年第 7 期。

（2）农业的影响

农业既排放温室气体，又固碳，因此在未来世界经济发展中承担着双重责任，既要减排，又要固碳。

从已有研究成果获得的结论看，农业排放温室气体的强度达到危言耸听的地步。首先，从总体评价来看，农业对全球气候变化的影响虽然次于工业，但是影响的增长速度有过之无不及。CO_2、甲烷（CH_4）和氧化亚氮（N_2O）等痕量气体[①]浓度的增加直接导致了温室效应，其贡献率约75%（有研究认为，CH_4占到20%，N_2O占到7%[②]）。CH_4含量在空气中的增长率比CO_2高很多，尽管浓度较低。IPCC在1995年发表的第二次气候变化评估报告指出，从1750~1990年共240年间空气中含量较低的CH_4增加了145%，而含量较高的CO_2只增加了30%[③]。IPCC第四次报告显示，农业排放温室气体，占比为14%，这一比例远远高于交通运输业[④]；全球范围内农业排放的CH_4占由于人类活动造成CH_4排放总量的50%，N_2O占60%。该报告预测，如果不实施特别的农业政策，预计到2030年，农业源CH_4和N_2O排放量将比2005年分别增加60%和35%~60%[⑤]。

其次，从种植业的影响看，占农业影响的大头。这里不仅是说农业种植业本身的影响，而且值得强调是农业种植对森林及其他植被破坏的影响最大。CH_4和N_2O两种气体主要来自于农业生产。一般来说，农业植物的生长通过吸收CO_2进行光合作用释放氧气，在很大程度上减缓了全球变暖的程度。但稻田、沼泽等局部缺氧介质却不断地释放甲烷。而且随着世界人口的增加，为满足人口快速增长对粮食增加的需求，同时使"集约化农业"得到迅速发展，人们会向土壤中加入大量的氮元素，从而增加N_2O的

① 极少量的气体，分析化学称极少量为痕量。
② Houghton J. T., Meria Filho L. G., Callander B. A., et al., Contribution of Working Group to the Second Assessment Report of the International Panel on Climate Change, In Climate Change 1995—The Science of Climate Chang E. Melbourne, Australia: the Press Syndicate of the University of Cambridge, 1996, pp. 1 – 8.
③ 韩昭庆：《〈京都议定书〉的背景及其相关问题分析》，《复旦学报》（社会科学版）2002年第2期。
④ IPCC Fourth Assessment Report: Climate Change 2007 (AR4).
⑤ IPCC Fourth Assessment Report: Climate Change 2007 (AR4).

排放。《联合国气候变化框架公约》和《京都议定书》中都明确指出了种植业对气候变化的影响，源自于种植业常用生产方式的不合理，如土壤结构、土地使用、农家肥和化学肥料使用、农作物秸秆的发酵和燃烧等不合理的操作方式，均会直接或间接地影响农业温室气体排放。各国在向联合国气候变化框架公约缔约方大会提交国家报告时须对这些方面予以考虑[1]。

更为严重的是，人类的农业生产活动，森林的砍伐、荒地的开拓、草场过度放牧、"现金植物"[2] 引发各类生态系统的严重退化，草场退化、农田侵蚀、土地沙化等问题层出不穷。而对森林或草场的破坏引起的 CO_2 浓度变化是双向叠加的：一方面，由于破坏森林和草场导致植物减少，其通过光合作用吸收固定 CO_2 的功能下降；另一方面，植物因燃烧或腐败物分解不断地向空气中排放 CO_2 和其他温室气体。20 世纪 50 年代全球拥有热带雨林 1227 平方公里，而到了 80 年代中期，约有一半以上遭到了破坏。如南美地区为畜牧场的改建砍伐了 72% 的森林，而这里是以前热带雨林面积最大的地区，非洲（扎伊尔、加蓬等国）的"现金植物"占据了原始森林一半以上的地盘。东南亚地区的热带雨林曾占了世界的 1/4，仅 20 世纪 80 年代全球每年就失去了 710×104 公顷热带森林，每年退化 44×105 公顷热带森林[3]。这一方面带来全球 1/3 的陆地受到沙漠化侵袭，另一方面造成森林吸收 CO_2 功能下降，加剧全球气候变暖。

此外，从养殖业的影响看，大有不断恶化的趋势。大量研究表明，反刍动物（牛、水牛、绵羊、山羊和骆驼）消化过程中排放的屁、粪便释放了一定的 CH_4，尤其是储存在潟湖和蓄粪池中有机质的厌氧发酵过程释放了大量 CH_4[4]。联合国粮农组织（FAO）2006 年的报告《牲畜的巨大阴影——环境问题与选择》指出：从温室气体排放的总量来看，畜牧业排放的温室气体占全球总排放量的 18%，这一比例已经超过了交通运输行业的温室气体

①　《联合国气候变化框架公约》京都议定书，附件 A。
②　现金植物是指经济效益高的植物，如咖啡、可可、香蕉、橡胶等。
③　改善生态环境研究课题组：《改善生态环境》，学术书刊出版社，1989。
④　Viney P Aneja, William H Schlesinger, Jan Willem Erisman, Effects of Agriculture upon the Air Quality and Climates: Research, Policy and Regulations, Environmental Science&Technology, 2009, June 15 4234 - 4240.

排放量;而从温室气体排放的种类来看,畜牧业排放了全球 9% 的 CO_2,37% 的 CH_4,65% 的 N_2O [1]。世界观察研究所(WWI)则认为畜牧业对温室气体的排放量远远超过联合国粮农组织的估计,其 2009 年 11 月 ~ 12 月刊登在《世界观察》的报告——《牲畜与气候变化》指出:畜牧业及其相关副产品产业排放的温室气体占全球的一半以上,高达 51% [2]。

值得欣慰的是,农业又承担了固碳和吸碳作用,成为可以抵消影响全球气候变化负效应的一支积极力量。"碳汇"就是从空气中吸收碳的过程、活动或机制。农业作物可以通过光合作用,吸收部分 CO_2,放出 O_2,这一过程能够将空气中的 CO_2 转化成糖、纤维素等各种形式的碳水化合物在植物体内进行存储和固定,从而在降低空气中 CO_2 浓度的同时,增加氧气的含量。农业"碳汇"通过土壤碳汇和植被碳汇两种形式进行。在土壤碳汇形式下,植物以光合作用吸收 CO_2 形成有机质,在植物死亡后以有机碳的形式进入土壤储存起来。据估算,土壤碳汇量占陆地总碳量的 2/3,是植被碳汇量的 3 倍。在植被碳汇[3]形式下,植物以光合作用吸收 CO_2 形成有机质并在体内储存。森林等陆生植物是植被碳汇的主要渠道,但水生生物的碳汇作用也不可小觑。低等级的藻类中,小球藻的碳含量为 46.38%,栅藻的碳含量为 51.28%,水华鱼腥藻的碳含量为 68.76%,而水生高等植物和水生动物的碳汇能力更大[4]。

因此,农业对大气中碳含量的作用体现在两方面,既是碳源,又是碳汇,并且从理论上说,农作物的固碳作用体现在吸收了农业系统自身排放的温室气体的同时部分抵消了工业系统及其他系统的温室气体排放[5]。

---

[1] AFO. Livestock's Long Shadow-Environmental Issues and Options:http://www.fao.org/docrep/010/a0701e/a0701e00.htm.

[2] 冯汝涵:《畜牧业与温室气体排放》,《四川畜牧兽医》2010 年第 5 期。

[3] 作为碳汇的植被主要有森林、灌丛、草类、荒漠和半荒漠植物、湿地生物、农田生物等。其中,森林和草原是陆地生态系统的主体,也是陆地生态系统主要的碳汇资源。因此,被称为陆地生态系统中最大的碳贮库和最经济的吸碳器。此外,湿地因其具有水分过饱和厌氧的生态特性,其土壤和泥炭层富含有机质,微生物活动弱,植物残体分解、释放 CO_2 过程缓慢,所以单位面积吸碳功能是森林和海洋的 9 倍。

[4] 罗吉文:《低碳农业发展路径探析》,《广东农业科学》2011 年第 15 期。

[5] 黄锦法、王国峰、石艳平等:《嘉兴市农业碳汇及低碳农业技术应用策略》,《浙江农业学报》2012 年第 2 期。

更有研究表明，在未来的 20 ~ 50 年，农田土壤固碳能力会随着农艺方式的改进有所增加。相关国家在长时期保护性耕作之后土壤有机碳含量明显增加，如北美土壤的有机碳含量在 10 年保护性耕作之后增加了 7% ~ 30%。此外，对土壤使用生物黑炭可以快速稳定提高贫瘠土壤的有机碳含量，同时显著改善土壤结构，提高旱地作物的生产能力和品质[1]。由此可见，转变全球气候变暖的趋势，改变农业发展模式至关重要。

三　全球气候变化对人类生存的威胁

气候变暖对陆地生态的威胁是十分严重的，随着全球地表平均气温上升，绝大部分地区极端热事件会增多，极端冷事件会减少，变暖趋势会在全球范围内广泛蔓延。根据当前温度的变动趋势，在未来几十年中，全球大多数地区的暖日和暖夜的频率可能会不断地增加；与之相反的是，冷日和冷夜的频率可能会慢慢地减少[2]。

近年来，世界许多国家都出现了百年一遇的极端气候现象，给各国造成了巨大的损失。在气候变化带来的灾害面前，无论是发展中国家还是发达国家都难以幸免于难。英国科学家马克·林纳斯对数千份科学文件进行精心研究后撰写了《改变世界的6℃》一书，描述了地球气温升高6℃之后全球面临的灾难[3]，现简述如下。

首先是海平面上升的危害。温度上升导致的冰川、雪山融化是海平面上升的主要原因。据 IPCC 第三次评估报告的统计，目前北半球中高纬度河湖结冰期缩短约 2 周；最近几十年来，北极海冰减薄了 40%，春夏季的海冰范围减少 10% ~ 15%，冰川面积比 19 世纪 60 年代末减少了 10%，退缩范围较大；极地永久冻土带因地球变暖而消融退化。该报告警告，若任由其发展，到 22 世纪全球平均气温可能上升 1.4℃ ~ 5.8℃，海平面将上升 9 ~ 88 厘米，这将给人类每年带来 3000 多亿美元的经济损失。不仅如

---

① 王成己、王义祥、黄毅斌等：《低碳农业：从理论构想到科学实践的若干问题》，《福建农业学报》2011 年第 3 期。

② 董思言、高学杰：《长期气候变化：IPCC 第五次评估报告解读》，《气候变化研究进展》2014 年第 1 期。

③ 本小节未加注的相关内容，均来自我国各大网站对该书的介绍。

此，一些岛国可能在未来的 50 年内消失[1]。目前，加拿大的哥伦比亚冰川
已经比过去降低了一二百米。据林纳斯预测，假如气温再上升 1℃，乞力
马扎罗峰一直戴了 11000 年的雪白冰帽将不复存在，欧洲的阿尔卑斯山的
冰雪也将全部融化，澳大利亚大堡礁的珊瑚则因此遭受灭顶之灾。假如气
温上升 2℃，格陵兰岛的冰盖亦不复存在，联合国人居中心调研发现，海
平面上升 1 米，海拔 4 米的陆地都将受到威胁[2]。我国是世界上受海平面
上升影响最严重的地区之一。从 2000 年开始，我国陆续发布的海平面公告
显示：海平面不断上升，且上升速度加快。全国 70% 以上的大城市分布在
18000 多公里的海岸线上，城市密集分布的珠江、长江、黄河三角洲附近
海平面到 2050 年将上升 9 ~ 107 厘米；到 2030 年，上海相对海平面将比
2010 年上升 12 厘米，到 2050 年上升 25 厘米[3]。

其次，气候变化破坏了生物多样性，进而摧毁了生态系统。地质历史
记录表明生态系统具备一些自然适应气候变化的能力（又称"生态系统的
弹性"），但综合气候变化、相关扰动（例如洪水、干旱、野火、虫害、海
洋酸化）和其他全球变化驱动因子（如土地利用变化、污染、过度开采资
源）等因素严重影响了自然适应气候的能力，到 2100 年许多生态系统弹
性有可能将损失殆尽。IPCC 第三次评估报告指出，受气候变化的影响，近
40 年来北半球植物乳化期、开花期、迁移期和病虫害暴发期均有不同程度
的延长，约为每 10 年延长 1 ~ 4 天；对生态系统的影响则是使动植物活动
区北移和上移[4]。这是气候使植物生态系统弹性减弱的重要原因。一些重
要研究成果也充分证明了这一点。英国《自然》杂志上曾发表过一篇由多
国科学家联合组成的国际团队所著的研究报告，称气候变暖将导致全球 1/
4 的陆地动植物在未来 50 年内灭绝。也就是说，100 多万个物种将在半个
世纪后从地球上消失。科学家们对欧洲、南非、澳大利亚等地的 1103 个物
种的研究发现，气温升高严重影响了很多物种适宜的栖息地，到 2050 年，

---

① Third Assessment Report：Climate Change 2001（TAR）.
② 谭景涛：《发展低碳经济机遇与挑战并存》，《中国企业报》2009 年 9 月 9 日。
③ 米华：《海平面：正在上升的威胁》，《第一财经日报》2009 年 10 月 14 日。
④ IPCC Third Assessment Report：Climate Change 2001（TAR）.

这些地区 15%～37% 的物种将要灭绝①。

最后，气象灾害的危害。全球气温上升导致大范围降雨、持续的干旱和高温等气象灾害不断发生。有资料表明，气候变暖首先会导致严重两极分化的气候在非洲出现。近年来非洲南部连年暴雨，导致莫桑比克、南非、津巴布韦、赞比亚等国洪涝灾害频发，热带旋风袭击马达加斯加和莫桑比克；冰火两重天的对比则是，摩洛哥和阿尔及利亚等北非国家持续多年干旱少雨，珍稀物种濒临灭绝，土地沙漠化现象加剧，撒哈拉沙漠扩张的速度惊人②。厄尔尼诺现象③近 20～30 年来的暴发非常频繁、强烈和持久。1976～1997 年 20 多年来厄尔尼诺现象分别在 1976～1977 年、1982～1983 年、1986～1987 年、1991～1993 年和 1994～1995 年出现过 5 次。20 世纪最严重的厄尔尼诺现象在 1982～1983 年给全世界造成 80 亿美元的财产损失，导致了约 1500 人的死亡，并随着不断加剧的全球变暖而更加活跃。与此同时，拉尼娜现象④也频繁出现，一般出现厄尔尼诺现象的第二年就会出现拉尼娜现象，会引起飓风、暴雨、冰冻等极端天气并导致灾害频发，有时拉尼娜现象会持续 2～3 年。

正因为气象灾难频发才导致了世界各国遭受巨大经济损失。1987 年，孟加拉国 47 个县（该国共 64 个县）遭受暴雨的侵袭，造成了该国有史以来最大的一次洪灾，联合国每年耗费 2000 万美元对其实施粮食供给计划。2005 年，卡特里娜飓风袭击美国，切断了数十万户家庭的供电，淹没了数以万计的房屋，导致了一百多万人无家可归⑤。2010 年的

---

① 曹丽君：《全球变暖将使百万物种 50 年后面临灭绝》，最后访问日期：2013 年 7 月 25 日，《国际在线/国际纵横》，http://gb.cri.cn/321/2004/01/09/144@40665.html。

② 陈越：《气候变暖严重影响非洲发展》，人民网/国际/时事要闻/非洲，http://www.people.com.cn/GB/guoji/22/87/20010403/431987.html。

③ 厄尔尼诺现象是太平洋赤道带大范围内海洋和大气相互作用后失去平衡而产生的一种气候现象。正常情况下，热带太平洋区域的季风洋流是从美洲走向亚洲，使太平洋表面保持温暖，给印尼周围带来热带降雨。但这种模式每 2～7 年被打乱一次，使风向和洋流发生逆转，太平洋表层的热流就转而向东走向美洲，随之便带走了热带降雨。因发生在圣诞节前后，当地人称之为"厄尔尼诺"，西班牙语的意思为"圣婴"，即圣诞节时诞生的男孩。

④ 拉尼娜现象是指赤道太平洋东部和中部海面温度持续异常偏冷的现象（与厄尔尼诺现象正好相反）。拉尼娜意为"小女孩"（圣女婴）。

⑤ 佚名：《全球极端气候回顾》，新华网，最后访问日期：2013 年 7 月 25 日，http://news.xinhuanet.com/world/2010-08/03/c_12401296.htm。

高温席卷了全球，导致了美国南加州火灾；俄罗斯山火频发，莫斯科气象历史纪录达到了 130 年的新高；格鲁吉亚森林持续燃烧了 3 天；日本高温不断，217 人在半个月内因中暑死亡；印度西北部地区 50℃ 的极端高温导致近 300 人被热死①。

　　就中国的情况来看，气候形势也异常严峻。2008 年罕见的低温雨雪冰冻灾害肆虐南方，2009 年东北、华北等多地发生严重旱灾。国家气候中心公布，2010 年为 21 世纪以来中国气候最为异常的一年，降水量为 21 世纪最多，高温屡破极值，夏季高温日数为 1961 年以来最多，极端降水事件为 1961 年以来最多，台风登陆比例为有记录以来最高，西南地区特大干旱刷新气象记录，东北、华北冬春持续低温 40 年罕见，新疆出现近 60 年来最严重雪灾，气象灾害造成的损失为 21 世纪以来之最②。

　　更为严重的是，气候变化对人类生产生活的影响将是一个长期的过程，如若不采取强有力的应对措施，后果不堪设想。国内外不同学者和专家构建出了多种模型，预测未来不同的排放情况对人类生产生活的影响。其中，以 IPCC 在第四次报告中构建的 SRES 模型（如表 1 - 2 所示）最为经典，得到最多认同。

表 1 - 2　SRES 模型下未来不同排放场景

场景	场景特点	亚场景	亚场景的解释
A1	世界经济快速增长	A1F1	化石燃料密集
	世界人口在 21 世纪中叶达到峰值	A1T	非化石燃料
	新的更高效的技术被快速接受	A1B	各种能源平衡
A2	世界人口急速增长	无	无
	经济发展缓慢	无	无
	技术变革缓慢	无	无
B1	世界趋同	无	无
	世界人口情况与 A1 相同	无	无

---

① 朱晓颖：《南京专家称气候极端事件可能会越来越多》，最后访问日期：2013 年 7 月 25 日，http://www.chinanews.com/gn/2010/08 - 04/2446367.shtml。

② 李秀香、赵越、程颖：《农产品贸易的气候变化风险及其应对》，《国际贸易》2011 年第 11 期。

场景	场景特点	亚场景	亚场景的解释
B1	经济结构向服务和信息经济快速转变	无	无
B2	人口和经济发展适中	无	无

资料来源: Lenny Bernstein, Peter Bosch, Osvaldo Canziani, et al. IPCC Fourth Assessment Report2007 [EB/OL]. http://www.ipcc.ch/publicationsanddata/publicationsanddatareports.shtml。

A1 场景描述了世界经济快速增长、更新更高效的技术迅速推广、世界人口在 21 世纪中叶达到峰值的场景，是低排放情况，温室气体排放量控制得最好，农产品的生产和供应受到不利影响也最小。同时，A1 场景划分出三个亚场景，包括 A1F1 化石燃料密集场景、A1T 非化石燃料场景和 A1B 各种能源平衡不依赖于特定能源的场景。A2 描述世界人口急速增长，经济发展、技术变革缓慢的场景，是一种高排放情况，农产品的生产和供应受到的影响最大。B1 描述的情形与 A1 类似，但经济结构向服务经济和信息经济转变。B2 描述的人口和经济发展适中的情形，更加符合未来全球的实际发展情况。但也许多学者的研究认为，无论在哪种气候变化情形下，人类生产生活都将遭受巨大影响。

总的来看，在过去的近两百年里，我们已经向大气中排放了过多的 CO_2 及其他温室气体，致使全球气温不断攀升，使我们赖以生存的地球环境不断发生变化。气候变化从海平面上升、生物多样性，气候灾害和人类健康等多方面影响着人们的生产生活，并威胁着全球 70 亿人的生存。国际研究机构——国际粮食政策研究所（IFPRI）2009 年 9 月 30 日公布的一项研究报告指出，如果全球变暖趋势未得到有效控制，到 21 世纪中叶全球将发生粮食大量减产，并由此带来物价飞涨。

在未来，以全球变暖为主要特征的气候变化将是人们共同面临的前所未有的危机。解决气候问题的意义就是拯救地球，保护我们共同居住的家园。

第二节 气候变化对农业生产及农产品贸易的影响

一 世界农产品生产及贸易情况

（1）世界农产品生产情况

农产品的生产和供给对世界经济发展起着举足轻重的作用，为满足国际社会对农产品日益增长的需求，世界农产品产量不断提高。表1-3显示了全球各种农产品生产指数。

表1-3　全球农产品生产指数

	2003 年	2004 年	2005 年	2006 年	2007 年	2008 年	2009 年
作物生产指数	105.3	111.9	113.4	114.6	117.9	122.5	122.2
食品生产指数	105.9	110.3	112.8	115	118.1	122.3	123
畜牧生产指数	105.7	107.9	111.2	113.8	116.3	119	120.3

数据来源：农产品生产指数，世界银行网站，http://data.worldbank.org.cn/indicator。

从表1-3中可以看出，2003年到2009年全球作物生产指数从105.3上升到122.2，食品生产指数从105.9上升到123，畜牧生产指数从105.7上升到120.3。这表明，近几年来，全球农产品生产呈逐步上升趋势。

随着世界经济的发展，全球农产品的产量不断上升，但农产品产值占总产值的比重在不断降低。表1-4显示了近几年来全球不同组别国家农产品产值占全球生产总值的百分比，国家的分组以收入为依据。

表1-4　不同收入组别国家农产品产值占全球生产总值的百分比

单位：%

	2003 年	2004 年	2005 年	2006 年	2007 年	2008 年	2009 年	2010 年	2011 年
世界	3.4	3.4	3	2.9	2.9	2.8	2.8	2.8	/
低收入国家	31.2	30.1	28	27.4	26.7	26	26.8	25.7	25.2
中低收入国家	11.8	11.5	10.6	10.1	10	9.8	9.9	9.8	9.8
低中收入国家	19.3	18.4	17.8	17.2	17.1	16.5	17.3	17.1	16.5
中等收入国家	11.3	10.9	10.1	9.6	9.5	9.4	9.4	9.4	9.4
高中收入国家	8.9	8.8	8	7.5	7.5	7.4	7.3	7.3	7.4
高收入国家	1.6	1.7	1.5	1.4	1.4	1.4	1.3	1.3	/

数据来源：农产品生产指数，世界银行网站，http://data.worldbank.org.cn/indicator。

从表1-4可知，2003~2010年全球农产品产值占GDP的比重一直维持在3%左右。随着收入水平的提高，农产品的产量占GDP的比重呈下降趋势。农产品产值占GDP比重最高的是低收入国家，最低的是高收入国家。2010年两组国家这一比重的数值相差近24%。总体而言，全球范围内农产品产值占总产值的比重都有所下降。而在此期间，世界人口数却出现了大幅增加，从2003年的63.49亿元上升到2009年的68.98亿元，增长了5亿多元，同时生物质能源的开发与利用也增加了对农产品的需求。因此，国际农产品供应紧张的局面没有因产量的增加而缓解，温室气体排放增加使全球地表温度持续上升，加剧了国际农产品供需失衡的情况①。

（2）世界农产品贸易情况

农产品的产出值，消费量和供给量的平衡，价格和运输成本的变化都将影响世界农产品贸易量和贸易格局②。表1-5展示了2000~2011年世界农产品贸易在世界商品贸易中的地位。

表1-5　世界农产品在世界商品贸易中的地位

单位：亿美元，%

年份	世界商品出口额	世界商品进口额	世界农产品出口额	世界农产品进口额	世界农产品出口占商品出口比重	世界农产品进口占商品进口比重
2000	64560.0	67240.0	5511.8	5954.3	8.5	8.9
2001	61910.0	64830.0	5526.7	5954.1	8.9	9.2
2002	64920.0	67420.0	5848.5	6263.5	9.0	9.3
2003	75860.0	78670.0	6834.4	7275.9	9.0	9.2
2004	92180.0	95680.0	7832.0	8363.5	8.5	8.7
2005	104950.0	108600.0	8518.7	8984.4	8.1	8.3
2006	121200.0	124440.0	9450.5	9809.3	7.8	7.9
2007	140120.0	143110.0	11346.8	11785.9	8.1	8.2
2008	161400.0	165410.0	13453.0	14016.1	8.3	8.5
2009	125420.0	127360.0	11813.9	12131.5	9.4	9.5
2010	152740.0	154640.0	13664.7	13838.5	8.9	8.9
2011	182550.0	184380.0	16595.2	17452.1	9.1	9.5

数据来源：牛盾：《2012中国农产品贸易发展报告》，中国农业出版社，2011。

从表1-5可知，2000~2011年，世界农产品进、出口额不断攀升，

① Dellal, I. & Butt, T. Climate Change and Agriculture. TEAE Publications, 2005.
② Gassebner, M., Keck A. & The, R. Impact of Disasters on International Trade. http://www.wto.org/english/res_e/reser_e/ersd200604_e.htm, 2013-01-09.

占世界商品贸易的比重一直维持在较高水平，但出口额远低于进口额，说明农产品在国际市场上呈现供不应求的状况。图 1-3 描述了世界农产品贸易在世界商品贸易中的地位。

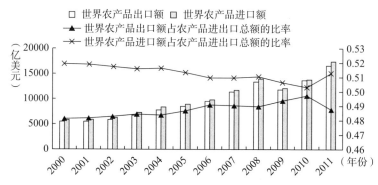

图 1-3 世界农产品贸易在世界商品贸易中的地位

数据来源：世界贸易组织统计数据库，http://www.wto.org/english/res_e/statis_e/statis_e.htm.

从图 1-3 中可以看出，在 2000~2011 年，世界农产品进口额和出口额在不断地上升，其中世界农产品的出口额低于农产品的进口额，且农产品进口额占世界农产品进出口总额的比重远高于农产品出口额占世界农产品进出口总额的比重。从图表和对数据的分析可知，国际市场中，全球农产品供不应求。

从主要农产品贸易情况来看也是一样。表 1-6 展示了 2010 年主要农产品贸易国农产品进、出口额及其占世界农产品进、出口总值的份额。

表 1-6 2010 年主要农产品贸易国（地区）进、出口额及其份额

出口国和地区	出口额（亿美元）	份额（%）	进口国和地区	进口额（亿美元）	份额（%）
欧盟 27 国	5323	39	欧盟 27 国	5566.1	39
美国	1425.6	10	美国	1164.5	8
巴西	686.6	5	中国	1082.3	8
加拿大	521.1	4	日本	774.5	5
中国	516.2	4	俄罗斯	367.3	3
印度尼西亚	359.6	3	加拿大	319.5	2

续表

出口国 和地区	出口额 （亿美元）	份额（%）	进口国 和地区	进口额 （亿美元）	份额（%）
泰国	351.4	3	韩国	266.1	2
阿根廷	345.5	3	墨西哥	235.3	2
马来西亚	288.7	2	中国香港	206.2	1
澳大利亚	270.4	2	印度	174.5	1
印度	232	2			

数据来源：世界贸易网站，2011 年国际贸易统计，http://www.wto.org/english/res_e/statis_e/statis_e.htm，2012 年 9 月 13 日。

从表 1 - 6 可知，世界农产品出口主要集中在欧盟、美国、巴西、加拿大和中国，这五个国家和地区农产品出口份额达到了 62%。农产品进口主要集中在欧盟、美国、中国、日本和俄罗斯，这五国和地区农产品进口份额达到了 63%。然而，以上几个国家和地区都是全球气候变化的重灾区。如 2012 年，美国遭受 50 年一遇的旱灾，造成农业直接经济损失 780 亿美元；俄罗斯在 2012 年也遭遇了严峻的旱情，受灾的耕地面积占总耕地面积的 5% ~ 6%。世界农产品贸易分布过度集中增加了全球气候变化对世界农产品贸易的潜在威胁。

二 全球气候变化对农业生产的影响

（1）全球气候变化对农产品生产的直接影响

第一，气温升高对农业种植业的影响。气候变暖对农业种植业的影响主要表现在 CO_2 浓度升高和气温上升两个方面。一般来说，CO_2 浓度升高对农业生产是有积极作用的，这是因为 CO_2 浓度通过影响光合作用、呼吸作用、气孔活动等生理过程对植物施加影响，进而影响产量。

气温上升对农业生产的影响则主要是负面的。国际粮食政策研究所（IFPRI）的研究成果显示了气温上升对降水分布的影响及由此带来的结果，该机构预计到 21 世纪中叶地球平均气温将上升 1℃ 左右，受到温度变化的影响，降水分布也随之改变，两者的共同影响将导致粮食产量的大幅度减少，对大米的影响是减产 15%，对小麦的影响则是减产 30%，由此引起小麦、大米等粮食价格的上升，进一步影响到人类的生存发展，尤其是影响少年儿童卡路里的摄入和他们的成长①。也有研究认为，气候变暖使世界农业的总体生产率普遍下降了 20%，表现在除小麦外的粮食作物，稻米生产率下降 7%，以玉米为主的其他谷物生产率下降 12%②。

当然对不同国家影响也不尽相同。在低纬度地区，特别是在温度本来就接近或达到最适宜作物生长最高临界点的地区，温度上升不但不利于作物生长，还会增加水分蒸发，加速土壤水分流失，增加干旱发生的频率，严重影响农作物正常生产。所以，在这些地区，即使气温出现小幅上升也会带来农作物大范围减产③。根据现有的研究成果，年平均温度每上升 1℃，此类地区发展中国家的谷物产量降低 5%～10%④。在中高纬度地区，气温上升使得作物种植边界扩大，可能造成农作物增产，但是升温给该地区带来的降水不足和土地肥力下降，将部分或完全抵消升温带来的增产效应，甚至可能导致减产。在较高纬度地区，农作物生长所需的热量不足是制约农作物生产的最主要因素。相关研究表明，在其他条件不变的情况下，高纬度地区温度上升 1℃～3℃，会引起农作物产量小幅上升，但如果温度上升超过这一幅度，这一地区的粮食则可能面临减产⑤。由此可见，气候变化对农业的影响不可忽视。

气温升高对农业生产的这一不利影响，主要是由于温度升高，一方面，直接影响植物生长。温度对农作物的生长影响明显，农作物生长期缩短、果实早熟、穗重减轻及产量下降均与温度的上升有着直接关系。以水稻为例，平均气温每上升 1℃，其生育期平均减少 7～8 天，并存在地带性差异：对 24℃～27℃地区的影响较大，生育期大约减少 14～15 天；对低于24℃地区的影响较小，生育期大约减少 4～10 天。由于短时期内无法改变品种，故而生育期的减少会导致减产，双季早稻产量下降约 16%～17%，而晚稻产量下降约 14%～15%。冬小麦和玉米产量的下降率分别为 10%～

① IFPRI. Climate change：Impact on Agriculture and Cost of Adoption［R］. 2009.
② 朱立志、谢杰、钱克明等：《全球变暖·人口增加对世界农业贸易的影响》，《农业经济问题》2008 年第 2 期。
③ 戴晓苏：《气候变化对农业生产潜力的影响》，《世界农业》1994 年第 4 期。
④ 朱立志、谢杰、钱克明等：《全球变暖·人口增长对世界农业贸易的影响》，《农业经济问题》2008 年第 2 期。
⑤ 戴晓苏：《气候变化对农业生产潜力的影响》，《世界农业》1994 年第 4 期。

12%、5%～6%①。另一方面，全球变暖可使世界主要粮食带向高纬度地区扩展、北移。对北半球中纬度地区的水平地带影响表现为作物带将北移150～200千米，垂直地带影响则表现为上移100～200米②。尽管温度上升使高纬度地区更适宜种植，但受到地理条件的限制，高纬度地区耕地面积不足，故而"谷物带"由中纬度向高纬度扩展并不能使产量损失得到补偿。

第二，极端天气对农业种植业的影响。气候变化一般会带来洪涝灾害、干旱、低温等极端灾害性天气，对农业种植业影响巨大。洪涝灾害会对早稻、玉米、大豆、花生等作物的授粉、落花落果等产生不利影响，使稻田灌水过深、含氧量少，抑制生长发育。长期降水量过多会造成农田渍害，严重时作物会被淹死。部分地区在出现强降水的同时还伴随有大风、冰雹等强对流天气，将导致作物倒伏和水果落果。这些不利影响将减少农作物的产量，降低农作物的品质，由此产生经济损失③。

气候变暖会导致大规模的干旱暴发，对农业种植业的影响同样可怕。一是雨量不足导致缺水，使农作物生长发育受限，产量下降。二是季节差异和地区差异导致降雨分布不均，农作物生长特定时期的干旱也会导致产量下降，使农作物正常生长发育受到严重影响乃至死亡。如干旱会使小麦根系活力降低，在一定程度上影响多项生理活动，水分的缺乏影响叶绿素的合成并在一定程度上加速叶绿素的分解，限制了光合作用的进行，使苗期生长缓慢④。

气候变暖会导致冰川融化，致使海洋的冷水流增多或异常流动（如经常出现的拉尼娜现象），进而导致局部地区低温雨雪天气频发。低温雨雪天气对农业种植业的影响主要表现在：一是一些农作物品种不耐低温，很多稻谷、果树、蔬菜在超低温情况下就会冻伤、冻死，造成减产；二是全球应对低温雨雪天气的适应性措施不够得力，尤其是中国南方一遇到低温

① 肖风劲、张海东、王春乙等：《气候变化对我国农业的可能影响及适应性对策》，《自然灾害学报》2006年第S1期。
② Thornton R, Two New ISO Standards Address Greenhouse Gas Emissions, Quality Digest, Apr 2007.
③ 周曙东、周文魁、朱红根：《气候变化对农业的影响及应对措施》，《南京农业大学学报》（社会科学版）2010年第1期。
④ 叶宝兴、谭秀山、王婷婷等：《冬季干旱对小麦苗期生长发育的影响》，《科技导报》2009年第11期。

雨雪天气防范应对能力就显得不足,减产往往不可避免。

第三,气候变化对畜牧业的影响。气候变化对畜牧业的影响主要是:一是由于高温会使牲畜的体表温度升高,从而导致牲畜食欲下降和生殖代谢能力下降,同时导致牧场生态系统退化,使其载畜量下降;二是低温雨雪天气,也会使牲畜的死亡率、病残率增加。就我国来说,牧场大多分布在中纬度温带地区,如果高温干旱,牧场土壤水分就会严重流失,病虫害加剧,使畜牧业减产。同时,一些极端气候事件还可能导致"白灾"和"黑灾"①及沙尘灾害增加。据相关统计,在中国畜牧业主产区,寒潮、暴风雪和极度低温等极端天气条件导致牲畜的死亡率达到25%,而在正常年份,牲畜的死亡率仅为5%②③。

(2)全球气候变化对农业生产的间接影响④

全球气候变化对农业生产的间接影响主要表现在三个方面,即对农业发展环境、发展潜力和粮食安全的影响。

首先,从对农业发展环境的影响方面看。一是对农业水资源的影响。近50年以来全球降水量总体呈增加趋势,但存在区域分布的差异,从北半球每10年的降雨量变化来看,高纬度陆地增加了0.5%~1.0%,热带陆地增加了0.2%~0.3%,但亚热带陆地则减少了0.3%左右。南半球则未发生明显的系统性变化⑤。此外,全球气候变化导致的蒸发加速将减少河水流量,流速减慢降低了河水的自净能力,加重了河流的污染程度,而这又将影响农作物灌溉、畜牧业饮水以及渔业发展等。二是对农田土壤养分的影响:一方面,因气候变暖导致土壤温度上升、降雨量受到影响,微生物对土壤的作用发生变化,主要是气候变暖将导致微生物对土壤有机质的

①　"白灾"又称"白毛风",在气象上称为"吹雪"或"雪暴"。这种天气由于积雪掩盖草场,或者雪面覆冰形成冰壳,牲畜难以扒开雪层吃草。如果冬季贮草量不足,会造成牲畜饥寒交迫,病亡量增加。"黑灾"则是指我国北方草原冬季少雪或无雪,使牲畜缺水,疫病流行,造成大批牲畜死亡的现象。"白灾"和"黑灾"都是对牧区影响巨大的灾害。
②　吴越、王素琴:《气候变化对草地畜牧业的影响及适应》,《中国气象报》2009年11月2日。
③　吴孝兵:《草原畜牧业与灾害性天气》,《环境保护与治理》2001年第3期。
④　李秀香、章萌:《积极应对农业危机》,《探索与争鸣》2012年第2期。
⑤　肖国举、张强、王静:《全球气候变化对农业生态系统的影响研究进展》,《应用生态学报》2007年第8期。

分解加快，从而加速了土壤养分的变化，可能造成土壤肥力下降；另一方面，全球气候变暖还将增加作物的施肥量，导致土地板结化，地力下降。当施肥水平在每公顷 450kg ~ 1125kg 时，气温每上升 1℃，速效氮的释放量将加快 4%，缩短释放周期 3.6 天①。据此，要保持原有肥效，施肥量必须随着气温的上升而同步增加，这也不可避免地导致土壤生态环境的破坏和土地生产能力的下降，同时派生出土壤污染的生态问题，进一步影响粮食的生产。根据联合国粮农组织（FAO）的研究报告，北半球地区地表臭氧的不断增多对农作物的生产带来了数十亿美元的损失，这一问题在大中城市的周边地区尤为严重②。三是病虫害的频发。气温上升增加了害虫繁殖的速度，扩大了病虫害发生的范围，使病虫害由偶发变为常态，水稻、玉米、小麦、棉花都面临各类病虫害威胁。一方面增加了病虫害发生概率。低温对病虫害可以起到一定的抑制作用，而持续的暖冬使得害虫越冬的数量和存活的概率上升，增加了来年病虫害发生的可能性。如近几年来中国的连续暖冬，使病虫害暴发的频率增加，对农业生产造成了巨大的影响。另一方面，延长某些害虫的生长季节，加快害虫的繁衍速度，缩短繁衍周期，使得一定时间内害虫发生世代数增加，进一步危害农业生产。气候变暖后，一天内的有效积温总值若超过 685℃，可使黏虫和水稻褐飞虱多繁育一代，稻纵卷叶螟在气温增加 3℃ 左右时繁殖能力增加 1 ~ 2 倍③。此外，还会影响害虫的迁飞和活动范围。气候变暖使得北方春季气温回升加快，害虫的北迁时间提前，秋季北方低温出现延迟，回迁时间推迟，迁飞范围扩大。同时，等温线北扩使害虫的活动范围扩大，从而增加了农田受害的概率。有研究表明，我国 1 月份 0℃ 等温线北扩将导致冬季气温零度以下日数减少，黏虫、稻飞虱和稻纵卷叶螟等害虫的越冬边界向北扩展 1 ~ 2 个纬度，棉红铃虫的发生边界也将北移，由河北省南部北扩至保定、定州一带④。

---

① 王修兰、徐师华：《气候变暖对土壤化肥用量和肥效影响的实验研究》，《气象》1996 年第 7 期。
② 牛盾：《2012 中国农产品贸易发展报告》，中国农业出版社，2011，第 165 ~ 180 页。
③ 熊伟：《气候变化对中国粮食生产影响的模拟研究》，气象出版社，2009，第 13 页。
④ 叶彩玲、霍治国：《气候变暖对我国主要农作物病虫害发生趋势的影响》，《农药快讯》2002 年第 1 期。

其次，从对农业发展潜力的影响方面看。一是对生产能力的影响。土地生产力依赖于农业生产土地面积、水土保持情况、农作物病虫害发生比率等一系列因素，气候条件的恶化使上述影响因素往降低土地生产能力的方向发展。二是对生产成本的影响。气候条件的恶化使外界条件变得不利于农作物生长，为了改良生产环境，必须要大量增加额外投资。如因应对气候变化而增加的防洪、抗洪工程以及防灾减灾、防病除害等的投入；因天气导致农业的能源、原料供应质量下降而增加的费用；因气候变化导致生物多样性损失而给农业带来的投入的增加；因局部地区受灾造成农产品短缺带来运输成本的增加；因气候变化引起人类饮食结构和生活方式改变带来的农业结构调整的成本增加等[1]。

最后，从对粮食安全的影响方面看。一是导致全球粮食价格经常性大幅度上涨。近年来，全球粮食价格大幅上涨，已引起各国的警觉，保证粮食安全也成为各国农业的首要问题。全球气候变暖导致极端天气和气候事件不断发生，自然灾害频增。受此影响，农业总产量变化趋势也呈现不可持续性，局部地区甚至粮食短缺，进而严重影响全球粮食安全。气候变暖使农业生产率下降，总体生产率降低20%，其中稻米生产率降低7%，其他谷物生产率降低12%[2]。2012年，由于全球频繁发生极端气候事件，国际农产品价格波动非常大，使得我国农产品出口增加比例不断下降，我国粮食生产和供应系统在气候变化下是不安全的。二是影响地区粮食安全形势。地区粮食安全受影响的程度也不尽相同，非洲可能受影响最大。目前的预测显示，全球平均气温每升高1℃，非洲干旱地区的农业收成将减少约10%[3]。全球最大的公益性农业研究机构国际农业磋商小组（CGIAR）的研究结果认为，到2050年恒河平原的小麦产量将会有大幅度的下降，威胁到2亿人的粮食安全。就中国的情况来看，形势不容乐观。

---

[1] 王丹：《气候变化对中国粮食安全的影响及对策研究》，华中农业大学博士学位论文，2009，第75页。

[2] 肖风劲、张海东、王春乙等：《气候变化对我国农业的可能影响及适应性对策》，《自然灾害学报》2006年第S1期。

[3] 佚名：《WWF负责人说非洲农业将受气候变化巨大影响》，新华网，最后访问日期：2012年6月7日，http://www.weather.com.cn/static/html/article/20090615/35230.shtml。

三是影响粮食生产的产品结构。根据国际粮农组织（FAO）研究，在粮食方面，如果不采取任何措施，那么气候变化对全球粮食产量影响将是非常大的。全球粮食产品无论是小麦、水稻还是玉米，都会有 10%～30% 的单产减产。而来自中国农业科学院的研究成果表明，按照目前的趋势，平均温度升高 2.5℃～3℃ 引起的气候变化将导致我国三大主要粮食作物（水稻、小麦和玉米）产量持续下降，会使中国 2050 年的粮食总生产水平下降 14%～23%[①]。

第四，影响粮食供应。值得注意的是，应对气候变化的生物质能源工程对粮食安全也产生一定的困惑。生物质能源是全球为应对气候变化而寻找到的替代能源，即以生物质为载体的能源，它被绿色植物通过光合作用储存在体内，是一种取之不尽用之不竭的能源。目前，世界上用以提取生物质能源的原料主要有玉米、甘薯、高粱、大米、作物秸秆等农作物及副产品[②]。当然，由于技术水平差异和各国自然条件的不同，不同国家对生物质能源的发展规划路径存在一定的差异，美国、巴西等国着力发展以玉米、甘蔗等粮食作物为原料的生物乙醇；德国、法国等欧盟国家主要利用生物质废弃物制造生物柴油；一些东南亚国家则致力于从棕榈油中提炼生物柴油；我国的燃料乙醇主要是以玉米淀粉或蔗糖为原料生产的。同时出于减缓粮食需求压力的考虑，木薯、菊芋、油桐、麻疯树等非粮作物和玉米芯等生物质废弃物也是提取生物质能源的重要原料[③]。在应对气候变化的过程中，越来越多的粮食和油料作物用于生产生物燃料是导致农产品价格高涨的一个重要原因。自 20 世纪 70 年代以来，美国就开始使用玉米为原料生产燃料乙醇。进入 21 世纪以来，美国燃料乙醇的产量成倍增长。到 2011 年，用以生产燃料乙醇的玉米重量达 1.3 亿吨，占当年其国内玉米总产量的 40%，全球玉米产量的 15%，也是世界玉米贸易量的 1.4 倍。生物质能源的发展使得玉米贸易量增加，从 2000 年到 2011 年，

---

①　王丹：《气候变化对中国粮食安全的影响及对策研究》，华中农业大学博士学位论文，2009，第 78 页。

②　牛盾：《2012 中国农产品贸易发展报告》，中国农业出版社，2011，第 165–180 页。

③　李哲：《抓好六大环节推动我国生物能源快速发展》，科学网，最后访问日期：2013 年 7 月 25 日，http://news.sciencenet.cn//sbhtmlnews/2010/11/238528.html? id=238528。

全球玉米产量从 5.9 亿吨激增到 8.8 亿吨，年均增长率 3.7%，玉米贸易量也从 2000 年的 8031 万吨上升至 1 亿吨。在此影响下，国际玉米价格连连攀升，据爱荷华州立大学农业与农村发展中心研究人员的测算，从 2006 年到 2009 年，美国燃料乙醇增产推动玉米价格上涨幅度分别为 19%、21%、37% 和 37%。

据 2011 年 4 月 16 日新华网报道，国家社科基金项目"气候变暖对中国粮食安全的影响及对策研究"负责人王丹认为，近 30 年气候变化给中国带来了正面影响，但到 2050 年，气候变化将对中国粮食安全形成"严重的负面影响"，损失率达 11.7%。中国粮食系统在气候变化下是不安全的[①]。

（3）全球气候变化对农产品贸易的影响

气温和降水等因素的变化对农产品产量与质量的影响是巨大的，尤其是极端气候事件可能直接影响农产品的生产和供给，而且应对气候变化的生物质能源的开发又间接导致人们对农产品的需求量过大，这些均加剧了全球农产品供需失衡，因而一个国家或地区农产品出口与气候变化息息相关。目前，全球农产品市场呈现出供求趋紧、全球谷物库存长期走低、农产品价格波动较大和农产品供给区域性短缺等情况，且情况在未来一段时期内还将继续延续，这其中到底受到气候变化的多大影响，应引起国际社会高度关注。

总的来看，气候变化对农产品贸易的影响主要体现在以下一些方面。首先，导致农产品市场供需不平衡。气候变化会导致各种灾害事件的发生。农业抵御气候变化的能力很弱，且是所有产业中应对气候变化能力最弱的，这会导致农业增长速度减慢，加之全球应对气候变化不断开发生物质能源以及人口持续增长加大了对农产品的需求量，因此全球农产品供应经常出现趋紧状态。自 1990 年开始，全球谷物的库存情况总体表现为先增后减的趋势。在 1990 年，小麦的年末库存为 1.37 亿吨，大米的年末库存为 1.21 亿吨，玉米的年末库存量为 1.33 亿吨；而在 2000 年小麦的年末库存 2.11 亿吨，大米的年末库存为 1.43 亿吨，玉米的年末库存量为 1.94 亿

---

① 黄艳：《研究表明近 30 年气候变化给中国粮食生产带来"正面效应"》，新华网/新闻中心，http://news.xinhuanet.com/2011-04/16/c_121311744.htm。

吨，增长幅度分别为 53.7%、18.6% 和 45.8%。在 1990～2000 年期间，主要谷物库存增长迅速。而从 2001 年到现在，小麦、玉米和大米的年末库存量在不断地下降。特别是在 2007～2008 年，全球粮食危机非常严重，各自的年末库存下降幅度都非常大。在 2010 年，全球谷物产量有所增加，这三种农作物的库存量也有所增加，但是增加的量不能满足市场的需求，市场消费量非常大。联合国粮农组织（FAO）中粮食安全警戒线为 18%，而这三类农产品自从 2004 年以来，就一直处于警戒线以下。农产品的产量供应形势严峻，供需关系紧张①。

其次，导致主要农产品的价格波动加剧。气候变化通过影响农产品产量进而改变国际农产品市场供求格局，导致国际市场上农产品价格变动。农作物产量会因气温以及降水量的变化而变化，从而导致农产品价格的波动。在一定的范围内，温度或降雨对农业生产关系表现为正相关，但是一旦超过了这个范围就会对农作物的生产造成损害。在国际市场上，农产品的产量减少，价格就会受到影响。自 1990 年以来，全球主要农产品的价格波动还是比较明显的。根据 FAO 的数据，全球食品价格指数在 2005 年以前基本在 110 以下（个别年份例外），而 2008 年其价格指数上升幅度高达 164。2008 年之后价格指数出现回落后又上升，价格波动非常显著，呈现"前期稳中有跌，后期持续上涨"的态势。根据世界银行的研究可知，2005 年后的玉米和小麦价格波动要比 2005 年前的价格波动大，具体数据增加了 2 倍；大米和食糖价格的波动情况比玉米和小麦的幅度更大，分别增加 4 倍和 3 倍。气候变暖使得灾害事件频发，加之生物质能源的发展导致农产品价格波动幅度更大。气候变暖对农产品的影响是长期的，未来价格波动情况也许会更明显，市场风险也会更大。

再次，导致农产品市场的供给区域性短缺。气候变化带来的地区性气候灾害增加，导致全球农产品的供给状况存在许多问题，而结构性问题和区域性问题在农产品的供给中表现得尤为突出。如果一个国家或地区的气候条件好，则有利于农产品的生长，该国或地区能生产更多的产品用来出口，使其成为农产品的净出口国；相反，一个国家或地区的气候条件恶

---

① 数据来自农业部市场与经济信息司：《市场信息工作简报》第 115 期。

劣，则不利于农产品的生长，该国或地区农产品的产量会降低，农产品的出口量也会降低。气候变暖会打破全球的气候资源格局，这是因为气候变暖一方面会使原本拥有良好气候资源的国家或地区的气候条件变差，失去了原来的优势，使得该国或地区农产品的产量降低；另一方面，气候变暖使原来气候条件不好的国家或地区的气候条件变好，使得该国或地区农产品的产量提高。所以一旦气候变暖改变了气候资源的格局，将影响农产品的生长，农产品的贸易格局也将会受到很大的影响。根据 IPCC 的研究发现，中低纬度的国家在气候变暖的情况下，会不利于其农产品的生长；而高纬度的国家在气候变暖的情况下，其严寒的气候条件将会得到改善，有利于其农产品的生长。气候变暖改变了国家的农产品种植格局，可能导致先前的优势产品变为劣势产品，因此农产品的出口结构会受到气候变暖的影响。由 FAO 的数据统计得出，在全球范围内，低收入国家中有 70 个国家缺少粮食，粮食供给出现问题。非洲是低收入国家，占 39 个名额，饥饿人口数为 2.39 亿，占全球饥饿人口总数的 25.8%；亚洲占 22 个名额，饥饿人口数为 5.78 亿，占全球饥饿人口总数的 62.5%，且埃塞俄比亚、孟加拉国、印度、中国、印尼、刚果（金）和巴基斯坦等七国的饥饿人口数占全球饥饿总数的 2/3。全球饥饿人口分布太过于集中，农产品供给区域性短缺等问题频频出现，进一步加剧了农产品供不应求的情况。

最后，应对气候变化的措施也会带来对农产品贸易的间接影响。如农产品贸易作为贸易中的敏感领域，往往也是高补贴、高关税、高壁垒的重灾区。表 1-7 是部分国家农产品关税水平。在全球气候变化的背景下，各国争相"筑起"碳关税、碳标签、碳补贴等低碳贸易壁垒，将进一步扭曲世界农产品贸易。

表 1-7 部分国家农产品关税水平

单位：%

	挪威	瑞士	日本	美国	欧盟	巴西	印度	中国
最高关税	1062	1909	1706	440	408	55	300	65
平均关税	70.7	85	41.8	11.3	22.8	35.7	114	15.2

数据来源：农业部农业贸易促进中心：《多边贸易谈判与中国农业发展》，中国农业出版社，2008，第 43 页。

第三节　新型农业发展模式探索及 气候智能型农业问题提出

一　新型农业发展模式的探索

全球气候变化给世界经济发展造成了前所未有的压力。如何应对气候变化？这成为国际社会高度关注的热点问题。

2003 年，英国最先提出了"低碳经济"概念，得到了广泛肯定和应用，此外还有生态农业、有机农业和循环农业等模式也在不断探索中。

低碳农业是指在发展农业生产过程中采用低碳技术，减少能量消耗或资源损耗、减少 CO_2 等温室气体排放的农业发展模式，具有"四低两高"的特征：低能耗、低物耗、低排放、低污染和高效率、高效益。低碳农业要求减少化石能源的投入，即减少化肥、农药、农膜、除草剂、植物生长调节剂、土壤改良剂、饲料添加剂等各种农用化学品的投入[①]。其实质是能源和资源利用的高效率和清洁能源结构，其核心是能源和资源利用的技术创新和制度创新，其关键则是人类发展观念的根本性转变。其发展重点是在农业领域推广节能减排技术、固碳技术，开发生物质能源和可再生能源的农业[②]。

生态农业（Eco-agriculture，简称 ECO）就是以生态学理论为基础，在一定区域内对农业生态系统的结构进行优化与调控，因地制宜地科学利用、循环使用各种资源，做到发展粮食与多种经济作物生产相结合，发展农田种植与林、牧、副、渔业相结合，发展大农业与第二、三产业相结合，实现经济、生态、社会三个效益相统一的新型综合集约化农业[③]。

生态农业是一套复合农业系统，通过农业生产体系与人工生态系统的融合，在农、林、牧、副、渔等部门之间进行多层次、复合型的农业生

[①]　黄国勤、赵其国：《低碳经济·低碳农业与低碳作物生产》，《江西农业大学学报》（社会科学版）2011 年第 10 期。

[②]　周健：《我国低碳农业研究综述》，《环渤海经济瞭望》2011 年第 10 期。

[③]　张世兵：《现代多功能农业评价体系研究》，湖南农业大学博士学位论文，2009。

产，通过粮豆轮作、混合放牧、生物防治等生态技术减少化肥及农药的使用，实现农业生产的生态化。生态农业最早于 1924 年在欧洲兴起，20 世纪 30 年代~40 年代在瑞士、英国、日本等国得到发展，60 年代欧洲的许多农场转向生态耕作，70 年代末东南亚地区开始研究生态农业，20 世纪 90 年代，生态农业在世界各国均有了较大发展。建设生态农业，走可持续发展的道路已成为世界各国农业发展的共同选择①。

有机农业（Organic Agriculture）是指在生产中完全或基本不用人工合成的肥料、农药、生长调节剂和畜禽饲料添加剂，突出种植业以有机肥为主，养殖业以有机饲料为主的特点。其特点是注重生产过程管理，以生态平衡为主线对农业进行合理规划和组织生产，协调种植业与养殖业的平衡规范发展。化肥、农药、生长激素、饲料添加剂等与上述理念相悖的物质不进入农业生产过程，转基因物种及物品也不允许进入有机农业的生产过程。

有机农业起源于中国古老农业。1909 年，美国农业部土地管理局局长金（King）考察了中国农业数千年兴盛不衰的经验，之后耗时两年完成专著《四千年的农民》，该专著指出：中国农民的勤劳和智慧使他们能够充分发挥时间和空间优势提高土地的利用率，人畜粪便、塘泥等一切可供培养土地肥力的废弃物均可还田，节俭的理念在农业生产中得到充分的体现。而"有机农业"这一术语的出现则是在之后的 1942 年，诺斯伯纳勋爵（Lord Northbourne）的著作《有机园艺》（*Look to the Land*）将"有机农业"这一术语引入人们的视野，但直到 20 世纪 80 年代，一些发达国家的政府才开始重视有机农业，有机农业的概念才开始被广泛地接受。

循环农业就是以"4R"（Reduce Recycle Rouse Rethink）为原则，即"减量化、再循环、再利用、再思考"，以低消耗、低排放、高效率为基本特征，通过现代技术耦合、循环生产工程、管理方式创新和机械配套等，改造并完善农业生产、加工、流通、服务等经济活动的方式，最终实现农业经济优质、高产、高效、安全、清洁的一种生态循环型现代农业经营体

---

① 陈关升：《生态产业》，中国城市低碳经济网，最后访问日期：2014 年 10 月 5 日，http://www.cusdn.org.cn/news_detail.php? id = 228176。

系。注重农业生产环境、农村生态改善和农田生物多样性保护，实施农业清洁生产，使用绿色农用化学品，实现污染最小化；按照"资源—农产品—农业废弃物—再生资源"反馈式流程组织农业生产，实现资源利用最优化，延长农业生态产业链，通过要素耦合方式与相关产业形成协同发展①。

此外，还有其他一些农业发展模式也有低碳、生态农业发展的一些特点。如"旅游农业"是一种现代新型交叉产业，它以农业为基础载体，以旅游为终端产品，运用生态学原理和系统科学、环境美学的方法，在充分利用现有农业资源的基础上，通过规划、设计和配套服务，将农业生产活动充分与现代旅游业相结合，把农村自然环境、农业资源、农艺展示、农产品生产加工、农村风俗民情、田园风光和旅游者融为一体，满足游客观光、品尝、休闲、娱乐、参与、体验、购物、度假等需要，具有较高社会效益、经济效益和生态效益。再如，"文化农业"是指以传承人类文化、促进人类文明为主要任务的农业，它是多功能农业的一个有机组成部分。中国是一个拥有悠久历史的农业大国，农业作为国民支柱产业的同时也承担着文化传承的重任，其中凝聚的智慧推动着人类文明不断前进。中国古老的文明与风俗通过农业加以传承，这便是"文化农业"的基本理念。另外，"都市农业"是指位于城市之中、城市周边地区或者城市经济圈，以所在城市为依托对象和服务对象，以适应城市发展需要为目标的农业。都市农业是在大都市周边与间隙地带或大中城市群之间形成的，依托都市的科技、经济和社会优势，遵循经济效益、生态效益、社会效益相统一的原则，以市场为导向，以经济效益为主要目标，充分利用都市辖区内及辐射地区的有限土地、自然生态与环境及民俗和历史文化等资源，以农业高科技武装的园艺化、设施化、工厂化生产为主要手段的高度规模化、产业化、科技化、市场化的服务城市的现代化农业体系。

二　气候智能型农业问题的提出

2009 年世界银行发布了《2010 年世界发展报告：发展与气候变化》强

---

① 王海文：《建设生态循环型现代农业产业体系研究》，《中共贵州省委党校学报》2011 年第 3 期。

调为了减少气候变化对全球，特别是对发展中国家和最不发达国家带来的损害，应通过立即行动（Act Now）、共同行动（Act Together）和创新行动（Act Differently），来建立一个"气候智能型世界"（Climate Smart World）①。"气候智能"可以说是全球应对气候变化的最新探讨和思维，走低碳经济发展之路有了新航标。

农业关系国计民生，受气候变化影响直接。2010年10月28日，联合国粮农组织（FAO）发布了《气候智能型农业（Climate Smart Agriculture，CSA）：有关粮食安全、适应和减缓问题的政策、规范和融资》的报告，阐释了全球气候变化对粮食严重短缺地区产生的影响，认为全球气候变化降低了此类地区的农业生产力、农业稳定性和农业收入，因此，到2050年世界农业产量增加70%以上才能满足世界人口增长对粮食的需求，若在全球气候变暖的背景下达到目标，亟须发展气候智能型农业。报告还指出：气候智能型农业是人类为适应气候变化而提出的一种新型农业发展模式，既能够可持续地提高工作效率、适应性，减少温室气体排放，又可更高目标实现基于国家粮食生产和安全的农业发展②。该报告提交到2010年10月31日～11月5日在荷兰海牙召开的第一届全球农业、粮食安全与气候变化大会上，该大会通过题为《农业、粮食安全与气候变化行动路线图》的报告，指出通过开发新技术、增加资金投入来发展气候智能型农业，可以化解应对气候变化负面影响和粮食增产两者的巨大矛盾，提出将农业相关投资和政策与走向"气候智能型"增长联系起来的具体措施。气候智能型农业的全新理念得到国际社会的高度评价和一致认可，时任联合国秘书长的潘基文在2013年11月的华沙《京都议定书》第九次缔约方会议上强调，发展气候智能型农业是创造可持续性未来的一种方式。

气候智能型农业是新型农业产业建设与发展模式，侧重于促进经济增长、减少贫困和保证粮食安全；维护和提高农业生态系统的生产力和恢复力。该农业发展模式更加强调智能应对与低碳发展的制度体系、集各种农

---

① World bank. 2010 World Development Report.［R］. 2010.
② FAO. "Climate-Smart" Agriculture Policies，Practices and Financing for Food Security，Adaptation and Mitigation.［R］. 2010.

业气候智能技术于一身的技术创新体系以及气候智能粮食安全体系的建设效率。

2013 年 3 月 20 日～22 日，在美国加州大学戴维斯分校举行的第二届国际气候智能型农业会议基本明确了该农业发展模式的三大主题：一是农业与粮食系统；二是农业环境与区域问题；三是体制与政策。主题一强调的是发展障碍问题，即农业气候风险、生物能源和燃料扩张问题。主题二强调的是发展模式的适应性和不确定问题，即实现多功能性农业、粮食和渔业系统，森林生物多样性和生态系统服务，以及由于气候变化的农村人口迁移问题。主题三是制度框架问题，即气候智能型农业政策和制度体系建设是气候时代农业发展的新思路，而技术体系建设则是农业智能化发展的新引擎①。

2013 年 12 月 3 日～5 日，南非农业渔业发展部、世界银行和联合国粮农组织（FAO）联合举办的第三届全球农业粮食安全和气候变化高官会议在南非约翰内斯堡召开。本届会议吸引了来自世界 150 个国家和地区以及 20 个国际组织的 500 多名代表参加。本届会议继续探讨"气候智能型农业"在全球的推广问题，并提出"从今天开始一起智能种植"的口号②。

南非农业研究协会主席沙德瑞克·莫夫利从水稻种植的角度阐释了气候智能型农业的理念③，联合国粮农组织气候、能源及权属司司长姚向君认为，发展气候智能型农业是指在不增加耕地面积的前提条件下持续提高粮食生产率和农作物的气候适应能力，以及降低农业生产的温室气体排放。

由此可见，气候智能型农业与生态农业、有机农业、循环农业、低碳农业等农业发展模式的主要区别在于气候智能型农业是通过高效率模式适应气候变化对农业的影响，并在生产过程中智能化地减少温室气体排放，达

---

① Kerri L Steenwerth, et al. , "Climate-smart Agriculture Global Research Agenda: Scientific Basis for Action," *Agriculture & Food Security* 3 (2014): 11.
② 倪涛：《应对未来巨大粮食缺口，推动实现经济绿色增长——"气候智能型农业"肩负双重使命》，《人民日报》2013 年 12 月 6 日。
③ 南非农业研究协会主席沙德瑞克·莫夫利认为，如果在种植水稻时减少肥料的使用，既减少了水资源污染，又提升了农作物生产率，那便达到了发展气候智能型农业想要的效果了。

到实现粮食生产安全的农业发展模式。具体来看区别在于：①不仅强调农业对生态环境的保护，更强调农业对生态环境，尤其是气候的适应性，这种适应性必须是智能的；②更注重资源的有效配置、合理利用及可持续发展；③更强调发达国家对发展中国家资金和技术援助；④更强调粮食生产高效高质以及粮食安全；⑤更强调农业政策的高效性；⑥更降调农业生产生产效率，实现以较少投入创造最多产出，强调经济、生态以及社会效益三方面的和谐发展。

根据以上探讨可知，"气候智能型"是一种全新的农业生产系统，以合理利用资源和充分保护环境为目的，以预警气候变化和智能应对措施为理念、以低碳农业生产并持续供应产品为方法，实现智能化产品生产体系、智能化食品安全体系、智能化农业出口战略和智能化农业国际平台等农业功能高度统一的发展模式。气候智能型农业应具备以下特点。

一是智能应对与低碳发展的农业法规、现代农业制度体系健全和地区的协调发展相结合。

二是气候智能型农业发展技术普遍推广。气候智能型农业是科学的技术模式，它集各种农业技术形态的优点于一身，运用系统工程的方法将农业技术高效整合，达到农业对气候智能化应对与适应的效果。主要包括高科技农业温室气体减排技术、气象监测与预报技术、智能化防灾减灾技术、高科技智能节能节水技术、高效高质育种技术、农业智能循环发展技术等。

三是粮食安全体系高效。粮食生产、加工和销售既要资源节约、低碳减排，又要智能应对气候变化，使农业产业及地区结构合理适应气候变化，使减灾防灾机制高效运行，其中包括合理的农业进出口政策。

四是低碳、智能发展的农业保障体系健全。包括制度保障、资金保障和人才保障，以及灾害预防体系、农业保险体系等制度健全高效。

总的来看，气候智能型农业应能从根本上、制度上和实践中使农业对气候的适应智能化，实现农业的经济效益、社会效益、生态效益的高度统一，成为引领未来农业发展的新趋势。正因如此，如果德国把工业智能化时代称为工业4.0，那么气候智能型农业无疑是农业4.0时代的范本，而这一农业4.0正是在全球共同应对气候变化的不懈努力逐步取得成就的大背景下破土而生的。

第四节　小结

全球气候变化的主要影响因素来自人类活动已经成为不争的事实，其中农业的影响不容小觑。IPCC 第四次报告显示，农业是温室气体的主要排放源。就温室气体排放而言，农业占比为 14%，其中，种植业占农业影响的大头，养殖业次之。但是，农业既是碳源又是碳汇。因此，转变全球气候变暖的趋势，改变农业发展模式至关重要。

从另外的角度看，农业又是最易受气候影响的产业。一方面，气温升高会对农业种植业造成负面影响；另一方面，因气温升高带来的极端天气又会给农业种植业和养殖业造成重大灾害性影响。这些可以称之为"全球气候变化对农业生产带来的直接负面影响"，而全球气候变化又会对农业发展环境、发展潜力和粮食安全等方面带来负面影响，则可称之为"全球气候变化对农业生产带来的间接负面影响"。因此，探索积极有效应对全球气候变化的农业发展模式显得十分迫切和必要。

2010 年 10 月 28 日，联合国粮农组织（FAO）发布了《气候智能型农业：有关粮食安全、适应和减缓问题的政策、规范和融资》的报告，报告指出：气候智能型农业是人类为适应气候变化而提出的一种新型农业发展模式，既能够可持续地提高工作效率、适应性、减少温室气体排放，又可更高目标地实现基于国家粮食生产和安全的农业发展。

气候智能型农业是新型农业产业建设与发展模式，侧重于促进经济增长、减少贫困和粮食安全；维护和提高农业生态系统的生产力和恢复力。该农业发展模式更加强调智能应对与低碳发展的制度体系、集各种农业气候智能技术于一身的技术创新体系以及气候智能粮食安全体系的建设效率。

本章主要参考文献

［1］ IPCC：《全球气候变化评估报告》（1990、1995、2001、2007、2015）。

［2］ Michael Grubb et al. , The Kyoto Protocol：a Guide and Assessment ［M］. Royal Institute of International Affairs and Earthscan Publications Ltd：UK, 1999, p. 3.

［3］〔圭亚那〕施里达斯·拉夫尔：《我们的家园——地球》，夏堃堡译，中国环境科学出版社，1993，第75页。

［4］萧如珀：《全球暖化的发现》，《环保信息》（台湾）2005年第87期。

［5］Richard P. Turco, Earth Under Siege ［M］. Oxford University Press：UK, 1997, p. 368.

［6］游雪晴：《冬季酷寒席卷全球气候变暖明显证据不足》，人民网，最后访问日期：2013年10月12日，http://http://scitech. people. com. cn/GB/10822395. html。

［7］王丹：《气候变化对中国粮食安全的影响及对策研究》，华中农业大学博士学位论文，2009。

［8］David Crisp and Charles E. Miller, "Key OCO Facts", see Earth Science Reference Handbook, 2008, pp. 199 - 203, NASA.

［9］Nakicenovic, Nebojsa：Freeing Energy from Carbon, in Technological Trajectories and the Human Environment, edited by J. H. Ausubel and H. D. Langford, Washington, D. C. ：National Academy Press, 1997.

［10］Les Leopold, Globalization is fueling global warming ［N］. Alter Net, 2007.

［11］曲如晓、马建平：《贸易与气候变化：国际贸易的新热点》，《国际商务》2009年第7期。

［12］Houghton J T, Meria Filho L G, Callander B A, et al. , Contribution of Working Group to the Second Assessment Report of the International Panel on Climate Change, In Climate change 1995—The science of climate chang（E. Melbourne, Australia：the Press Syndicate of the University of Cambridge, 1996）pp. 1 - 8.

［13］韩昭庆：《〈京都议定书〉的背景及其相关问题分析》，《复旦学报》（社会科学版）2002年第2期。

［14］改善生态环境研究课题组：《改善生态环境》，学术书刊出版社，1989。

［15］Viney P Aneja, William H Schlesinger, Jan Willem Erisman, Effects of Agriculture upon the Air Quality and Climates：Research, Policy and Regulations, Environmental Science&Technology, 20 - 09, June 15 4234 ~ 4240.

［16］AFO. Livestock's Long Shadow-Environmental Issues and Options：http://www. fao. org/docrep/010/a0701e/a0701e00. htm.

［17］冯汝涵：《畜牧业与温室气体排放》，《四川畜牧兽医》2010年第5期。

［18］罗吉文：《低碳农业发展路径探析》，《广东农业科学》2011年第15期。

［19］黄锦法、王国峰、石艳平等：《嘉兴市农业碳汇及低碳农业技术应用策略》，《浙江农业学报》2012年第2期。

［20］王成已、王义祥、黄毅斌等：《低碳农业：从理论构想到科学实践的若干问题》，《福建农业学报》2011年第3期。

［21］董思言、高学杰：《长期气候变化：IPCC第五次评估报告解读》，《气候变化研究进展》2014年第1期。

［22］谭景涛：《发展低碳经济机遇与挑战并存》，《中国企业报》2009年9月9日。

［23］米华：《海平面：正在上升的威胁》，《第一财经日报》2009年10月14日。

［24］曹丽君：《全球变暖将使百万物种 50 年后面临灭绝》，最后访问日期：2013 年 7 月 25 日，国际在线/国际纵横 . http://gb. cri. cn/321/2004/01/09/144@40665. html。

［25］陈越：《气候变暖严重影响非洲发展》，人民网/国际/时事要闻/非洲，http://www. people. com. cn/GB/guoji/22/87/20010403/431987. html。

［26］佚名：《全球极端气候回顾》，新华网，最后访问日期：2013 年 7 月 25 日，ht-tp://news. xinhuanet. com/world/2010 - 08 - 03/c_12401296. htm。

［27］朱晓颖：《南京专家称气候极端事件可能会越来越多》，最后访问日期：2013 年 7 月 25 日，http://www. chinanews. com/gn/2010 - 08 - 04/2446367. shtml。

［28］李秀香、赵越、程颖：《农产品贸易的气候变化风险及其应对》，《国际贸易》 2011 年第 11 期。

［29］Dellal, I. & Butt, T. Climate change and agriculture. TEAE publications, 2005.

［30］Gassebner, M. , Keck A. & The, R. Impact of Disasters on International Trade. http://www. wto. org/english/res_e/reser_e/ersd200604_e. htm, 2013 - 01 - 09.

［31］IFPRI. Climate change: Impact on agriculture and cost of adoption ［R］. 2009.

［32］游雪晴：《IPCC 第五次评估：过去 30 年为 1400 年来最暖时间》，《科技日报》2014 年 11 月 25 日。

［33］朱立志、谢杰、钱克明等：《全球变暖·人口增加对世界农业贸易的影响》，《农业经济问题》2008 年第 2 期。

［34］戴晓苏：《气候变化对农业生产潜力的影响》，《世界农业》1994 年第 4 期。

［35］肖风劲、张海东、王春乙等：《气候变化对我国农业的可能影响及适应性对策》，《自然灾害学报》2006 年第 S1 期。

［36］Thornton R, *Two new ISO standards address greenhouse gas emissions*, Quality Digest, Apr 2007.

［37］周曙东、周文魁、朱红根等：《气候变化对农业的影响及应对措施》，《南京农业大学学报》（社会科学版）2010 年第 1 期。

［38］叶宝兴、谭秀山、王婷婷等：《冬季干旱对小麦苗期生长发育的影响》，《科技导报》2009 年第 11 期。

［39］吴越、王素琴：《气候变化对草地畜牧业的影响及适应》，《中国气象报》2009 年 11 月 2 日。

［40］吴孝兵：《草原畜牧业与灾害性天气》，《环境保护与治理》2001 年第 3 期。

［41］李秀香、章萌：《积极应对农业危机》，《探索与争鸣》2012 年第 2 期。

［42］肖国举、张强、王静：《全球气候变化对农业生态系统的影响研究进展》，《应用生态学报》2007 年第 8 期。

［43］王修兰、徐师华：《气候变暖对土壤化肥用量和肥效影响的实验研究》，《气象》 1996 年第 7 期。

［44］牛盾：《2012 中国农产品贸易发展报告》，中国农业出版社，2011，第 165 - 180 页。

［45］熊伟：《气候变化对中国粮食生产影响的模拟研究》，气象出版社，2009，第

13 页。

［46］叶彩玲、霍治国：《气候变暖对我国主要农作物病虫害发生趋势的影响》，《农药快讯》2002 年第 1 期。

［47］佚名：《WWF 负责人说非洲农业将受气候变化巨大影响》，新华网，最后访问日期：2012 年 6 月 7 日，http://www. weather. com. cn/static/html/article/20090615/35230. shtml。

［48］李哲：《抓好六大环节推动我国生物能源快速发展》，科学网，最后访问日期：2013 年 7 月 25 日，http://news. sciencenet. cn//sbhtmlnews/2010/11/238528. html? id=238528。

［49］黄艳：《研究表明近 30 年气候变化给中国粮食生产带来"正面效应"》，新华网/新闻中心. http://news. xinhuanet. com/2011-04/16/c_121311744. htm。

［50］农业部市场与经济信息司：《市场信息工作简报》第 115 期。

［51］黄国勤、赵其国：《低碳经济·低碳农业与低碳作物生产》，《江西农业大学学报》（社会科学版）2011 年第 10 期。

［52］周健：《我国低碳农业研究综述》，《环渤海经济瞭望》2011 年第 10 期。

［53］张世兵：《现代多功能农业评价体系研究》，湖南农业大学博士学位论文，2009。

［54］陈关升：《生态产业》，中国城市低碳经济网，最后访问日期：2014 年 10 月 5 日，http://www. cusdn. org. cn/news_detail. php? id=228176。

［55］王海文：《建设生态循环型现代农业产业体系研究》，《中共贵州省委党校学报》2011 年第 3 期。

［56］World bank . 2010 World Development Report. ［R］. 2010.

［57］FAO. "Climate-Smart" Agriculture Policies, Practices and Financing for Food Security, Adaptation and Mitigation. ［R］. 2010.

［58］Kerri L. Steenwerth, et al., Climate-smart Agriculture Global Research Agenda: Scientific Basis for Action. Agriculture & Food Security, 2014, 3：11.

［59］倪涛：《应对未来巨大粮食缺口，推动实现经济绿色增长——"气候智能型农业"肩负双重使命》，《人民日报》2013 年 12 月 6 日。

第二章　全球气候变化及其对农业
影响研究的文献综述

全球气候变化问题已经引起了学者的广泛关注，就其对农业的影响而言，研究主要从以下几方面展开，一是全球气候变化对农业生产的影响，国内外学者多从全球气候变化与农产品生产及粮食问题这一角度展开研究；二是全球气候变化与贸易及农产品贸易的研究，学者均认为气候变化与贸易之间存在着相关性，气候变化对农产品贸易存在直接和间接的影响；三是应对气候变化的低碳措施及农业措施的研究，这方面的研究围绕着碳足迹、碳标签、碳关税等问题展开。

第一节　关于全球气候变化及其对农业
生产的影响研究[①]

一　关于全球气候变化

全球气候变化问题早已得到有关专家的关注。初期的研究大致可以分为三个阶段，第一阶段（1827～1896年）的研究主要是确定全球变暖的成因；第二阶段（1897～1987年）的研究主要是就全球气候变暖进行定量分析；第三阶段（1988年至今）的研究主要是对气候变化对人类的影响进行评估。前两个阶段大多从自然科学的角度研究全球气候变化的趋势和成因。

---

① 参见课题组成员程颖的研究成果：《全球气候变化对中国农产品出口能力的影响研究》，江西财经大学硕士学位论文，2013。

这一时期做出主要贡献的科学家有约瑟夫·傅里叶①、乔治·卡林达②、凯琳③和约翰·廷斗④等。

随着研究的深入，人们研究的重心从单纯的自然科学角度，转化到探讨气候变化带来的社会变革方面；对全球气候变化问题的研究方向也有所转变，更多关注气候变化对人类产生的影响。政府间气候变化专门委员会（IPCC，1990⑤，1995⑥，2001⑦，2007⑧）发布了4次气候变化评估报告。

2014年11月，IPCC在哥本哈根发布了第五次评估报告，确认世界气候系统变暖毋庸置疑，自20世纪50年代以来观测到的变化前所未有。该报告与之前的报告相比，更肯定了20世纪中期以来气候变暖的主要原因是温室气体排放以及其他人类活动⑨。

IPCC在发表评估报告的同时也有多篇研究和调查报告发表。这些报告不仅对全球气候变化的原因和现状以及气候变化的发展情况等进行非常仔细的研究，而且对发展趋势进行预测，如斯特恩⑩撰写的一项气候变化报告。IPCC评估报告和斯特恩的报告是这一阶段的主要成果。这时期的研究都认为：全球气候已经发生变化，变暖趋势明显并影响广泛。气候变暖可能是由自然界内部变化导致的，也可能是受自然外部强迫的。但人类破坏生态环境使得气候变暖已成为不争的事实。到目前为止，气候变暖不仅是人类面临的规模最大、范围最广和影响最深的气候挑战之一，而且也是给未来全球经济以及社会发展带来重大影响的因素之一。因此，各个国家及地区应及时采取预防措施，把温室气体的浓度控制在一定水平，防止人类

---

① Michael Grubb et al. , The Kyoto Protocol—a Guide and Assessment［M］. Royal Institute of International Affairs and Earthscan Publications Ltd：UK，1999，p. 3.

② 萧如珀：《全球暖化的发现》，《环保信息》（台湾）2005年第87期。

③ Richard P. Turco, Earth Under Siege［M］. Oxford University Press：UK，1997，p. 368.

④ 〔圭亚那〕施里达斯·拉夫尔：《我们的家园——地球》，夏堃堡译，中国环境科学出版社，1993，第75页。

⑤ IPCC First Assessment Report 1990（FAR）

⑥ IPCC Second Assessment Report：Climate Change 1995（SAR）.

⑦ IPCC Third Assessment Report：Climate Change 2001（TAR）.

⑧ IPCC Fourth Assessment Report：Climate Change 2007（AR4）.

⑨ 游雪晴：《IPCC第五次评估报告：过去30年为1400年来最暖时期》，《科技日报》2014年11月25日。

⑩ Stern. The economics of climate change，American Economic Review，2008，98（2）：1 - 37.

活动进一步对气候产生不利影响。

目前，绝大多数学者认同人类活动导致全球气候逐步变暖这一观点，但仍有学者对此持不同意见。如 Singer[1] 以及北京的一批学者就发表了多篇文章对人为因素造成全球气候变暖这一观点进行质疑，但全球气候变化的人为论得到了学界广泛认可。关于全球气候变化问题的研究在第一章中有较详细的阐述，这里不再赘述。

二 关于全球气候变化对农业生产的影响

国外学者对全球气候变化与农产品生产及粮食问题的研究较多，也较为深入。农业是受自然灾害影响最大的产业，在发展中国家影响尤为突出。发展中国家的主要农作物产量都会随着气候的变化而波动。所以气候变暖对农业会产生直接影响已成为全球共识（IPCC）[2]。而且这一影响并没有因为人类科学技术的进步而得到消除（Peters 等）[3]。Dellal，McCarl[4] 认为从农产品生产的角度来讲，气候变化的影响主要体现在三个方面。第一个方面，农产品生产和生产成本会受温度、湿度、CO_2 浓度和极端气候现象影响，这些因素可以改变农作物的收获时间和土地效率。第二个方面，农业生产也会加剧全球气候变化，农药的使用、反刍动物的正常消化都会产生大量的 CH_4 和 N_2O，这两种温室气体的全球增温潜在趋势相对 CO_2 要高得多。根据数据统计，全球 14% 的 CO_2 排放来自于农业部门。第三方面，农作物生长会进行光合作用，吸收大量的 CO_2，有助于减缓气候变化。国际粮食政策研究所[5]也曾发布一份报告，预测到 2050 年时全球平均升温

① Singer S F. Nature, not human activity, rules the climate: summary for policymakers of the report of the Nongovernmental International Panel on Climate Change ⌊M⌋. The Heartland Institute: Chicago, 2008.

② IPCC First Assessment Report 1990 (FAR)

③ Peters G P, Hertwich E G. CO_2 Embodied in International Trade with Implications for Global Climate Policy [J]. Environmental Science & Technology, 2008, 42 (5): 1401 - 1407.

④ Dellal, McCarl. Agriculture in the Climate Change and Energy Squeeze: Effects, Adaptation and Mitigation. [J]. KOSKI, Konya. 2007 (1).

⑤ Nelson Gerald C, Rosegrant Mark W, Koo Jawoo, et al. Climate change: Impact on agriculture and cost of adoption [EB/OL]. http://www.ifpri.org/publication/climate change impact agriculture and costs-adaptation.

约 1℃，而全球降水分布也将改变。届时，粮食产量与不存在全球变暖的情况相比将大幅减少，其中小麦和大米的减产幅度分别达到 30% 和 15%。小麦、大米和玉米等粮食作物价格受此影响将高涨，这将导致大部分非洲地区不满 5 岁儿童营养摄取不足的情况加剧，儿童营养不良概率上升。2014 年 IPCC 在第 5 次评估报告中指出，温度升高 2℃ 或更高，对温、热带地区的小麦、水稻和玉米的产量会产生负面影响[1]。

国内学者对全球气候变化与农产品生产问题也进行了卓有成效的研究。如，王丹[2]的博士学位论文《气候变化对中国粮食安全的影响与对策研究》，从理论和实证两个角度研究了气候变化及应对气候变化的全球行动对中国粮食生产和粮食安全的影响，提出了应对全球气候变化保障中国粮食安全的对策。孙家仁等[3]则梳理了以往气候变化对环境质量影响的研究进展，提出了对该问题后续研究的方向。周平[4]、李宝华[5]和吴建梅[6]等人的文章探讨了中国气候变化的特征，及其引发的升温和降水变化对中国作物种植、生长制度的不利影响。

我国许多科学家就农作物产量、生产和收入等受气候变化的影响做了深入研究，多采用农学模型和李嘉图分析方法。居辉等人[7]就对中国小麦产量受气候变化的影响进行了相关分析；熊伟等人[8]和姚凤梅等人[9]都对水

---

[1] Fifth Assessment Report：Climate Change 2013（AR5）.

[2] 王丹：《气候变化对中国粮食安全的影响及对策研究》，华中农业大学博士学位论文，2009。

[3] 孙家仁、许振成、刘煜等：《气候变化对环境空气质量影响的研究进展》，《气候与环境研究》2011 年第 6 期。

[4] 周平：《全球气候变化对我国农业生产的可能影响与对策》，《云南农业大学学报》2001 年第 1 期。

[5] 李宝华、迁文英：《气候变化对农业生产的影响》，《农民致富之友》2012 年第 18 期。

[6] 吴建梅、孙金森、陈林祥等：《气候变化对农业生产的影响——以山东诸城为例》，《农学学报》2012 年第 4 期。

[7] 居辉、熊伟、许吟隆：《气候变暖对中国小麦产量的影响》，《作物学报》2005 年第 10 期。

[8] 熊伟、许吟隆、居辉：《气候变暖下中国小麦产量变化区域模拟研究》，《中国生态农业学报》2006 年第 2 期。

[9] 姚凤梅、张佳华：《气候变暖对中国粮食产量的影响及模拟》，气象出版社，2009。

稻产量受气候变化影响做了研究；熊伟等人[1]又模拟研究了气候变化对玉米产量的影响，得出的结论是气候变暖与这些农产品产量是负相关关系。蔺涛等人[2]选取了 1986～2000 年的数据，运用 CD 生产函数模型公式进行估计，选取的气候因子是 30 个气象台站的逐日气温和降水，并结合了黑龙江省的 79 个县市农业生产资料。研究结果显示，15 年间，随着气候变暖，黑龙江省粮食产量在不断增加。魏瑞江等人[3]分析了河北省发生的一些极端天气对农业产生的影响。极端天气事件主要选择了冬小麦在越冬和拔节期的强降温、冬小麦灌浆时期的干热风和冬末春初季节低温、少照天气，结果得出对农业产生的影响是负面的。曹宏鑫和金之庆等人[4]研究了 CO_2 浓度对农作物生产的影响，发现 CO_2 浓度提高对 C_3 植物会产生较大的正效应，而对像玉米和高粱这类 C_4 植物的作用较小；CO_2 浓度提高，还可以补偿由气温上升而带来的减产。许朗和刘金金[5]分析了气候变暖对中国农业发展的影响，并提出农业应对气候变暖的政策建议。

其他研究气候变化对农作物产量和质量影响的文献也有较大的影响力。如余卫东[6]、王位泰[7]、车少静[8]、黄峰[9]、万信[10]等人研究了气候变化对各

---

① 　熊伟、杨婕、林而达等：《未来不同气候变暖情景下中国玉米产量的初步预测》，《地球科学发展》2008 年第 10 期。

② 　蔺涛、陈德亮、段兴武等：《黑龙江省气候变暖对粮食生产的影响》，《自然资源学报》2008 年第 2 期。

③ 　魏瑞江、张文宗、李二杰：《河北省冬小麦生育期气象条件定量评价模型》，《中国农业气象》2007 年第 4 期。

④ 　曹宏鑫、金之庆、石春林等：《中国作物模型系列的研究与应用》，《农业网络信息》2006 年第 5 期。

⑤ 　许朗、刘金金：《气候变暖与中国农业发展问题的研究》，《浙江农业学报》2013 年第 1 期。

⑥ 　余卫东、赵国强、陈怀亮：《气候变化对河南省主要农作物生育期的影响》，《中国农业气象》2007 年第 1 期。

⑦ 　王位泰、黄斌、张天锋等：《陇东黄土高原冬小麦生长对气候变暖的响应特征》，《干旱地区农业研究》2007 年第 1 期。

⑧ 　车少静、智利辉、冯立辉：《气候变暖对石家庄冬小麦主要生育期的影响及对策》，《中国农业气象》2005 年第 3 期。

⑨ 　黄峰、施新民、郑鹏徽：《气候变化对宁夏春小麦发育历期影响模拟》，《干旱区资源与环境》2007 年第 9 期。

⑩ 　万信、王润元：《气候变化对陇东冬小麦生态影响特征研究》，《干旱地区农业研究》2007 年第 4 期。

地冬小麦生产的影响，得出的结论是气候变化缩短了农作物的全生育期和越冬期，同时使返青期和成熟期提前。段金省等[①]也通过对历史实测资料的分析，研究了陇东塬区玉米生产受气候变化的影响，他认为气候变化使得该地区玉米生育期缩短，乳期和成熟期大幅度提前。刘颖杰、林而达[②]的研究结果则表明，在过去的 20 年，气候变化对中国不同地区的粮食产量影响不同：在气候变化的背景下，东北地区的粮食总产量将增加，而华北、西北和西南地区的粮食总产量将减少，华东地区和中南地区农产品生产受到的影响不显著。气候变化不仅影响农作物的产量还影响农作物品质。高素华[③]、王春乙等[④]通过 OTC－1 型开顶式气室实验，验证了 CO_2 浓度增加会降低冬小麦、大豆、玉米中的氨基酸和粗蛋白含量这一结论。为研究气温上升，CO_2 浓度增加以及水分改变对农作物生产的影响，郭建平等[⑤]对人工温室进行不同程度的模拟日照，观察农作物籽粒品质产生的变化。

全球气候变化不仅会改变农产品产量、质量和生产布局，而且还会增加农产品的生产、运输成本。杜华明[⑥]认为，以气温升高为主要特征的全球气候变化会加速土壤有机质的分解，一旦土壤受旱，根生植物积累与分解土壤有机碳的能力都将受到制约，要保证作物的产量和质量，必须施用更多的肥料，这将增加农业生产的成本。与此同时，叶彩玲等[⑦]还发现，气温上升有利于昆虫的生长，这将导致病虫害频发，农药使用量增加，农产品生产成本提高，农业生态环境恶化。

---

① 段金省、牛国强：《气候变化对陇东塬区玉米播种期的影响》，《干旱地区农业研究》2007 年第 2 期。

② 刘颖杰、林而达：《气候变化对中国不同地区农业的影响》，《气候变化研究进展》2007 年第 4 期。

③ 高素华、王春乙：《CO_2 浓度升高对冬小麦、大豆籽粒成分的影响》，《环境科学》1994 年第 5 期。

④ 王春乙、高素华、郭建平：《模拟大气中 CO_2 浓度对大豆影响的实验》，《生态学报》1995 年第 2 期。

⑤ 郭建平、高素华、刘玲：《气象条件对作物品质和产量影响的试验研究》，《气候与环境研究》2001 年第 3 期。

⑥ 杜华明：《气候变化对农业的影响研究进展》，《四川气象》2005 年第 4 期。

⑦ 叶彩玲、霍治国：《气候变暖对我国主要农作物病虫害发生趋势的影响》，《农药快讯》2002 年第 1 期。

第二节　关于全球气候变化与贸易及农产品贸易的研究

一　关于全球气候变化与贸易的关系[①]

全球化是当今世界不可逆转的趋势，而全球气候变化对全球化有着深远的影响。随着气候变化加剧，越来越多的学者和国际组织开始研究气候变化与贸易的关系。

Grossman 和 Krueger[②] 两位经济学家，在 1993 年对北美自由贸易协定做了环境影响分析，对气候受国际贸易影响的内容做了较为详细的阐述，认为气候变化与贸易相关性较强。Tamiotti[③] 的研究也获得了相同的结论，且 Tamiotti 认为，贸易对气候变化的影响呈倒 U 的环境库兹涅茨曲线关系，其影响机制或途径主要是通过规模效应、结构效应、技术效应等实现的，规模效应一般会起决定性作用，也就是贸易自由化倾向会增加温室气体排放。但也有观点认为技术正效应会超过规模负效应，因此国际贸易的不断增长将使 CO_2 排放量减少（Antweiler 等；Managi 等人）[④][⑤]。

关于气候变化对贸易的影响，近年来研究成果比较集中。Wilbanks 和 Sathaye[⑥] 提出气候变暖引发的灾害影响正常国际贸易运输。Peters 和 Hertwich[⑦]

① 参见两位课题组成员的研究成果：程颖：《全球气候变化对中国农产品出口能力的影响研究》，江西财经大学硕士学位论文，2013；周兰兰：《气候变暖对中国农产品进口贸易的影响研究》，江西财经大学硕士学位论文，2014。

② Grossman, G. M. and Krueger, A. B. Environmental Impacts of a North American Free Trade Agreement in Garber, P. M. (ed.). The US-Mexico Free Trade Agreement [M]. MIT Press, Cambridge, MA, 1993. 13 – 56.

③ Tamiotti, L., Teh, R., Kulaolu, V., Olhoff, A., Simmons, B. andAbaza, H., (2009) "Trade and Climate Change WTO-UNEP Report," World Trade Organisation.

④ Antweiler. W., CopelandB. R. TaylorM. S. Is Free Trade Good for the Environment? American Economic Review, 2001 (91).

⑤ Managi, S., A. Hibiki & T. Tsurumi (2008)," Does trade liberalization reduce pollution emission", RIETI Discussion Paper, No. 8.

⑥ Wilbanks, T. J. and Sathaye, J. Integrating mitigation and adaptation as possible responses to global climate changE. Environment [J]. 2003：28 – 38.

⑦ Peter G P, Hertwich E G. CO_2 Embodied in International Trade with Implications for Global Climate Policy [J]. Enviromental Science & Technology, 2008, 42 (5)：1401 – 1407.

则研究了贸易中隐含碳的问题，其发表的论文测度了包括美国在内的 87 个国家在 2001 年以后由于贸易而产生的碳排放，他们发现，全球范围内有 5.3gt 的 CO_2 排放隐含于贸易中，其中非附件 I 国家是主要的排放国。Jones 和 Olken[1] 定量分析了气候变化对出口的影响，通过计量模型分析了气候变暖对出口的影响。结果显示，国家的贫富不同会使气候变暖的影响产生差异，在穷国，温度每上升 1℃，该国出口量减少 2%～5.7%。但在发达国家却未出现可观测的影响。Kemfert 等人[2]的文章探讨了减少碳排放的成本，对贸易以及气候变化的影响。他们得出的结论是如果贸易只影响减排总成本而不影响减排边际成本，则开展国际减排合作的难度会加大；相反，若贸易影响减排总成本的同时影响边际减排成本，则国际合作更容易达成。

国际贸易和可持续发展中心（ICTSD）是最早研究气候变化与贸易问题的组织之一，早在 21 世纪初就对有关问题进行了立项研究。2006 年，该中心发表了《贸易、气候变化与能源》一书。书中阐述了贸易、气候变化与能源三者之间的关系，得出过度消耗能源导致了全球气候变化，而贸易加重了全球经济对石油和其他化石燃料的依赖这一结论，因此，在保证世界经济持续发展的前提下，减少人类的碳排放是当前及未来很长时间内国际社会所面临的巨大挑战[3]。2008 年，该组织又发表了一篇关于环境产品贸易自由化与气候变化的文章。文章指出大部分的环境产品需要借助贸易向全球传播，发达国家和部分中高收入国家拥有更高的环境技术，这些国家通过环境产品贸易将获得巨大利益[4]。世界银行[5]也开始关注这一问

[1] NBER. Benjamin F. Jones and Benjamin A. Olken. Climate shocks and export [J/OL]. http://economics. mit. edu/files/5087, 2013 - 01 - 11.
[2] Claudia Kemfert, Wietze List, Richard S J T. Games of Climate Change with International Trade [J]. Environmental and Resource Economics, 2004, (28): 209 - 232.
[3] Ricardo Meléndez-Ortiz, Moustapha Kamal Gueye, Malena Sell. Linking Trade, Climate Change and Energy [EB/OL]. http://ictsd. org/i/publications/10492/.
[4] Liberalization of Trade in Environmental Goods for Climate Change Mitigation: The Sustainable Development Context. [EB/OL]. ICTSD, http://www. iisd. org/pdf/2008/cph trade climate liberalization trade. pdf.
[5] Trade and Climate change: Economic, Legal, and Institutional Perspectives [EB/OL]. WORD BANK, http://siteresources. worldbank. org/INTPUB/3876078 - 1192582946896/21513448/ITCC Booklet rev2. pdf.

题，其发布的报告《国际贸易与气候变化：经济、法律和制度视角》在国际社会中产生了较大的影响。报告主要研究了气候变化给经济、法律和制度带来的变革，并讨论了这种变革给国际贸易带来的机遇与挑战。世界贸易组织①发表的报告则更全面地分析了国际贸易与全球气候变化之间的关系。报告首先回顾了目前关于气候变化影响所达成的共识，再通过理论和实证相结合的方式得出了贸易增加了温室气体排放量，但也有助于减缓和适应气候变化的结论，并介绍了国际社会为减缓和适应气候变化所做出的努力。2009 年 6 月 26 日，WTO 与联合国环境规划署（UNEP）共同发表了题为《贸易和气候变化》的研究报告，该报告通过文献研究和各国政策调查，从理论和政策层面系统阐述了贸易自由化与气候变化的内在关系。

国内关于气候变化与贸易的研究也在不断增强。马建平②就在其发表的文章中详细研究了贸易与气候变化的关联机理。他指出，生产环节和运输环节是贸易影响全球气候变化的主要环节，生产和运输过程中产生的碳排放加剧了全球气候变化，但气候友好型产品贸易有助于达成气候目标，消除贸易和气候变化之间潜在冲突的办法在于有效分割贸易利益。熊灵③通过研究指出，发达国家制定的一系列与气候变化相关的关税壁垒和非关税壁垒将对中国经济和贸易带来极大的负面影响。

彭水军、张文城④考察了贸易自由化与气候变化的内在相互作用关系，分析了 WTO 规则与多边气候协议之间的潜在冲突，认为 WTO 规则对与多边气候协议有关的减排措施存在着诸多潜在约束，而对具体的减排措施，则约束力各有不同，并探讨了 WTO 与多边气候协议进一步协调的可能性和思路。

① Tamiotti, Anne Olhoff, Benjamin Simmons, et al, Trade and Climate Change, A report by the United Nations Environment Programm and the World Trade Organization [EB/OL]. https://www.wto.org/english/res e/booksp e/trade climate change e. pdf.
② 马建平：《贸易与气候变化的关联机理分析》，《当代经济管理》2009 年第 12 期。
③ 熊灵、邵蕾、谭秀杰：《气候变化贸易壁垒及我国的应对之策》，《环境保护》2012 年第 24 期。
④ 彭水军、张文城：《多边贸易体制视角下的全球气候变化问题分析》，《国际商务》（对外经济贸易大学学报）2011 年第 3 期。

二　关于全球气候变化对农产品贸易的影响[①]

全球气候变化对农产品贸易的影响有直接和间接之分。直接影响主要是指由全球气候变化带来的高温、季节性降水变化、极端天气（气候）事件、病虫害、土壤水质改变对农产品贸易产生的影响，而间接影响则是指碳关税、碳标签、碳补贴的实施，以及生物质能源的开发与利用给农产品贸易带来的风险。

气候变化对农产品贸易的影响是通过高温、CO_2 排放、降水变化、极端天气事件对农业产生影响，进而影响各国及地区的农产品供给量的。关于气候变化对农产品贸易直接影响的研究成果较多，Peskett 和 Ludi[②] 阐述了三种气候变化形势及采取相应措施对全球农产品贸易和农产品市场的不同影响。2009 年，ICTSD 中心[③]发布了一篇题为《国际贸易在适应全球气候变化中扮演的角色》的报告。该报告指出气候变化可能增加粮食安全的不确定性，但农产品可以通过国际贸易实现在全球范围内分配，从而抵消部分气候变化带来的影响。Huang 等人[④]则指出，发展中国家和发达国家必须提高农业生产效率，才能应对 2050 年人们可能面临的可耕地面积减少、水资源枯竭和全球气候变化，而运转良好的国际贸易体系则有助于农业适应气候变化带来的种种挑战。

以上文献都是从定性的角度研究气候变化与农产品贸易的关系，而从定量角度分析的文章并不多，主要在近两年才出现。如 Ahmed 等学者[⑤]受联合国世界发展经济学研究院委托，研究了气候变化对农产品贸易的影

① 参见课题组成员程颖的研究成果：《全球气候变化对中国农产品出口能力的影响研究》，江西财经大学硕士学位论文，2013。

② Sflater, R., Peskett, L., Ludi, E. & Brown, D. "Climate change, Agriculture Policy and Poverty Reduction-How Much Do We Know?" [J]. Overseas Development Institute, 2007: 1 - 6.

③ Gerald Nelson, Amanda Palazzo, Claudia Ringler, et al. The Role of International Trade in Climate Change Adaptation [EB/OL]. http://ictsd.org/i/publications/66988/.

④ Hsin Huang, Martin von Lampe, Frank van Tongeren. Climate change and trade in agriculture [J]. Food Policy, 2010 (10): 1 - 5.

⑤ Syud Amer Ahmed, Noah S. Diffenbaugh, Thomas W. Hertel, et al. Agriculture and Trade Opportunities for Tanzania Past Volatility and Future Climate Change [J]. Review of Development Economics, 2012, 16 (3): 429 - 447.

响，报告通过实证分析指出各地区农业生产受全球气候变化的影响不同，坦桑尼亚的农产品贸易可能由于全球气候变化而受益。Gunay 和 Fedai[1] 则研究了气候变化对欧盟农产品贸易能力的影响，他们将决定农产品贸易的因素分为传统因素、农产品生产能力因素和气候变化因素，通过面板数据分析各因素对农产品贸易的影响，并提出了农产品贸易部门应对全球气候变化的措施。

国内关于全球气候变化对农产品贸易直接的影响研究近年来也逐步受到重视。陈卫洪、谢晓英[2]分析了气候灾害对粮食安全的影响。主要是通过影响受灾面积和成灾面积，进而影响粮食产量。粮食产量的减少，对粮食的进口贸易会造成一定的影响，从而影响粮食安全。周文魁[3]探讨了气候变化对中国粮食生产及粮食贸易的影响，提出了减缓和适应气候变化的应对策略。任晓娜[4]研究了未来不同气候对粮食生产及贸易的影响，认为在不同的气候情景下粮食生产都会减产，粮食贸易受到影响。孟赟[5]分析了气候与粮食生产及贸易之间的影响关系，对粮食生产和粮食贸易进行了前景预测，认为气候对粮食生产以及粮食贸易的影响呈现增强趋势，但对二者的增强的速度是不同的。任晓娜、孙东升[6]的文章选取了 1986～2008 年度数据，建立了粮食贸易引力模型分析气候变暖对中国粮食贸易的影响，结果显示中国粮食贸易伙伴国的 CO_2 排量对中国粮食贸易量的影响非常显著。李秀香等[7]在《国际贸易》上发表的《农产品贸易的气候变化风险及其应对》也探讨了气候变化对农产品贸易的影响，并提出了应对措施。

---

[1] E. Nur Ozkan-Gunay and Halit Fedai. Effects of Climate Change on Agricultural Trade Capability in the European Food Market ［J/OL］ http://www.ibimapublishing.com/journals/JEURB/2011/949944/949944.pdf.

[2] 陈卫洪、谢晓英：《气候灾害对粮食安全的影响机制研究》，《农业经济问题》2013 年第 1 期。

[3] 周文魁：《气候变化对中国粮食生产的影响及应对策略》，南京农业大学博士学位论文，2012。

[4] 任晓娜：《气候变化对中国粮食生产与贸易政策的影响研究》，中国农业科学院博士学位论文，2012。

[5] 孟赟：《气候变暖对国际粮食贸易的影响分析》，武汉理工大学硕士学位论文，2010。

[6] 任晓娜、孙东升：《气候变暖对中国粮食贸易的影响研究》，《生态经济》2012 年第 3 期。

[7] 李秀香、赵越、程颖：《农产品贸易的气候变化风险及其应对》，《国际贸易》2011 年第 11 期。

研究农产品贸易受气候变化间接影响的文章很多。如詹晶[①]从碳关税的角度入手，将碳关税的影响分为长期和短期进行研究。她认为中国农业属于名副其实的高碳产业，实施碳关税将对中国农产品出口造成重大影响。从短期来看，碳关税将使中国农产品出口量下降、贸易条件恶化，导致农业成为贸易壁垒的重灾区；从长期来看，碳关税能促进农业技术进步，在舆论导向和制度约束的双重压力下，必然能加速中国农业适应气候变化，实现低碳发展，从而对农产品产生促进效应。何解定等[②]则研究了碳关税的特点，他认为"碳关税"的实施对中国农产品出口的影响应该一分为二来看，既有积极影响，又有消极影响。

还有部分研究侧重探讨农产品出口如何应对气候变化风险。如李秀香等[③④]在《当代财经》和《探索与争鸣》上发表的文章都对气候智能型农业发展进行了研究，认为气候智能型农业是一种既能减少温室气体排放，又能逐步适应全球气候变化的农业生产模式，是人类适应全球气候变暖的新型农业发展模式。张宪强[⑤]在借鉴国际经验的基础上，探讨了中国建立农业气候指数保险的问题。而杨普[⑥]的文章则介绍了安徽气候变化的现状，并在此基础上提出发展低碳农业适应气候变化的具体措施。

第三节　关于应对气候变化的低碳措施及农业措施研究

应对气候变化成为人类面临的共同任务和各国不可推卸的社会责任，

---

① 詹晶：《"碳关税"对农产品出口贸易的经济效应分析》，《经济与管理》2011 年第 3 期。

② 何解定、李秀：《碳关税对我国农产品出口的影响研究》，《中国集体经济》2011 年第 33 期。

③ 李秀香、赵越、简如洁：《我国气候智能型农业及贸易发展研究》，《当代财经》2011 年第 7 期。

④ 李秀香、章萌：《积极应对农业危机》，《探索与争鸣》2012 年第 2 期。

⑤ 张宪强、潘勇辉：《农业气候指数保险在发展中国家的实践与启示》，《社会科学》2010 年第 1 期。

⑥ 杨普：《关于安徽省发展低碳农业应对气候变化的若干思考》，《农业科技管理》2011 年第 5 期。

任何国家、任何生产者和消费者以任何借口抵制、懈怠和反对人类应对气候变化的共同行动都是不理智的。其实在减少温室气体排放，控制气候变暖方面全球共识已形成，只是在减排任务具体承担方面上还存在争议。

一　关于应对气候变化的低碳措施

Nicholas Stern[①] 评估了气候变化给社会经济带来的损失，认为采取相应措施应对气候变化所需要付出的成本很高，但是早采取比晚采取和不采取获得的效益更多、更大。Treffers[②] 等学者认为可以在 2050 年实现减少 80% GHG 排放的任务（以 1990 年基础）。Kawase[③] 等学者认为 CO_2 强度、能源效率和经济活动三要素影响了气候的长期稳定，为了完成 60% 到 80% 的减排任务，需要以比前 40 年快 2 到 3 倍的速度加快能源强度改进的步伐，同时需要以同等速度减弱 CO_2 的排放强度。2003 年 2 月，英国发表的《我们未来的能源：创建低碳经济》白皮书，以低碳经济为理念提出了低碳发展目标。2006 年，世界银行前首席经济学家 Nicholas Stern 在他的著作《斯特恩报告》中呼吁通过贸易、税收和法规等手段使全球经济向低碳化发展转型。因此低碳发展建议如雨后新阳喷薄而出。

（1）关于碳足迹

1996 年加拿大人 William 及其博士生 Wackernagel[④] 首先从概念内涵、计算方法、实例计算等层面，针对国家、个人、产品、家庭、组织机构等对象，研究并提出了生态足迹概念。因为生态足迹主要是用 CO_2 来衡量的，故而又被称为 "碳足迹"。国内对碳足迹的研究始于 20 世纪 80 年代末，

---

① Nicholas Stern, The Economics of Climate Change: The Stern Review. Cambridge University Press. UK. 2007.
② Treffers DJ, Faaij APC, Spakman J, Seebregts A. Exploring the Possibilities for Setting up Sustainable Energy Systems for the Long Term: Two Visions for the Dutch Energy System in 2050 [J]. Energy Policy, 2005 (33).
③ Kawase R, Matsuoka Y, Fujino J. Decomposition Analysis of CO2 Emission in Long-term Climate Stabilization Scenarios [J]. Energy Policy, 2006, 34 (15).
④ Wackernagel M, Rees WE. our ecological footprint: reducing human impact on the earth. Gabriola Island: New Society Publishers. 1996.

并主要集中在政策和倡导层面。

　　首先，碳足迹研究主要探讨的是运输活动释放的 CO_2 情况。国际能源机构（The International Energy Agency，IEA）① 的研究结果表明，2004 年运输活动排放了世界上 23% 与能源有关的温室气体。运输方式的不同对温室气体排放量有很大的影响。国际海事组织（IMO）② 研究报告显示，2007 年国际海运业的 CO_2 排放量达 10.4 亿吨，约占世界人类活动 CO_2 排放量的 3.3%，而且到 2050 年有可能比 2007 年增加 150% ~ 250%。不过也有专家认为，航空业是污染最严重的运输方式③。国内专家查苏倩④的研究成果也表明运输行业消耗了大量的能源，且释放的气体是造成全球气候变暖的主要原因之一。

　　其次，碳足迹研究着重探讨评估标准。德国教授 Matthias Finkbeiner⑤ 认为碳足迹研究要把重点放在碳足迹标准和规范方面。英国教授 Graham Sinden⑥ 介绍了 PAS2050 在计算温室气体排放、产品碳足迹评估中的重要作用。意大利专家 Gian Luca Baldo 和 Massimo⑦ 评估了欧盟生态标签的碳足迹标准，如 PAS2050、GHG 标准等的优缺点。瑞典的计量经济学教授 Elin Röös 和 Cecilia⑧ 指出，在用食品进行碳足迹计算时其数据具有很大的不确定性。国内学者蒋婷⑨对目前出台的碳足迹评价标准，如 GHG Proto-

①　IEA. CO2 Emissions from Fuel Combustion：1971 – 2005 ［R］. 2007，Paris.

②　IMO，Updated Study on GHG Emissions From Ships ［R］. London：MPEC，2009.

③　Chapman L. Import and Climate Change：A Review ［J］. Journal of Transport Geography，2007，（15）：354 – 367.

④　查苏倩：《低碳背景下我国发展绿色运输业存在的问题及解决途径》，《物流工程与管理》2010 年第 7 期。

⑤　Matthias Finkbeiner. Carbon footprinting—opportunities and threats ［J］. Int Life Cycle Assess，2009.

⑥　Graham Sinden. The contribution of PAS 2050 to the evolution of international greenhouse gas emission standards ［J］. Int J Life Cycle Assess，2009.

⑦　Gian Luca Baldo & Massimo. The carbon footprint measurement toolkit for theEU Ecolabel ［J］. Int J Life Cycle Assess，2009.

⑧　Elin Röös & Cecilia. Uncertainties in the carbon footprint of food products：a case study on table potatoes ［J］. Int J Life Cycle Assess，2010.

⑨　蒋婷：《碳足迹评价标准概述》，《信息技术与标准化》2010 年第 10 期。

col①、ISO14064②、PAS2050③、TSQ0010④等应用于企业和产品碳足迹评价进行了卓有成效的研究，为企业及相关机构开展碳足迹评价提供借鉴作用。李江晨等⑤建议建立一个针对个人碳排放值的计量与交易平台，以辅助政府和环保机构制定标准和奖惩机制。

（2）关于"碳标签"

碳标签作为一种将商品生命周期中造成的温室气体排放标识出来的方法，即对碳足迹进行标识，可以直接影响消费者和厂商的决策。最早推行碳标签制度的是英国，同时成立了碳基金，目的是为了鼓励企业推广使用碳标签。2009年10月在澳大利亚首个全球碳标签制度正式实施，在5年内将5%～10%的连锁超市上架产品贴上碳标签。此后，碳标签制度如雨后春笋涌现，目前很多国家（地区）都推出或即将推出碳标签，英、日、韩、美等国已实行了碳标签制度。

关于碳标签定性问题。肯定的观点认为，碳标签是低碳标志认证，是依据有关标准、指标和规定，由国家批准的被授权机构确定通过并颁发的低碳标志和证书，是积极可靠的（裴莹莹等）⑥；碳标签不仅可以引导绿色消费，而且可以实现碳排放来源的透明化（裘晓东）⑦。也有持怀疑态度

---

① 即温室气体核算体系（旧译温室气体议定书）。温室气体核算体系提供几乎所有的温室气体度量标准和项目的计算框架，从国际标准化组织（ISO）到气候变暖的注册表（CR），同时也包括由各公司编制的上百种温室气体目录。

② 2006年3月1日，国际标准化组织发布了ISO14064标准。作为一个实用工具，它使政府和组织能够测量和监控温室效应气体（GHG）的减排，ISO14064包含3个标准：ISO14064 - 1：2006《温室气体 - 第一部分：组织的温室气体排放和削减的量化、监测和报告规范》，ISO14064 - 2：2006《温室气体 - 第二部分：项目的温室气体排放和削减的量化、监测和报告规范》，ISO14064 - 3：2006《温室气体 - 第三部分：有关温室气体声明确认和验证的指南性规范》。它们分别为组织和企业详细设定了规范和指导，它们可独立或作为一个系列方法使用，以满足GHG测量与验证的各种需求。2007年4月15日，国际标准化组织发表ISO 14065：2007标准，它是一个对使用ISO 14064或其他相关标准或技术规范从事温室效应气体用于认可的确认和验证机构的规范及指南。

③ 其中文全称为：《PAS 2050：2008商品和服务在生命周期内的温室气体排放评价规范》，是全球首个产品碳足迹方法标准，于2008年10月由英国标准协会就发布。

④ 即是2009年4月20日，日本公布的产品碳足迹的技术规范。

⑤ 李江晨、黄威、彭浩：《碳足迹系统》，《电子产品世界》2011年第11期。

⑥ 裴莹莹、吕连宏、罗宏：《关于建立低碳标志认证制度的初步设想》，《环境污染与防治》2010年第9期。

⑦ 裘晓东：《各国/地区碳标签制度浅析》，《轻工标准与质量》2011年第1期。

的，认为碳标签是一种潜在的新型贸易壁垒，可能会被某些国家或商家滥用（吴洁、蒋琪）[①]；还有学者从法学视角看西方国家碳标识规范正当性不足或缺失（董勤）[②]。

关于碳标签的影响问题。很多学者持消极态度，如吴晓青[③]、董勤等指出碳标签提出的目的表面看是为了减少温室气体排放，但实际上是在掩盖不平等分配。尹忠明和胡剑波[④]认为中国出口商品的生产和运输过程中往往具有较高的碳足迹，碳标签的实施必然致使我国出口商品在目标市场的竞争优势丧失。裴莹莹等和黄亦薇[⑤]等也认为碳标签有成为国际贸易新壁垒的可能性。徐俊[⑥]认为碳标签制度将会增加出口企业的成本，给国际贸易带来一定的风险。也有学者认为碳标签是应对日益激烈的国际低碳经济竞争挑战的必然选择（胡莹菲等）[⑦]。

关于碳标签各国实施情况。Stancich[⑧]、Graham Sinden、Gian Luca Baldo 和 Massimo 对在欧洲、北美和亚洲许多国家的政府部门和有关行业协会积极推广宣传碳标签制度进行了介绍和研究。国内学者郭莉等[⑨]总结了英国、美国、德国、日本、韩国等国家的碳标签内容、负责机构、机构性质、碳标签等；裴晓东详细介绍了英国、德国、法国、美国、瑞士、日本、韩国、泰国和中国台湾等国家和地区实施的碳标签。陈泽勇[⑩]，尹忠明、胡剑波，陈荣圻[⑪]也在介绍各国家和地区的碳标签名称、制定机构、标识、背景信息等方面做出了积极贡献。

---

① 吴洁、蒋琪：《国际贸易中的碳标签》，《国际经济合作》2009 年第 7 期。

② 董勤：《西方国家碳标识规范法律正当性之缺失及其应对》，《法学》2011 年第 2 期。

③ 吴晓青：《加快发展绿色经济的几点思考》，《中国经贸》2010 年第 11 期。

④ 尹忠明、胡剑波：《国际贸易中的新课题：碳标签与中国的对策》，《经济学家》2011 年第 7 期。

⑤ 黄亦薇：《碳标签、碳足迹——我国国际贸易持续发展的"新门槛"》，《现代商贸工业》2011 年第 1 期。

⑥ 徐俊：《碳标签对我国对外贸易的影响及对策分析》，《中国经贸导刊》2010 年第 24 期。

⑦ 胡莹菲、王润、余运俊：《中国建立碳标签体系的意义》，《经济研究参考》2010 年第 30 期。

⑧ Stancich 2008，"Summary of global carbon labels"，5 December，available at. http://www. climatechangecorp. com.

⑨ 郭莉、崔强、陆敏：《低碳生活的新工具——碳标签》，《生态经济》2011 年第 7 期。

⑩ 陈泽勇：《碳标签在全球的发展》，《信息技术与标准化》2010 年第 11 期。

⑪ 陈荣圻：《低碳经济下的碳标签机制实施》，《染料与染色》2011 年第 4 期。

　　关于农产品运输距离碳标签——"食物里程"问题。英国的 Tim Lang 于 20 世纪 90 年代中期（Paxton）[1] 提出，食物运输里程的长短与能源消耗及 CO_2 排放量之间正相关，并最早提出了"食物里程"概念，即对食物运输里程及碳排放进行碳标签标识。"食物里程"是碳标签在食物供应链中的运用。英国政府环境与乡村事务部（Defra）[2] 一项研究报告指出，在 1978 年至 2002 年间，使用货车运送食品的比重增加 23%，其运输距离也增加 50% 之多。于是食用本地化不断被 Winter[3]、Sage[4]、Morris and Buller[5]、Cowell and Parkinson[6]、Seyfang[7] 倡导。

　　关于积极应对碳标签挑战问题，专家学者提出了一些积极建议，如：许蔚[8]提出了我国应该积极参与全球碳交易市场；吴洁、蒋琪认为我国企业应注重环保技术研发；裴莹莹等初步设计了中国低碳标志认证制度框架；余运俊等[9]在借鉴英国 Carbon Trust 的 PAS2050 标准及国际标准组织有关温室气体排放的标准 ISO14065 的基础上，设计了中国碳标签体系的基本框架，框架包括碳标签的计算、碳标签的核证与颁发、碳标签的咨询服务机构三大部分。

　　（3）关于碳关税

　　碳关税（Carbon Tariffs）是指根据进口产品能耗（或碳排放）情况而

①　Paxton，A. 1994，The Food Miles Report：the dangers of long distance food transport，London：Safe Alliance.

②　Defra. 2005，Guidelines for Company Reporting on Greenhouse Gas Emissions，Defra，London.

③　Winter，M.（2003），"Embeddedness，the new food economy and defensive localism"，Journal of Rural Studies，Vol. 19，pp. 23 – 32.

④　Sage，C.（2003），"Social embeddedness and relations of regard：alternative good food networks in South-West Ireland"，Journal of Rural Studies，Vol. 19，pp. 47 – 60.

⑤　Morris，C. and Buller，H.（2003），"The local food sector：a preliminary assessment of its form and impact in Gloucestershire"，British Food Journal，Vol. 105，pp. 559 – 66.

⑥　Cowell，S. and Parkinson，S.（2003），"Localisation of UK food production：an analysis using land area and energy as indicators"，Agriculture，Ecosystems and Environment，Vol. 94，pp. 221 – 36.

⑦　G.（2007），"Cultivating carrots and community：local organic food and sustainable consumption"，Environmental Values，Vol. 16，pp. 105 – 23.

⑧　许蔚：《碳标签：国际贸易壁垒的新趋势》，《经济研究导刊》2011 年第 10 期。

⑨　余运俊、王润、孙艳伟等：《建立中国碳标签体系研究》，《中国人口·资源与环境》2010 年第 2 期。

征收的关税。征税依据是该产品在国内没有被征收碳税，或者该产品出口国实施了能源补贴。由此提出了内涵能源问题。内涵能源（Embodied Energy）或内涵排放（Embodied Emission）是指产品在生产各阶段所消耗能源的总量。这项指标定义明确却难以搜集准确的统计数据，故而被称为"隐含碳"和"隐含能源"。Costanza[1]是内涵能源这一概念的第一个提出者。Wyckoff 和 Roop[2]的研究结论是最大的 6 个 OECD 国家进口贸易商品中隐含碳含量是其碳排放量的 13%。Schaeffer 等[3]认为发达国家通过国内消费品制造业外包的方式，把本国的 CO_2 排放到了发展中国家。

与碳关税内涵最为一致的概念就是边境调节税（Border Tax Adjustments，BTAs），从概念上讲两者无很大区别，但根据 WTO 和联合国环境署（UNEP）联合发布的《贸易与气候变化》报告界定的边境调节税措施[4]涉及范围更广，手段更多样，如要求进口产品提供排放许可证明，以及出口时为本国产品退还已经征收的国内税等。Lockwood 和 Whalley[5]则认为碳关税与 20 世纪 60 年代欧盟实施增值税时征收的边境调节税并无本质差别。

碳关税的实际征收尚未执行，但相关立法和政策构建工作正在推进，特别是美国、欧盟等发达国家和地区这方面的工作开展得如火如荼。欧盟及其成员国多次主张对来自未履行减排义务的国家的进口产品征收边境调节税。而美国国会众议院 2009 年 6 月通过的《2009 美国清洁能源安全法案》也提出从 2020 年开始实施边境调节税政策。

关于征收碳关税对福利的影响持肯定态度的较多，主要观点认为：可

[1] Costanza，R. 1980. "Embodied energy and economic valuation," Science 210, 1219 - 1224.
[2] Wyckoff，A. W. J. M Roop. 1994. "The embodiment of carbon in imports of manufactured products: implications for international agreements on greenhouse gas emissions," Energy Policy, 22（3）.
[3] Schaeffer，Roberto and Sá，André Leal de（1996）. "The embodiment of carbon associated with Brazilian imports and exports", Energy Conversion and Management, 37（6-8）.
[4] 根据 WTO 和 UNEP 在该报告中的阐述，碳边境调节措施分三类：一是针对排放交易制度的边境调整措施，例如要求进口商在进口能源密集型产品时提供排放许可；二是针对国内碳税或能源税的边境调整措施，即对进口产品征收同类国产品所承担的相同税负，或在本国产品出口时退还已经征收的国内税；三是其他调整措施。
[5] Lockwood B. and Whalley J. 2008. Carbon Motivated Border Tax Adjustments: Old Wine in Green Bottles［R］，NBER. Working Paper，May，No. 14025.

增进全球福利（Gros）[1]；可提高工业国家和发展中国家的福利，但中国的福利会受损（Hubler）[2]；可增加美国福利（Muller）[3]；有利于欧盟福利，不利于其他国家福利（Manders 和 Veenendaal）[4]。

国内专家研究了碳关税对中国经济、出口贸易等方面的影响，大部分认为发达国家征收碳关税对中国不利（李静云；吴力波；黄晓凤；杨立强等；詹晶）[5]，主要原因是中国出口的产品存在隐含碳高、能耗高和污染排放量高的特点。陈迎等[6]认为，2002 年中国内涵能源的净出口总量达到 2.4 亿吨标准煤，净出口隐含碳 1.5 亿吨。孙小羽等[7]人的研究结果表明，我国在 2002 年至 2006 年间出口贸易承担了大量的世界能源消耗和污染排放转移。此类研究的结果显示，在此种情况下发达国家实施碳关税，对我国来说是十分不公平的。也有学者（常昕等；张茉楠）[8][9]认为发达国家征收碳关税对中国经济产生积极影响。

二　关于低碳措施的合规性

为应对气候变化而采取的影响贸易的环境措施以及影响环境的贸易措施是否符合 WTO 规则、WTO 规则是否有助于减排措施的实施，目前学术界仍有争议。这些措施包括能源税、碳税、排放标准、自愿减排计

① Gros D. 2009. Global welfare implications of carbon border taxes ［Z］. CEPS Working Document No. 315，July 6th.
② Hubler. 2009. Can Carbon Based Import Tariffs Effectively Reduce Carbon Emission ［R］. Kiel Institute for the World Economy，Dusternbrooker Weg 120，24105.
③ Muller F. and A. Hoemer，Carbon Taxes for Climate Protection in a Competitive World，Swiss Ministry for Foreign Economic Affairs，available from the Center for a Sustainable Economic ［M］. Washington DC.，1998.
④ Manders T，Veenendaal P. 2009. Border Tax Adjustments and the EU-ETS-A Quantitative Assessment ［R］. CPB Document，（171）：36.
⑤ 俞海山：《碳关税：研究综述与展望》，《国际经贸探索》2013 年第 3 期。
⑥ 陈迎、潘家华、谢来辉：《中国外贸进出口商品的内涵能源及其政策含义》，《经济研究》2008 年第 7 期。
⑦ 孙小羽、臧新：《中国出口贸易的能耗效应和环境效应的实证分析》，《数量经济技术经济研究》2009 年第 4 期。
⑧ 常昕、郭蕊、柴洪亮：《碳关税对中国经济的影响及对策》，《山东农业大学学报》（社会科学版）2010 年第 2 期。
⑨ 张茉楠：《碳关税对中国转型形成强大倒逼机制》，《中国经贸导刊》2011 年第 11 期。

划、生态标签、补贴、国内排放权交易等。值得强调的是，国内的减排措施虽然主要针对国内的生产消费行为，但是这些措施同时也施加于进口产品，因而就应受到 WTO 规则的约束。谢来辉[1]认为欧美国家一些单边低碳贸易措施是违反 WTO 规则的，沈可挺[2]也有相同阐述。但也有人认为有其合法性，并有可能被 WTO 所认可（李威）[3]。

彭水军等认为从国际法的角度来看，WTO 与多边减排协议存在诸多可能的冲突，体现在 WTO 规则对多边气候协议相关的减排措施的潜在约束上，但同时也存在争议；WTO 规则或多边气候协议的调整、加强国际协商与合作等有助于二者协调。

三　关于农业应对气候变化的低碳措施

在农业应对气候变化方面，无论是国际组织、各国政府，还是理论研究者，都在进行积极探索和思考。2010 年 10 月 28 日，联合国粮农组织（FAO）发表报告提出，发展中国家需要发展气候智能型农业，以应对日益变暖的世界并养活其日益增加的人口[4]。该报告还进一步强调，气候智能型农业应该是：能够可持续地提高工作效率、适应性、减少温室气体排放，并可以更高目标实现国家粮食生产和安全的农业生产和发展模式。该报告提交到第一届全球农业、粮食安全与气候变化大会（2010 年 10 月 31日～11 月 5 日，海牙），该大会通过的《农业、粮食安全与气候变化行动路线图》指出，通过开发新技术、增加资金投入来发展气候智能型农业，化解应对气候变化负面影响和粮食增产二者的巨大矛盾。这一积极信号无疑是对农业应对气候变化研究领域的莫大鼓励和鞭策。

（1）关于农业保险的政府补贴

在众多研究成果中对低碳农业的研究成果较丰富和具体，此外，在探

---

① 谢来辉：《欧盟应对气候变化的边境调节税：新的贸易壁垒》，《国际贸易问题》2008 年第 2 期。

② 沈可挺：《碳关税争端及其对中国制造业的影响》，《中国工业经济》2010 年第 1 期。

③ 李威：《碳关税的国际法与国际机制研究》，《国际政治研究》（季刊）2009 年第 4 期。

④ FAO. "Climate-Smart" Agriculture Policies, Practices and Financing for Food Security, Adaptation and Mitigation. [R]. 2010.

讨政府扶持政策方面，主要研究成果集中在政府补贴和农业保险方面，而二者又是不可分割的。

农业保险是各国为促进农业发展而进行农业补贴的一项重要支农工具。WTO 的《农业协定》的"绿箱"支持政策就包括农业保险。James Rude[①] 发现"绿箱"政策范围过宽，甚至导致各国以具有同样扭曲作用的"绿箱"政策来取代其他支持措施。赵昂[②]发现 WTO 中农业保险补贴方面的条款存在一定的缺陷。王子睿[③]指出，《农业协定》的国内支持条款存在一定的模糊性和不确定性，这导致在多哈农业谈判上凯恩斯集团成员借此要求大幅削减乃至取消"黄箱"和"蓝箱"国内支持（包括农业保险支持）。

我国是受气候变化影响较大的国家，气候灾害与事故多发，并呈逐年增长趋势。农业灾害的发生平均每年使 6 亿亩农作物和 2 亿多人次受灾，造成的直接经济损失为 1000 亿~2000 亿元[④]。为了使灾害对农民的生产和生活影响降到最低，建立高效可行的农业保险制度十分必要。目前我国现存的传统农业保险制度，存在相关法律法规不健全、政策覆盖面不广、实施程序复杂和保障效果不够明显等问题。常良[⑤]研究认为，我国应该合理利用 WTO《农业协定》条款中的"绿箱"补贴政策，促进我国农业保险快速发展。李乐平[⑥]、张玉军[⑦]指出中国目前农业保险的相关法律法规严重缺位，建议在 WTO 背景下加快中国农业保险法律和制度的完善。王艳玲、欧阳令南[⑧]认为如果把中国每年花在农产品价格和粮食企业保护方面几百亿元的财政补贴，换成对农业保险的补贴，不仅能同样达到保护效果，而且符合 WTO 规则。

---

① James RudE. Underthe Green Box: the WTO and Farm Subsidies [J]. Journal of World Trade, 2001, 1015 – 1016.
② 赵昂:《WTO 框架下我国农业保险补贴制度法律问题研究》，苏州大学硕士学位论文，2009。
③ 王子睿:《WTO 农业谈判国内支持规则研究》，沈阳工业大学硕士学位论文，2010。
④ Wei Xu, Exploring systemic weather risk and the diversification possibilities of agricultural risks in China. SCOR Global P&C SE, Zurich Branch, Winterthur, Switzerland, April 2012.
⑤ 常良:《利用 WTO 绿箱政策促进我国农业保险》，《粮食问题研究》2005 年第 2 期。
⑥ 李乐平:《论 WTO 背景下我国农业保险法律制度的完善》，《安徽农业科学》2006 年第 18 期。
⑦ 张玉军:《WTO 框架下我国的农业保险补贴探析》，《现代农业》2006 年第 6 期。
⑧ 王艳玲、欧阳令南:《我国农业保险财政补贴的研究》，《安徽农业科学》2008 年第 7 期。

可喜的是，近年来国家对农业保险制度的法律法规不断完善，一些相关政策也不断出台。2012 年 11 月，国务院颁布了《农业保险条例》，于 2013 年 3 月 1 日正式施行。《农业保险条例》明确指出，要通过健全的农业保险政策以及多种形式的农业保险产品推动农业保险的发展。《农业保险条例》的出台和实施，弥补了现有两大法律——《保险法》和《农业法》都未涉及农业保险领域的法律空白，进一步体现了政府推动农业保险再上新台阶的决心和信心。此外，自 2004 年以来，我国政府出台的中央一号文件多次关注农业保险领域，对促进农业保险健康发展做出一系列规定。值得一提的是，2010 年中央一号文件着重强调要加强两个体系（"农村气象服务体系"和"气象灾害防御体系"）建设，为促进"三农"发展提供充分、高质量的气象服务。2013 年中央一号文件再次强调，要健全政策性农业保险制度，完善农业保险保费补贴政策，推进建立财政支持的农业保险大灾风险分散机制。

（2）关于农业气候指数保险①

在国家高度重视的大前提下，有必要在现有农业保险产品的基础上充分发挥金融创新，开发新的农业保险产品，从而多渠道地规避农业风险和灾害，发挥农业保险的有效性。

农业气候指数保险②，是将气候衍生品应用到农业保险领域，把直接影响农作物产量的气候条件的损害程度指数化，用以签订合同、确定赔付标准并提供赔偿的一种农业保险创新产品③。也就是说，农业气候指数保险是以客观的，通常由国家气象部门提供的与被保险作物产量或收入高度相关的天气事件、温度、降水、光照和风速等气象要素的阈值作为农业保险理赔依据的一种农业保险模式或产品，而不再是传统农业保险产品中的

---

① 参见课题组成员朱娟娟的研究成果：《WTO 框架下中国农业气候指数保险政府补贴问题研究》，江西财经大学硕士学位论文，2013。

② 英文表述有"weather index insurance"、"weather-indexed insurance"、"index-based weather insurance"和"index insurance for weather risk"，从国内文献来看，学者们主要把它翻译为，"天气指数保险"和"气象指数保险"或"气候指数保险"等。现阶段气候指数保险主要用于农业领域，因此在本书中两者在表达意义上一致。

③ Barry J. Barnett and Olivier Mahul. Weather Index Insurance for Agriculture and Rural Areas in Lower Income Countries. American J. of Agricultural Economics，Volume 89，2007.

气象灾害导致的实际损失，这类保险不会被投保人所左右。一年中不同时期降水过多或亏缺；风力不足或风灾，热带天气事件，如台风；各种气温、海温异常变化，与厄尔尼诺和拉尼娜有关的 ENSO①，甚至像空间天气事件如地磁暴等都可以用作气候指数进行开发设计②。

农业气候指数保险应该成为农业应对气候变化的一项重要而具体的措施，尤其适合无障碍快速实施，对于中国农业走"气候智能型"发展之路具有重要的理论和实践意义。

农业气候指数保险在国内外被关注都较晚，在 20 世纪 90 年代初，世界银行的 Priovolos T 和 Duncan RC③ 开始研究气候指数保险。到 20 世纪末，有部分地区将气候指数保险应用到农业保险领域，并进行以气候指数为基础的期货交易，如 1999 年美国交易所进行的气候衍生品交易。此后，关于农业气候指数保险的研究便陆续涌现。目前，国外的研究从最初的理论及产品设计、利弊分析到如今的实证研究以及对相关法律法规制度的研究，都积累了不少研究成果；国内的研究还处在初级阶段，更多集中在对国际试点项目实践的介绍及对我国的启示等方面（张宪强等、于宁宁等④），对农业气候指数保险与我国农业生产风险的关系等方面的研究还不够充分。

虽然气候指数最初并不是因农业风险管理而产生的，但它打破了传统农业风险保险的一些瓶颈。北美国家对气候指数保险的先行试验，证明了以气候指数为基础开发的农业保险产品能有效弥补现有农业保险产品中的诸多不足。相关研究成果在这方面的集中度较高。

从国外文献看，Hazell⑤ 认为传统作物保险存在诸多不足，并以此为

---

① ENSO：鉴于厄尔尼诺与南方涛动之间的密切关系，气象上把两者合称为 ENSO。这种全球尺度的气候振荡被称为 ENSO 循环。厄尔尼诺和拉尼娜则是 ENSO 循环过程中冷暖两种不同位相的异常状态。因此厄尔尼诺也称 ENSO 暖事件，拉尼娜也称 ENSO 冷事件。

② 刘布春、梅旭荣：《农业保险的理论与实践》，科学出版社，2010，第 230 ~ 252 页。

③ Priovolos T, Duncan RC. Commodity Risk Management and Finance [M]. Washington, DC: Published for the World Bank by Oxford University Press, 1991.

④ 于宁宁、陈盛伟：《气象指数保险在发展中国家的实践与启示》，《新疆农垦经济》2011 年第 1 期。

⑤ Hazell P B R. The Appropriate Role of Agricultural Iinsurance in Developing Countries [J]. Journal of International Development, 1992, (4).

基础，提出用气候指数保险取代前者的建议。Jerry R. Skees[1] 认为气候指数保险标准化透明合约的特点使其易于流通转让。Lisha Zhang[2] 认为气候指数保险与传统农业保险的区别在于，传统农业保险以产量或收入为保险对象和赔付依据，而气候指数保险的赔付依据是实际天气气候事件的偏差，因此气候指数保险产品的权益标准化程度很高。Michael Norton 等[3] 认为气候指数保险与普通保险具有共同的特点，能够让保险公司和其他利益相关者都实现其应有利益。E. Iglesias 和 K. Baez[4] 使用了一个卫星植被指数，建立了一个随机模型来分析指数保险应对智利牧场干旱风险的潜在可能性。结果表明，合同设计是提高指数与单个农村损失相关度的关键因素，有利于减少基础风险；也认可了气候指数保险是干旱风险管理的一种创新。

此外，在气候指数保险的缺点问题——"基差问题"的研究上，Jerry R. Skees.[5] 认为，通过在产品设计和实践运用上花费心思可以达到减少基差风险的目的。K. N. Rao、Chief Risk Officer、AIC[6] 提出了对农作物实施气候指数保险是否正确的质疑，并指出气候指数保险有两大方面的缺陷，一个是测评作物损失保险方面，另一个是基差风险方面，与此同时他们也提出了对应的解决方案。

从国内文献看，在该问题的研究上具有代表性的学者主要有：曹雪琴、陈盛伟、张惠茹、武翔宇和兰庆高等。

---

① Jerry R. Skees. Opportunities for Improved Efficiency in Risk Sharing Using Capital Markets [J]. American Journal of Agricultural Economics，1999，(81)：1228 – 1233.

② Lisha Zhang. Assessing The Demand for Weather Index Insurance in Shandong Province, China [D]. Lexington, Kentucky：University of Kentucky，2008.

③ Michael Norton，Daniel Osgood，Malgosia Madajewicz，Eric Holthaus. Evidence of Demand for Index Insurance：Experimental Games and Commercial Transactions in Ethiopia [J]. International Research Institute for Climate and Society，2012.

④ E. Iglesias and K. Baez. Innovation in Drought Risk Management：Exploring the Potential of Weather Index Insurance [J]. Geophysical Research Abstracts Vol. 14，EGU General Assembly，2012.

⑤ Jerry R. Skees. Innovations in Index Insurance for the Poor in Lower Income Countries [J]. Agricultural and Resource Economics Review，2008.

⑥ K. N. Rao，Chief Risk Officer，AIC. Weather Index Insurance：Is it the Right Model for Providing Insurance to Crops？[J]. ASCI Journal of Management，41，(1) September 2011.

　　曹雪琴[1]从气候指数保险对气候指数保险合同的供需两方的优点进行了分析。从保险经营者的角度来看，气候指数保险的优点在于：降低了定损工作力度，减少了经营管理成本；与其他金融服务产品如信贷产品具有较强的融合性；便于再保险，能够利用更大的资本市场来降低保险公司的经营风险；在产品设计上，技术人员可发挥的空间很大。从保险使用者的角度来看，气候指数保险的优点在于：保险合同条款非常透明化，权利与义务划分得很清晰且统一；购买和获得赔付的手续简单，保户的利益能得到充分的保障。陈盛伟[2]也将气候指数保险与传统农业保险进行了对比。他认为前者能很好地克服后者在经营上面临的四个难题，即道德风险和逆选择问题、分散农业巨灾风险问题、保险费率厘定和技术应用问题、农业保险成本高位运行问题。武翔宇、兰庆高[3]认为气候指数保险的适用对象不仅限于一般天气风险（发生概率相对较高，但损失额相对小），而且可以在转移巨灾风险方面发挥重大作用，管理农业巨灾。但张惠茹[4]认为，指数合约存在"基差风险"的缺陷，即风险发生时，指数产品可能会使某些没有受损的保户获得赔偿，一些受损的保户却不能获得赔偿，或者获得的赔偿不足以弥补保户的损失。

　　在实施农业气候指数保险与传统农业保险比较研究的基础上，国内外专家又对实施农业气候指数保险效用进行了深入探讨。一般认为，实施农业天气指数保险能够有效增强农民抵御灾害和适应气候变化的能力；在气候变化不确定的前提下，农业气候指数保险是气象灾害风险管理的重要新型工具。在这方面国外学者的研究较为具体深入。研究成果主要集中在两方面。一是对一些国家实施农业气候指数保险经验及成效的研究。The World Bank Agriculture & Rural Development Department[5]介绍了尼加拉瓜、

---

① 曹雪琴：《农业保险产品创新和天气指数保险的应用——印度实践评析与借鉴》，《上海保险》2008年第8期。

② 陈盛伟：《农业气象指数保险在发展中国家的应用及在我国的探索》，《保险研究》2010年第3期。

③ 武翔宇、兰庆高：《利用气象指数保险管理农业巨灾》，《农村金融研究》2011年第8期。

④ 张惠茹：《指数保险合约——农业保险创新探析》，《中央财经大学学报》2008年第11期。

⑤ The World Bank Agriculture & Rural Development Department. Innovation in managing production risk [R]. The World Bank, Washington, DC, 2005.

摩洛哥、印度、乌克兰、埃塞俄比亚、马拉维和秘鲁等发展中国家开展气候指数农业保险产品研发及试点工作的情况。Molly E. Hellmuth 和 Daniel E[①] 较全面地解释了马拉维、印度、埃塞俄比亚、墨西哥、加勒比以及湄公河三角洲等地气候指数保险项目的实施和推广，总结了实施农业气候指数保险的经验教训并提出了相关建议。A. Patt、N. Peterson、M. Carter、M. Velez、U. Hess[②] 研究认为，在扩大试点项目过程中要注意两个因素，即规章制度的需要，以及通过扩大与农民的交流，获知农民的需求。Erin Bryla 和 Joanna Syroka[③] 考察了印度等几个气候指数保险的试点项目，证明了该种保险产品对于低收入农民的可支付性和收入可增加性，并强调气候指数保险项目将成为最有效、最终也更可持续的项目。

二是对一些国家实施气候指数保险在农业生产风险管理中的作用进行了研究。如，A. Stoppa 和 U. Hess[④] 对摩洛哥降水指数保险计划的研究结果显示，如果天气要素与生产有普遍显著的因果关系，则天气衍生品能够有效用于管理农业生产风险，但气候指数条件被认为是相当严格的。一般认为，在支持风险管理项目方面，美国、加拿大和西班牙正在逐步扩大使用补贴再保险协议，而许多国家，如葡萄牙、意大利和希腊等国，更愿意采取公共干预政策。K. Pietola、S. Myyrä 和 L Jauhiainen[⑤] 量化了芬兰春小麦基于气温和降水天气指数的产出条件，结果显示，有效积温、降雨和夜间霜冻对芬兰的小麦产量有很大影响，能解释大约38%的产量变化，剩余的62%则是未被保险的基础风险，即38%的小麦收益风险可以很好地

①　Molly E. Hellmuth, Daniel E. Osgood, Ulrich Hess, Anne Moorhead and Haresh Bhojwani. Index Insurance and Climate Risk: Prospects for Development and Disaster Management [J]. International Research Institute for Climate and Society, 2009, (2).

②　A. Patt, N. Peterson, M. Carter, M. Velez, U. Hess. Making Index Insurance Attractive to Farmers [J]. Mitigation and Adaptation Strategies for Global Change, Volume 14, December 2009

③　Erin Bryla, Joanna Syroka. Developing Indexed-Based Insurance for Agriculture in Developing Countries. UN Department of Economic and Social Affairs, 2007.

④　A. Stoppa and U. Hess. Design and Use of Weather Derivatives in Agricultural Policies: the Case of Rainfall Index Insurance in Morocco. International Conference: Agricultural policy reform and the WTO: where are we heading? Capri (Italy), June 23 – 26, 2003.

⑤　K. Pietola, S. Myyrä, L Jauhiainen. predicting the yield of spring wheat by weather indices in finland: implications for designing weather index insurances. Agricultural and Food Science, 2008.

得到保障。Sommarat Chantarat[1] 认为气候指数保险是农业风险管理和发展的金融创新。

此外，还有一些研究对实施气候指数保险在增加利益相关者收入等方面进行了评估。Alexis Berg[2] 就布基纳法索的干旱气候指数保险对农民潜在利益进行了评估，指出气候指数保险体系可以为一些作物和地区带来巨大的经济利益，玉米和花生最适合这种保险体系。

在这方面，国内学者研究成果稍显薄弱，主要是介绍和总结的研究，在研究方法和研究力度方面还有待于拓展和突破。曹雪琴在研究中，着重对印度农险产品的创新情况以及运行经验进行了总结。该研究指出，印度在现行农业保险制度和保险产品创新的探索上取得了不俗的成绩，这为同样是发展中国家的中国在未来创新开发新型农业保险产品、发展气候指数保险提供了学习、借鉴样本。张宪强、潘勇辉则总结了气候指数保险的产生与发展历程，并在此基础上对这种新型保险模式的运行机制和市场结构特点加以阐述，最后给出中国发展农业气候指数保险的一些建议——中国可结合本国国情，从政策支持、法律支持、资金支持以及人才技术支持方面提供相关政策扶持。于宁宁、陈盛伟详细介绍了以墨西哥、印度、马拉维和埃塞俄比亚四国为代表的发展中国家对气候指数保险的探索情况，在总结这些国家运行经验的基础上，指出发展中国家实施气候指数保险存在一些现实困难。武翔宇、兰庆高研究了墨西哥对农业气候指数保险巨灾项目的实施情况，认为墨西哥的探索经验值得学习和借鉴；在未来管理农业巨灾风险问题上，中国可借鉴农业气候指数保险模式。

由于农业气候指数保险有着一般农业保险产品所不具有的优点，而且有着良好的实施预期，尽管在实施推广过程中可能会遇到诸多困难，但目前世界各国仍坚持使用并推广这样一种保险产品。为了使农业气候指数保险能够更加顺利地推进，诸多研究者对此提出了一些建议。

很多专家认为，实施农业气候指数保险，制度建设十分重要，并应对当

---

① Sommarat Chantarat. Index Insurance：Financial Innovations for Agricultural Risk Management and Development. PSEKP Seminar Series，Gadjah Mada University 30 January 2012.

② Alexis Berg. Weather-Index Drought Insurance in Burkina-Faso：Assessment of Its Potential Interest to Farmers. Weather，Climate，and Society，2009.

地社会及金融保险制度安排保持高度敏感。如 Jerry R. Skees、Jason Hartell 和 Anne Goes[①]，以及 Molly E. Hellmuth、Daniel E 的研究，均获得制度安排在气候指数保险项目的实施和推广中意义重大的结论。

有学者建议推广农业气候指数保险时应尽可能获得政府及国际金融机构的投资，以确保相关数据库的建立和维护。大部分研究是基于对现有农业气候指数保险试点项目实践的考察获得的结论。

Banerjee C. 和 Berg E[②] 指出气候指数保险并不是发展中国家进行农业风险管理、分散农业风险的最优工具，但由于指数保险具有其自身优越性，所以也不失为一个农业风险管理的有效工具，应该促进其发展，同时气候指数保险需要大量的研发投资，需要更多金融和技术支持，国际金融机构和各国政府均应加大支持力度。Barry J. Barnett 和 Olivier Mahul 也指出天气指数保险的启动成本可能相当高，政府、捐助者以及国际金融机构都应该予以支持、援助。Benjamin Collier、Jerry Skees 和 Barry Barnett[③] 强调，当气候指数保险适合某一地区农业保险情况时，政府和援助机构应该关注发展气候保险市场和灾难性层面的风险，并应大力提供启动资金。

有学者对农业天气指数保险本身也提出了产品设计上的具体建议，如 Michael T. Norton、Calum Turvey 和 Daniel Osgood[④] 基于空间差异，建立了一个管理天气指数保险的实证方法进行指数保险定价，结果显示地理位置差异与保费支出差异高度相关，并建议对任何一个位置来说，最好在单个合同中选取多个保险品种以形成一个风险投资组合。

也有很多研究者认为，对于天气指数保险来说，要取得成功，保险公司和投保人都必须对指数测量的准确性以及数据不被篡改的安全性抱有信

①　Jerry R. Skees, Jason Hartell, and Anne Goes. Using Index-based Risk Transfer Products to Facilitate Micro Lending in Peru and Vietnam. American J. of Agricultural Economics Volume 89, 2007.

②　Banerjee C. and Berg E. Policy for implementation of Index Based Weather Insurance revisited: the case of Nicaragua. Agricultural Economics Society of Ireland, 2012.

③　Benjamin Collier, Jerry Skees and Barry Barnett. Weather Index Insurance and Climate Change: Opportunities and Challenges in Lower Income Countries. The Geneva Papers, 2009.

④　Michael T. Norton, Calum Turvey, Daniel Osgood. Quantifying spatial basis risk for weather index insurance, The Journal of Risk Finance, Vol. 14, 2013.

心。为了建立这种信心，基本指数应该由政府或具有公信力的私营机构来测量。在一些发展中国家已有私营机构开始涉足这一领域，如印度就有公司通过自己设立的气象站获取数据，并把数据出售给保险公司提供参考。这表明私营部门也能在其中发挥作用。然而对于大多数国家来说，公共投资可能更为重要。政府需要支持对他们的气象服务，使得他们能够收集、处理并最终使用这些数据。例如，马拉维玉米指数（MMI）主要是依据马拉维境内23个气象站的观测数据，而这些气象站多是政府先后投资建立的[①]。

此外，保险公司计算保险费率要遵循大数法则，必须要有充分的数据支持。风险的发生频率决定了数据的数量。对于频繁发生的气候事件，保险公司设置初始费率所需要的数据相对少一些，20年的数据可能足够了。而对于发生频率不高的灾难性气候事件来说，30年或40年的数据可能还不够[②]。没有充足的数据来设定保险费率，保险公司要么会拒绝卖保险，要么会针对风险的不确定性而增加保费，而这其中的矛盾在于：因为天气数据具有一定的特殊性，属于公共产品，因此通常都是由政府气象部门提供这类服务。然而，许多低收入国家投资建设气象局或者维持气象站的工作难度均很大。为了促进天气指数保险早日惠民，一些捐赠组织向低收入国家提供资金来扩建气象站。

陈盛伟的研究认为气候指数保险模式在我国能否运行成功，政府的态度非常关键，他建议政府把气候指数保险纳入现行政策性农险中，这种做法一方面响应国家鼓励发展多种形式农业保险的号召，另一方面也为气候指数保险的发展提供好的发展条件和环境。方俊芝、辛兵海[③]认为，目前

①　Abousleiman, I., and O. Mahul. 2011. "Weather Derivative in Malawi: Mitigating the Impact of Drought on Food Security." Case Study, Disaster Risk Financing and Insurance (DRFI), Global Facility for Disaster Reduction and Recovery (GRDRR). Washington, DC: World Bank (Accessed February 29, 2012).

②　Eugene N. Gurenko, Alexander Itigin, Renate Wiechert. Insurance risk transfer and categorization of reinsurance contracts. The World Bank, Policy Research Working Paper 6299, December 2012.

③　方俊芝、辛兵海：《国外农业气候保险创新及启示——基于马拉维的经验分析》，《金融与经济》2010年第7期。

我国还没有一个完善的商业化气候指数保险市场，因此，只有政府认同气候指数保险的"政策性"属性才能推动农业气候指数保险制度在我国顺利建成和发挥相应的作用。朱俊生[①]对安徽省气候指数保险试点情况的研究结论是：政府应该对农业气候指数保险提供一定的保费补贴。

也有一些学者不大认同农业气候指数保险的"政策性"属性。张宪强、潘勇辉认为农业气候指数保险承保对象是非灾害性气候，因此它更具"市场化"属性，与现行农险的"政策性"刚好相反。冯文丽[②]认为农业气候指数保险目前主要承保的是单一风险，不适合纳入政府财政补贴政策中。

从农业气候指数保险在国外的成功运作和国内实践探索以及国内外诸多学者的研究成果可以看出，农业气候指数保险作为一种在部分发展中国家已经实践成熟的新型农业风险管理产品，其自身优势能够确保投保农户收入，使其更容易获得信贷支持和技术支持，能够有效帮助发展中国家弱势群体和政府提高气候风险管理能力和适应气候变化能力。

我国是一个农民弱势群体规模庞大且自然气象灾害频发的国家，有必要实施农业天气指数保险，更有对其加以推广的紧迫性，同时还要加紧对农业气候指数保险的科学研究。我国政府应该加大支持力度，推广实施农业适应气候变化的这种智能应对模式。

鉴于农业气候指数保险的历史较短，不论是理论上还是实践操作上都还有诸多需要研究的问题，如宏观上还应进一步研究气象基础设施、气象信息体系建设以完善气候指数保险体系，进一步研究保险补贴政策的科学性等；微观上应更加注重农业气候指数保险的计量模型及其区域适应性等的研究。

第四节　小结

综上所述，国内外关于全球气候变化与农业发展关系的研究主要集中在以下一些方面。

---

① 朱俊生：《中国天气指数保险试点的运行及其评估——以安徽省水稻干旱和高温热害指数保险为例》，《保险研究》2011年第3期。

② 冯文丽：《农业保险补贴制度供给研究》，中国社会科学出版社，2012，第2页。

一是证明了气候是农业重要保护伞，同时对农业又有最直接的破坏作用；农业直接影响气候变化，又能缓解气候变化。IPCC 的 4 次气候变化评估报告均认为，气候变化对农业的影响短期是正面的，如使产量提高等；长期是负面的，如使病虫害频发等；高纬度地区是正面的，中低纬度地区是负面的。

二是从自然科学层面研究的成果较多，从经济学角度研究的成果少。2010 年 J. Wang、J. Huang 和 S. Rozelle[1] 证明了气候变化对中国农业生产的影响将反过来影响全球农业生产力和贸易，这一研究成果具有全新意义和代表性。

三是国内对区域影响的研究成果丰富扎实。如刘颖杰、林而达认为，过去 20 多年气候变暖对不同地区粮食产量的影响存在明显的差异，气候变暖促进了东北地区粮食总产量增加，抑制了华北、西北和西南地区粮食总产增加，而对华东和中南地区粮食产量影响不明显。

四是对农业发展理论以及农业现代化进行了系统化研究，成果丰富，如《中国农业发展理论与实践》[2]《循环农业发展理论与模式》[3]《现代农业发展理论：逻辑线索与创新路径》[4] 等专著。这些研究成果为本书编写组系统地把握我国现代农业的发展特点与发展模式提供了重要理论支点和研究参考。

五是国内外对气候变化与农业、低碳农业发展的研究起步较晚（国外在 2003 年，国内在 2006 年），概念性、介绍性的内容较多，但系统性、深入性有待加强。国内研究成果在知网（期刊、博士、硕士库，按篇名搜索）收录的情况是：农业、气候变化，2003～2005 年 25 项、2006～2011 年 277 项、2012～2013 年 126 项；低碳农业，2007 年以前 0 项、2008 年 1 项、2009～2011 年 316 项、2012～2013 年 239 项；气候智能型农业，2010 年以前 0 项、2011～2013 年 4 项；智慧农业，2005 年 1 项、2006～2011 年 14 项、2012～2013 年 30 项。正因如此，加强对气候智能型农业发展问题研究，也就具有了重要的理论和实践价值。

---

[1] J. Wang，J. Huang and S. Rozelle，2010. Climate Change and China's Agricultural Sector：An Overview of Impacts，Adaptation and Mitigation，International Centre for Trade and Sustainable Development（ICTSD），May（2010）.

[2] 卢良恕：《中国农业发展理论与实践》，江苏科学技术出版社，2006。

[3] 尹昌斌、周颖：《循环农业发展理论与模式》，中国农业出版社，2008。

[4] 罗必良：《现代农业发展理论：逻辑线索与创新路径》，中国农业出版社，2009。

六是近年来，国外对气候智能型农业发展问题的关注以及全球性推动力在增加。Anne Bogdanski[1] 认为气候智能型农业应建立综合粮食能源系统，即结合粮食和能源生态系统生产的方式，比如农林业或综合作物—畜牧业—沼气系统，持续地缓解粮食、能源和自然资源的压力和风险，给农村和城市人口提供稳定的粮食和能源。Kerri L Steenwerth 等[2]认为气候智能型农业研究必须针对农业或农业生态水平，设计多功能解决方案和指标验证方案，减少在采用新技术和实践时给农民带来的风险，从而促进保持粮食生产稳定性等方面的跨学科研究。

Ademola K Braimoh[3] 介绍了尼日尔隔离碳排放农业技术、卢旺达的坡地气候管理农业、乌兹别克斯坦节水农业以及巴西改革中的农业政策等。Christine Negra 等[4]介绍并研究了巴西的可持续发展投资，以及建立法律和强制机制来改善无节制市场驱动下的林业开发；埃塞俄比亚提出的创新参与式流域发展计划，小农户改造贫瘠土地改善计划；新西兰的政府与私人部门合作研究并支持确保受气候变化和国际贸易动态影响的农业部门的生产效率和恢复能力。美国国务卿约翰·克里（John Kerry）、农业部长汤姆·维尔萨克（Tom Vilsack）和美国国际发展署署长（USAID Administrator）拉吉夫·沙阿（Rajiv Shah）撰稿介绍了美国政府发起气候智能型农业全球联盟的情况，该联盟于 2014 年 9 月发起成立，其目的是为保障全球粮食安全搭建合作平台、推广实践经验，促进农业生产者主动为缓和气候变化的影响而努力[5]。

七是我国气候智能型农业研究逐渐破题。2013 年之前研究或介绍气候

---

[1] Anne Bogdanski. Integrated food-energy systems for climate-smart agriculture. Agriculture & Food Security，2012，1：9.

[2] Kerri L Steenwerth et al. Climate-smart agriculture global research agenda：scientific basis for action. Agriculture & Food Security，2014，3：11.

[3] Ademola K Braimoh. Global agriculture needs smart science and policies. Agriculture & Food Security，2013，2：6.

[4] Christine Negra et al. Brazil，Ethiopia，and New Zealand lead the way on climate-smart agriculture. Agriculture & Food Security，2014（3）：19.

[5] John Kerry Tom Vilsack Rajiv Shah. Obama Administration Launches Global Alliance for Climate Smart Agriculture［EB/OL］. DIPNOTE.（2014－9－24）［访问日期：2015－04－13］. http://blogs. state. gov/stories/2014/09/24/obama-administration-launches-global-alliance-climate-smart-agriculture

智能型农业的文章很少，方杰、张丽丽[①]的文章也仅仅从环境恶化，尤其是气候变化催生了气候智能型农业发展理念和该发展模式的特征进行阐述，深入探讨不足。2013 年以后我国介绍气候智能型农业发展的文章增多，也有以"气候智慧型农业"为题展开的研究。倪涛[②]在《人民日报》发表了题为《"气候智能型农业"肩负双重使命》的文章，介绍了南非农业渔业发展部、世界银行和 FAO 联合举办的"第三届全球农业粮食安全和气候变化高官会议"，以及该会议对发展气候智能型农业的讨论。2014 年11 月 5 日，胡璇子[③]介绍了由我国农业部与世界银行共同实施、全球环境基金资助的"气候智慧型主要粮食作物生产项目"在北京的启动情况，并指出"气候智慧型"农业项目已经在喀麦隆、赞比亚等非洲国家和越南等东南亚国家开始实践，并初步取得了成效。张卫建[④]认为"气候智慧型"农业将成为农业发展新方向。龚晶、刘佳[⑤]进一步研究了气候智能型农业的内涵、实践与启示。

八是关于"气候智慧型农业"在我国的试验、实践项目的报道不断增加，并对具体实施技术进行阐述。有报道显示，2013 年 12 月，世界银行执行董事会批准向中国提供 4 笔贷款，用于支持我国示范可持续智慧型农业、治理农业面源污染及相关项目。其中，甘肃、湖南、江西和辽宁四省、新疆维吾尔自治区和重庆市的"具有可持续性和气候韧性的农业生产体系"发展项目获得 2 亿美元[⑥]。我国政府与 GEF 将于 2014~2019 年共同出资 3010 万美元，在粮食主产区开展"气候智慧型"农业项目的试验与示范，旨在探索"气候智慧型"农业生产体系的技术模式和政策创新，为世界农业生产应对气候变化提供成功经验和典范[⑦]。此外，还有研究涉及

---

① 方杰、张丽丽：《环境恶化与气候智能型农业特征分析》，《粮食科技与经济》2012 年第 3 期。

② 倪涛：《应对未来巨大粮食缺口，推动实现经济绿色增长——"气候智能型农业"肩负双重使命》，《人民日报》2013 年 12 月 6 日。

③ 胡璇子：《中国气候智慧型农业的未来》，《中国科学报》2014 年 11 月 5 日。

④ 张卫建：《气候智慧型农业将成为农业发展新方向》，《中国农村科技》2014 年第 4 期。

⑤ 龚晶、刘佳：《气候智能型农业的内涵、实践与启示》，《世界农业》2014 年第 6 期。

⑥ 佚名：《支持中国发展气候智慧型农业和城市交通建设》，《国际融资》2014 年第 2 期，http://www.cqvip.com/read/read.aspx? id = 48443273。

⑦ 佚名：《农业部、全球环境基金、世界银行共同启动气候智慧型农业项目》，《农产品市场周刊》2013 年第 48 期，http://www.cqvip.com/QK/87922X/201348/48128928.html。

"气候智慧型"技术应用，比如，有研究认为腐殖酸产业将在"气候智慧型"农业发展中起到非常大的作用①。

据此可见，目前学术界对全球气候变化与农业发展关系研究主要体现"三多三少，三强三弱"的特点。所谓"三多"是指对全球气候变化趋势研究成果多，对全球气候变化影响农业发展的研究方法多，对农业生产释放温室气体的实证评估多。所谓"三少"是指对农业应对气候变化相对农业影响气候变化的研究成果少，对农业一般低碳技术创新相对智能低碳技术创新成果少，低碳（气候智能）农业实践研究相对低碳、智能理论研究成果少。所谓"三强"是指国外的相关研究较国内强，自然科学领域的相关研究较社会科学领域强，国内对区域性研究较全国性及省际强。所谓"三弱"是指对"气候智能"农业的定量研究较定性研究弱，跨界（气象学、农学和智能工业结合）研究较单领域（农业或生态学）研究弱，制度建设、评估体系研究较农业转型意义研究弱。

值得注意的是，对气候智能型农业的研究无论国内还是国外都是探索性的，相关实践活动、试验区建设均已起步，预计10年后有了相关数据的积累，更深层次的理论研究和发展模式探究将全面展开，并可以有成熟模式不断进行推广。值得欣慰的是，目前国内外均在探讨"智慧农业"发展模式，这一模式与低碳农业紧密结合就可能诞生气候智能型农业发展"范本"，为此，我们应该高度关注"智慧农业"与低碳农业制度及高端技术的结合与嫁接，积极探索气候智能型农业的发展路径。因此，本书对中国气候智能型农业发展的研究虽然仅仅能起到抛砖引玉之功效，但希望能引起广泛关注、讨论和批评，以达到开阔思路之效果。

本章主要参考文献

［1］ Michael Grubb et al. , The Kyoto Protocol—a Guide and Assessment ［M］. Royal Institute of International Affairs and Earthscan Publications Ltd：UK，1999，p. 3.

---

① 中腐协秘书处：《让腐殖酸产业在气候智慧型农业项目开发中愈发鲜亮》，《腐植酸》2014年第6期。

［2］萧如珀：《全球暖化的发现》，《环保信息》（台湾）2003 年第 87 期。

［3］Richard P. Turco, Earth Under Siege［M］. Oxford University Press：UK, 1997, p. 368.

［4］〔圭亚那〕施里达斯·拉夫尔：《我们的家园——地球》，夏堃堡译，中国环境科学出版社，1993，第 75 页。

［5］游雪晴：《IPCC 第五次评估报告：过去 30 年为 1400 年来最暖时期》，《科技日报》2014 年 11 月 25 日。

［6］Stern. The economics of climate change, American Economic Review, 2008, 98（2）：1 – 37.

［7］Singer S F. Nature, not human activity, rules the climate：summary for policymakers of the report of the Nongovernmental International Panel on Climate Change［M］. The Heartland Institute：Chicago, 2008.

［8］Peters G P, Hertwich E G. CO_2 Embodied in International Trade with Implications for Global Climate Policy［J］. Environmental Science & Technology, 2008, 42（5）：1401 – 1407.

［9］Dellal, McCarl. Agriculture in the Climate Change and Energy Squeeze：Effects, Adaptation and Mitigation.［J］. KOSKI, Konya. 2007（1）.

［10］Nelson Gerald C, Rosegrant Mark W, Koo Jawoo, et al. Climate change：Impact on agriculture and cost of adoption［EB/OL］. http://www.ifpri.org/publication/climate change impact agriculture and costs-adaptation.

［11］王丹：《气候变化对中国粮食安全的影响及对策研究》，华中农业大学博士学位论文，2009。

［12］孙家仁、许振成、刘煜等：《气候变化对环境空气质量影响的研究进展》，《气候与环境研究》2011 年第 6 期。

［13］周平：《全球气候变化对我国农业生产的可能影响与对策》，《云南农业大学学报》2001 年第 1 期。

［14］李宝华、迁文英：《气候变化对农业生产的影响》，《农民致富之友》2012 年第 18 期。

［15］吴建梅、孙金森、陈林祥等：《气候变化对农业生产的影响——以山东诸城为例》，《农学学报》2012 年第 4 期。

［16］居辉、熊伟、许吟隆：《气候变暖对中国小麦产量的影响》，《作物学报》2005 年第 10 期。

［17］熊伟、许吟隆、居辉：《气候变暖下中国小麦产量变化区域模拟研究》，《中国生态农业学报》2006 年第 2 期。

［18］姚凤梅、张佳华：《气候变暖对中国粮食产量的影响及模拟》，气象出版社，2009。

［19］熊伟、杨婕、林而达等：《未来不同气候变暖情景下中国玉米产量的初步预测》，《地球科学发展》2008 年第 10 期。

［20］蒲涛、陈德亮、段兴武等：《黑龙江省气候变暖对粮食生产的影响》，《自然资源学报》2008 年第 2 期。

［21］魏瑞江、张文宗、李二杰：《河北省冬小麦生育期气象条件定量评价模型》，《中国农业气象》2007 年第 4 期。

［22］曹宏鑫、金之庆、石春林等：《中国作物模型系列的研究与应用》，《农业网络信息》2006 年第 5 期。

［23］许朗、刘金金：《气候变暖与中国农业发展问题的研究》，《浙江农业学报》2013 年 1 期。

［24］余卫东、赵国强、陈怀亮：《气候变化对河南省主要农作物生育期的影响》，《中国农业气象》2007 年第 1 期。

［25］王位泰、黄斌、张天锋等：《陇东黄土高原冬小麦生长对气候变暖的响应特征》，《干旱地区农业研究》2007 年第 1 期。

［26］车少静、智利辉、冯立辉：《气候变暖对石家庄冬小麦主要生育期的影响及对策》，《中国农业气象》2005 年第 3 期。

［27］黄峰、施新民、郑鹏徽：《气候变化对宁夏春小麦发育历期影响模拟》，《干旱区资源与环境》2007 年第 9 期。

［28］万信、王润元：《气候变化对陇东冬小麦生态影响特征研究》，《干旱地区农业研究》2007 年第 4 期。

［29］段金省、牛国强：《气候变化对陇东塬区玉米播种期的影响》，《干旱地区农业研究》2007 年第 2 期。

［30］刘颖杰、林而达：《气候变化对中国不同地区农业的影响》，《气候变化研究进展》2007 年第 4 期。

［31］高素华、王春乙：《CO_2 浓度升高对冬小麦、大豆籽粒成分的影响》，《环境科学》1994 年第 5 期。

［32］王春乙、高素华、郭建平：《模拟大气中 CO_2 浓度对大豆影响的实验》，《生态学报》1995 年第 2 期。

［33］郭建平、高素华、刘玲：《气象条件对作物品质和产量影响的试验研究》，《气候与环境研究》2001 年第 3 期。

［34］杜华明：《气候变化对农业的影响研究进展》，《四川气象》2005 年第 4 期。

［35］叶彩玲、霍治国：《气候变暖对我国主要农作物病虫害发生趋势的影响》，《农药快讯》2002 年第 1 期。

［36］Grossman, G. M. and Krueger, A. B. Environmental Impacts of a North American Free Trade Agreement in Garber, P. M. (ed.). The US-Mexico Free Trade Agreement [M]. MIT Press, Cambridge, MA, 1993. 13 – 56.

［37］Tamiotti, L. , Teh, R. , Kulaolu, V. , Olhoff, A. , Simmons, B. andAbaza, H. , (2009) "Trade and Climate Change WTO-UNEP Report," World Trade Organisation.

［38］Antweiler. W. , CopelandB. R. TaylorM. S. Is Free Trade Good for the Environment? American Economic Review, 2001 (91).

［39］Managi, S. , A. Hibiki & T. Tsurumi (2008)," Does trade liberalization reduce pollution emission", RIETI Discussion Paper, No. 8.

[40] Wilbanks, T. J. and Sathaye, J. Integrating mitigation and adaptation as possible responses to global climate change. Environment [J]. 2003: 28-38.

[41] NBER. Benjamin F. Jones and Benjamin A. Olken. Climate shocks and export [J/OL]. http://economics. mit. edu/files/5087 , 2013-01-11.

[42] Claudia Kemfert, Wietze List, Richard S J T. Games of Climate Change with International Trade [J]. Environmental and Resource Economics, 2004, (28): 209-232.

[43] Ricardo Meléndez-Ortiz, Moustapha Kamal Gueye, Malena Sell. Linking Trade, Climate Change and Energy [EB/OL]. http://ictsd. org/i/publications/10492/.

[44] Liberalization of Trade in Environmental Goods for Climate Change Mitigation: The Sustainable Development Context. [EB/OL]. ICTSD, http://www. iisd. org/pdf/2008/cph trade climate liberalization trade. pdf.

[45] Trade and Climate change: Economic, Legal, and Institutional Perspectives [EB/OL]. WORD BANK, http://siteresources. worldbank. org/INTPUB/3876078-1192582946896/21513448/ITCC Booklet rev2. pdf.

[46] Tamiotti, Anne Olhoff, Benjamin Simmons, et al, Trade and Climate Change, A report by the United Nations Environment Programm and the World Trade Organization [EB/OL]. https://www. wto. org/english/res e/booksp e/trade climate change e. pdf.

[47] 马建平：《贸易与气候变化的关联机埋分析》，《当代经济管理》2009 年第 12 期。

[48] 熊灵、邵蕾、谭秀杰：《气候变化贸易壁垒及我国的应对之策》，《环境保护》2012 年第 24 期。

[49] 彭水军、张文城：《多边贸易体制视角下的全球气候变化问题分析》，《国际商务》（对外经济贸易大学学报）2011 年第 3 期。

[50] Sflater, R., Peskett, L., Ludi, E. & Brown, D. "Climate change, Agriculture Policy and Poverty Reduction-How Much Do We Know?" [J]. Overseas Development Institute, 2007: 1-6.

[51] Gerald Nelson, Amanda Palazzo, Claudia Ringler, et al. The Role of International Trade in Climate Change Adaptation [EB/OL]. http://ictsd. org/i/publications/66988/.

[52] Hsin Huang, Martin von Lampe, Frank van Tongeren. Climate change and trade in agriculture [J]. Food Policy, 2010 (10): 1-5.

[53] Syud Amer Ahmed, Noah S. Diffenbaugh, Thomas W. Hertel, et al. Agriculture and Trade Opportunities for Tanzania Past Volatility and Future Climate Change [J]. Review of Development Economics, 2012, 16 (3): 429-447.

[54] E. Nur Ozkan-Gunay and Halit Fedai. Effects of Climate Change on Agricultural Trade Capability in the European Food Market [J/OL] http://www. ibimapublishing. com/journals/JEURB/2011/949944/949944. pdf.

[55] 陈卫洪、谢晓英：《气候灾害对粮食安全的影响机制研究》，《农业经济问题》2013 年第 1 期。

［56］周文魁:《气候变化对中国粮食生产的影响及应对策略》,南京农业大学博士学位论文,2012。

［57］任晓娜:《气候变化对中国粮食生产与贸易政策的影响研究》,中国农业科学院博士学位论文,2012。

［58］孟赟:《气候变暖对国际粮食贸易的影响分析》,武汉理工大学硕士学位论文,2010。

［59］任晓娜、孙东升:《气候变暖对中国粮食贸易的影响研究》,《生态经济》2012年第3期。

［60］李秀香、赵越、程颖:《农产品贸易的气候变化风险及其应对》,《国际贸易》2011年第11期。

［61］詹晶:《"碳关税"对农产品出口贸易的经济效应分析》,《经济与管理》2011年第3期。

［62］何解定、李秀:《碳关税对我国农产品出口的影响研究》,《中国集体经济》2011年第33期。

［63］李秀香、赵越、简如洁:《我国气候智能型农业及贸易发展研究》,《当代财经》2011年第7期。

［64］李秀香、章萌:《积极应对农业危机》,《探索与争鸣》2012年第2期。

［65］张宪强、潘勇辉:《农业气候指数保险在发展中国家的实践与启示》,《社会科学》2010年第1期。

［66］杨普:《关于安徽省发展低碳农业应对气候变化的若干思考》,《农业科技管理》2011年第5期。

［67］Nicholas Stern, The Economics of Climate Change: The Stern Review. Cambridge University Press. UK. 2007.

［68］Treffers DJ, Faaij APC, Spakman J, Seebregts A. Exploring the Possibilities for Setting up Sustainable Energy Systems for the Long Term: Two Visions for the Dutch Energy System in 2050 ［J］. Energy Policy, 2005 (33).

［69］Kawase R, Matsuoka Y, Fujino J. Decomposition Analysis of CO2 Emission in Long-term Climate Stabilization Scenarios ［J］. Energy Policy, 2006, 34 (15).

［70］Wackernagel M, Rees WE. our ecological footprint: reducing human impact on the earth. Gabriola Island: New Society Publishers. 1996.

［71］IEA. CO2 Emissions from Fuel Combustion: 1971－2005 ［R］. 2007, Paris.

［72］IMO, Updated Study on GHG Emissions From Ships ［R］. London: MPEC, 2009.

［73］Chapman L. Import and Climate Change: A Review ［J］. Journal of Transport Geography, 2007, (15): 354－367.

［74］查苏倩:《低碳背景下我国发展绿色运输业存在的问题及解决途径》,《物流工程与管理》2010年第7期。

［75］Matthias Finkbeiner. Carbon footprinting—opportunities and threats ［J］. Int Life Cycle Assess, 2009.

［76］Graham Sinden. The contribution of PAS 2050 to the evolution of international greenhouse gas emission standards［J］. Int J Life Cycle Assess，2009.

［77］ Gian Luca Baldo & Massimo. The carbon footprint measurement toolkit for theEU Ecolabel［J］. Int J Life Cycle Assess，2009.

［78］ Elin Röös & Cecilia. Uncertainties in the carbon footprint of food products：a case study on table potatoes［J］. Int J Life Cycle Assess，2010.

［79］ 蒋婷：《碳足迹评价标准概述》，《信息技术与标准化》2010 年第 10 期。

［80］ 李江晨、黄威、彭浩：《碳足迹系统》，《电子产品世界》2011 年第 11 期。

［81］ 裴莹莹、吕连宏、罗宏：《关于建立低碳标志认证制度的初步设想》，《环境污染与防治》2010 年第 9 期。

［82］ 裘晓东：《各国/地区碳标签制度浅析》，《轻工标准与质量》2011 年第 1 期。

［83］ 吴洁、蒋琪：《国际贸易中的碳标签》，《国际经济合作》2009 年第 7 期。

［84］ 董勤：《西方国家碳标识规范法律正当性之缺失及其应对》，《法学》2011 年第 2 期。

［85］ 吴晓青：《加快发展绿色经济的几点思考》，《中国经贸》2010 年第 11 期。

［86］ 尹忠明、胡剑波：《国际贸易中的新课题：碳标签与中国的对策》，《经济学家》2011 年第 7 期。

［87］ 黄亦薇：《碳标签、碳足迹——我国国际贸易持续发展的"新门槛"》，《现代商贸工业》2011 年第 1 期。

［88］ 徐俊：《碳标签对我国对外贸易的影响及对策分析》，《中国经贸导刊》2010 年第 24 期。

［89］ 胡莹菲、王润、余运俊：《中国建立碳标签体系的意义》，《经济研究参考》2010 年第 30 期。

［90］ Stancich 2008，"Summary of global carbon labels"，5 December，available at. http://www. climatechangecorp. com.

［91］ 郭莉、崔强、陆敏：《低碳生活的新工具——碳标签》，《生态经济》2011 年第 7 期。

［92］ 陈泽勇：《碳标签在全球的发展》，《信息技术与标准化》2010 年第 11 期。

［93］ 陈荣圻：《低碳经济下的碳标签机制实施》，《染料与染色》2011 年第 4 期。

［94］ Paxton，A. 1994，The Food Miles Report：the dangers of long distance food transport，London：Safe Alliance.

［95］ Defra . 2005，Guidelines for Company Reporting on Greenhouse Gas Emissions，Defra，London.

［96］ Winter，M.（2003），"Embeddedness, the new food economy and defensive localism"，Journal of Rural Studies，Vol. 19，pp. 23 – 32.

［97］ Sage，C.（2003），"Social embeddedness and relations of regard：alternative good food networks in South-West Ireland"，Journal of Rural Studies，Vol. 19，pp. 47 – 60.

［98］ Morris，C. and Buller，H.（2003），"The local food sector：a preliminary assessment of its form and impact in Gloucestershire"，British Food Journal，Vol. 105， pp. 559 – 66.

[99] Cowell, S. and Parkinson, S. (2003), "Localisation of UK food production: an analysis using land area and energy as indicators", Agriculture, Ecosystems and Environment, Vol. 94, pp. 221 – 36.

[100] G. (2007), "Cultivating carrots and community: local organic food and sustainable consumption", Environmental Values, Vol. 16, pp. 105 – 23.

[101] 许蔚:《碳标签:国际贸易壁垒的新趋势》,《经济研究导刊》2011 年第 10 期。

[102] 余运俊、王润、孙艳伟等:《建立中国碳标签体系研究》,《中国人口·资源与环境》2010 年第 2 期。

[103] Costanza, R. 1980. "Embodied energy and economic valuation," Science 210, 1219 – 1224.

[104] Wyckoff, A. W. J. M Roop. 1994. "The embodiment of carbon in imports of manufactured products: implications for international agreements on greenhouse gas emissions," Energy Policy, 22 (3).

[105] Schaeffer, Roberto and Sá, André Leal de (1996). "The embodiment of carbon associated with Brazilian imports and exports", Energy Conversion and Management, 37 (6 – 8)

[106] Lockwood B. and Whalley J. 2008. Carbon Motivated Border Tax Adjustments: Old Wine in Green Bottles [R], NBER. Working Paper, May, No. 14025.

[107] Gros D. 2009. Global welfare implications of carbon border taxes [Z]. CEPS Working Document No. 315, July 6th.

[108] Hubler. 2009. Can Carbon Based Import Tariffs Effectively Reduce Carbon Emission [R]. Kiel Institute for the World Economy, Dusternbrooker Weg 120, 24105.

[109] Muller F. and A. Hoemer, Carbon Taxes for Climate Protection in a Competitive World, Swiss Ministry for Foreign Economic Affairs, available from the Center for a Sustainable Economic [M]. Washington DC. , 1998.

[110] Manders T, Veenendaal P. 2009. Border Tax Adjustments and the EU-ETS-A Quantitative Assessment [R]. CPB Document, (171): 36.

[111] 俞海山:《碳关税:研究综述与展望》,《国际经贸探索》2013 年第 3 期。

[112] 陈迎、潘家华、谢来辉:《中国外贸进出口商品的内涵能源及其政策含义》,《经济研究》2008 年第 7 期。

[113] 孙小羽、臧新:《中国出口贸易的能耗效应和环境效应的实证分析》,《数量经济技术经济研究》2009 年第 4 期。

[114] 常昕、郭蕊、柴洪亮:《碳关税对中国经济的影响及对策》,《山东农业大学学报》(社会科学版) 2010 年第 2 期。

[115] 张茉楠:《碳关税对中国转型形成强大倒逼机制》,《中国经贸导刊》2011 年第 11 期。

[116] 谢来辉:《欧盟应对气候变化的边境调节税:新的贸易壁垒》,《国际贸易问题》

2008 年第 2 期。

［117］ 沈可挺:《碳关税争端及其对中国制造业的影响》,《中国工业经济》2010 年第
1 期。

［118］ 李威:《碳关税的国际法与国际机制研究》,《国际政治研究》(季刊) 2009 年
第 4 期。

［119］ FAO. "Climate-Smart" Agriculture Policies, Practices and Financing for Food Securi-
ty, Adaptation and Mitigation. ［R］. 2010.

［120］ James Rude. Underthe Green Box: the WTO and Farm Subsidies ［J］. Journal of
World Trade, 2001, 1015 – 1016.

［121］ 赵昂:《WTO 框架下我国农业保险补贴制度法律问题研究》,苏州大学硕士学位
论文, 2009。

［122］ 王子睿:《WTO 农业谈判国内支持规则研究》,沈阳工业大学硕士学位论文, 2010。

［123］ Wei Xu, Exploring systemic weather risk and the diversification possibilities of agricul-
tural risks in China. SCOR Global P&C SE, Zurich Branch, Winterthur, Switzerland,
April 2012.

［124］ 常良:《利用 WTO 绿箱政策促进我国农业保险》,《粮食问题研究》2005 年第
2 期。

［125］ 李乐平:《论 WTO 背景卜我国农业保险法律制度的完善》,《安徽农业科学》
2006 年第 18 期。

［126］ 张玉军:《WTO 框架下我国的农业保险补贴探析》,《现代农业》2006 年第
6 期。

［127］ 王艳玲、欧阳令南:《我国农业保险财政补贴的研究》,《安徽农业科学》2008
年第 7 期。

［128］ Barry J. Barnett and Olivier Mahul. Weather Index Insurance for Agriculture and Rural
Areas in Lower Income Countries. American J. of Agricultural Economics, Volume
89, 2007.

［129］ 刘布春、梅旭荣:《农业保险的理论与实践》,科学出版社, 2010,第 230 –
252 页。

［130］ Priovolos T, Duncan RC. Commodity Risk Management and Finance ［M］. Washing-
ton, DC: Published for the World Bank by Oxford University Press, 1991.

［131］ 于宁宁、陈盛伟:《气象指数保险在发展中国家的实践与启示》,《新疆农垦经
济》2011 年第 1 期。

［132］ Hazell P B R. The Appropriate Role of Agricultural Iinsurance in Developing Countries
［J］. Journal of International Development, 1992, (4).

［133］ Jerry R. Skees. Opportunities for Improved Efficiency in Risk Sharing Using Capital Mar-
kets ［J］. American Journal of Agricultural Economics, 1999, (81): 1228 – 1233.

［134］ Lisha Zhang. Assessing The Demand for Weather Index Insurance in Shandong Prov-
ince, China ［D］. Lexington, Kentucky: University of Kentucky, 2008.

［135］ Michael Norton, Daniel Osgood, Malgosia Madajewicz, Eric Holthaus. Evidence of Demand for Index Insurance: Experimental Games and Commercial Transactions in E-thiopia ［J］. International Research Institute for Climate and Society, 2012.

［136］ E. Iglesias and K. Baez. Innovation in Drought Risk Management: Exploring the Potential of Weather Index Insurance ［J］. Geophysical Research Abstracts Vol. 14, EGU General Assembly, 2012.

［137］ Jerry R. Skees. Innovations in Index Insurance for the Poor in Lower Income Countries ［J］. Agricultural and Resource Economics Review, 2008.

［138］ K. N. Rao, Chief Risk Officer, AIC. Weather Index Insurance: Is it the Right Model for Providing Insurance to Crops? ［J］. ASCI Journal of Management, 41, (1) September 2011.

［139］ 曹雪琴:《农业保险产品创新和天气指数保险的应用——印度实践评析与借鉴》,《上海保险》2008 年第 8 期。

［140］ 陈盛伟:《农业气象指数保险在发展中国家的应用及在我国的探索》,《保险研究》2010 年第 3 期。

［141］ 武翔宇、兰庆高:《利用气象指数保险管理农业巨灾》,《农村金融研究》2011 年第 8 期。

［142］ 张惠茹:《指数保险合约——农业保险创新探析》,《中央财经大学学报》2008 年第 11 期。

［143］ The World Bank Agriculture & Rural Development Department. Innovation in managing production risk ［R］. The World Bank, Washington, DC, 2005.

［144］ Molly E. Hellmuth, Daniel E. Osgood, Ulrich Hess, Anne Moorhead and Haresh Bhojwani. Index Insurance and Climate Risk: Prospects for Development and Disaster Management ［J］. International Research Institute for Climate and Society, 2009, (2).

［145］ A Patt, N Peterson, M Carter, M Velez, U Hess. Making Index Insurance Attractive to Farmers ［J］. Mitigation and Adaptation Strategies for Global Change, Volume 14, December 2009

［146］ Erin Bryla, Joanna Syroka. Developing Indexed-Based Insurance for Agriculture in Developing Countries. UN Department of Economic and Social Affairs, 2007.

［147］ A. Stoppa and U. Hess. Design and Use of Weather Derivatives in Agricultural Policies: the Case of Rainfall Index Insurance in Morocco. International Conference: Agricultural policy reform and the WTO: where are we heading? Capri (Italy), June 23 – 26, 2003.

［148］ K Pietola, S Myyrä, L Jauhiainen. predicting the yield of spring wheat by weather indices in finland: implications for designing weather index insurances. Agricultural and Food Science, 2008.

［149］ Sommarat Chantarat. Index Insurance: Financial Innovations for Agricultural Risk Management and Development. PSEKP Seminar Series, Gadjah Mada University 30 January

2012.

[150] Alexis Berg. Weather-Index Drought Insurance in Burkina-Faso: Assessment of Its Potential Interest to Farmers. Weather, Climate, and Society, 2009.

[151] Jerry R. Skees, Jason Hartell, and Anne Goes. Using Index-based Risk Transfer Products to Facilitate Micro Lending in Peru and Vietnam. American J. of Agricultural Economics Volume 89, 2007.

[152] Banerjee C. and Berg E. Policy for implementation of Index Based Weather Insurance revisited: the case of Nicaragua. Agricultural Economics Society of Ireland, 2012.

[153] Benjamin Collier, Jerry Skees and Barry Barnett. Weather Index Insurance and Climate Change: Opportunities and Challenges in Lower Income Countries. The Geneva Papers, 2009.

[154] Michael T. Norton, Calum Turvey, Daniel Osgood. Quantifying spatial basis risk for weather index insurance, The Journal of Risk Finance, Vol. 14, 2013.

[155] Abousleiman, I., and O. Mahul. 2011. "Weather Derivative in Malawi: Mitigating the Impact of Drought on Food Security." Case Study, Disaster Risk Financing and Insurance (DRFI), Global Facility for Disaster Reduction and Recovery (GRDRR). Washington, DC: World Bank (Accessed February 29, 2012).

[156] Eugene N. Gurenko, Alexander Itigin, Renate Wiechert. Insurance risk transfer and categorization of reinsurance contracts. The World Bank, Policy Research Working Paper 6299, December 2012.

[157] 方俊芝、辛兵海:《国外农业气候保险创新及启示——基于马拉维的经验分析》,《金融与经济》2010 年第 7 期。

[158] 朱俊生:《中国天气指数保险试点的运行及其评估——以安徽省水稻干旱和高温热害指数保险为例》,《保险研究》2011 年第 3 期。

[159] 冯文丽:《农业保险补贴制度供给研究》,中国社会科学出版社,2012。

[160] J. Wang, J. Huang and S. Rozelle, 2010. Climate Change and China's Agricultural Sector: An Overview of Impacts, Adaptation and Mitigation, International Centre for Trade and Sustainable Development (ICTSD), May (2010).

[161] 卢良恕:《中国农业发展理论与实践》,江苏科学技术出版社,2006。

[162] 尹昌斌、周颖:《循环农业发展理论与模式》,中国农业出版社,2008。

[163] 罗必良:《现代农业发展理论:逻辑线索与创新路径》,中国农业出版社,2009。

[164] Anne Bogdanski. Integrated food-energy systems for climate-smart agriculture. Agriculture & Food Security, 2012, 1: 9.

[165] Kerri L Steenwerth et al. Climate-smart agriculture global research agenda: scientific basis for action. Agriculture & Food Security, 2014, 3: 11.

[166] Ademola K Braimoh. Global agriculture needs smart science and policies. Agriculture & Food Security, 2013, 2: 6.

[167] Christine Negra et al. Brazil, Ethiopia, and New Zealand lead the way on climate-

smart agriculture. Agriculture & Food Security，2014（3）：19.

[168] John Kerry Tom Vilsack Rajiv Shah. Obama Administration Launches Global Alliance for Climate Smart Agriculture ［EB/OL］. DIPNOTE.（2014 – 09 – 24）［最后访问日期：2015 – 04 – 13］. http：//blogs. state. gov/stories/2014/09/24/obama-administration-launches-global-alliance-climate-smart-agriculture

[169] 方杰、张丽丽：《环境恶化与气候智能型农业特征分析》，《粮食科技与经济》2012 年第 3 期。

[170] 倪涛：《应对未来巨大粮食缺口，推动实现经济绿色增长——"气候智能型农业"肩负双重使命》，《人民日报》2013 年 12 月 6 日。

[171] 胡璇子：《中国气候智慧型农业的未来》，《中国科学报》2014 年 11 月 5 日。

[172] 张卫建：《气候智慧型农业将成为农业发展新方向》，《中国农村科技》2014 年第 4 期。

[173] 龚晶、刘佳：《气候智能型农业的内涵、实践与启示》，《世界农业》2014 年第 6 期。

[174] 佚名：《支持中国发展气候智慧型农业和城市交通建设》，《国际融资》2014 年第 2 期，http：//www. cqvip. com/read/read. aspx？id = 48443273。

[175] 佚名：《农业部、全球环境基金、世界银行共同启动气候智慧型农业项目》，《农产品市场周刊》2013 的第 48 期，http：//www. cqvip. com/QK/87922X/201348/48128928. html。

[176] 中腐协秘书处：《让腐殖酸产业在气候智慧型农业项目开发中愈发鲜亮》，《腐植酸》2014 年第 6 期。

第三章 发展气候智能型农业的
理论依据

自第一次产业革命以来，人类创造了无数生产力发展的奇迹。但与此相伴的"高能耗、高消耗、高污染"发展模式，导致了气候变化、臭氧层破坏、生物多样性减少、酸雨蔓延、森林锐减等众多环境问题，制约着人类经济社会的和谐发展，乃至影响人类的生存与安全。其中气候变化问题具有经济、社会和政治的三重危机（姑且称之为"气候危机"）。虽然气候危机发展缓慢，但一旦危机越过临界点，灾难将不可阻挡，后果不堪设想。好在自 1972 年人类召开了共同应对环境问题的大会以来，全球已积累了应对环境问题的众多理论、方法和实践经验，对于应对气候变化问题有很好的指导作用。在此就农业发展的理论进行回顾，从而明确我国发展气候智能型农业的理论依据。

第一节 生态学与低碳农业发展理论

一 生态链与生态农业理论

（1）生态学与生态足迹

生态学的主要思想来源于自然论经济思想和达尔文的进化论。最早提出生态经济学这一概念的是德国生物学家恩斯特·海克尔。1866 年，他在《有机体普通形态学》一书中将生态学定义为"研究生物体与其周围环境（包括非生物环境和生物环境）相互关系的科学"。在早期的研究中，生态学作为研究自然的经济学并不包括人类活动，直到 20 世纪中叶，生态学与经济学的结合形成了今天一个非常重要的科学领域——生态经济学，对当今世界产生了空前的影响。在生态学基础上人们创造了生态足迹理论。

国际上的生态足迹研究可以追溯到20世纪70年代，但首次明确提出生态足迹（Ecological Foot Print，EFP）的是加拿大生态学家Rees（1992）[①]，之后其博士生Wackernagel（1996）[②]又对生态足迹理论进行了逐步发展和完善。生态足迹理论主要运用于解释自然界如何为人类提供更好的生命支持服务以及衡量人类对自然资源的利用程度。

根据Rees和Wackernagel的研究，生态足迹是指一个国家范围内给定人口的消费负荷，用生产性土地面积来度量一个确定人口或经济规模的资源消费和废物吸收水平。它的应用意义在于：通过比较自然生态系统的承载能力与生态足迹需求，能够对某一国家或地区目前可持续发展的状态进行定量分析。在此基础上对社会经济发展和人类生存做出科学的规划和建议。

生态足迹的计算公式为：

$$EFP = N \times ef = N \times \sum (aa_i) = \sum r_j A_j = \sum (c_i / p_i) \qquad (3-1)$$

其中，EFP 为总的生态足迹，N 为人口数，ef 为人均生态足迹，c_i 为第 i 种产品的人均消费量，p_i 为第 i 种产品的平均生产能力，aa_i 为人均第 i 种交易商品折算的生物生产面积，i 为所消费商品和投入的类型，A_j 为第 j 消费项目折算的人均占有的生物生产面积，r_j 为均衡因子。

生态承载力的计算公式为：

$$BPA = a_j \times r_j \times y_j, (j = 1, 2, 3, 4, 5, 6) \qquad (3-2)$$

其中 BPA 为人均生态承载能力（公顷/人），a_j 为人均生物生产面积，r_j 为均衡因子，y_j 为产量因子。

当 $EFP < BPA$ 时，生态盈余；当 $EFP > BPA$ 时，生态赤字[③]。

---

① Rees W E. Ecological footprint and appropriated carrying capacity: what urban economics leaves out. Environment and Urbanization. 1992. 4（2）: 121 – 130.

② Wackernagel M, Rees WE. our ecological footprint: reducing human impact on the earth. Gabriola Island: New Society Publishers. 1996.

③ 李士、方虹等：《中国低碳经济发展研究报告》，科学出版社，2011，第79~80页。

根据生态足迹理论，《2006 地球生命力报告》指出：人类的需求和消费方式已经大大地超过了地球的承载能力，这种消费方式是不可持续的。人均资源消耗水平北美最高，是欧洲人均资源消耗水平的 2 倍，更是亚洲和非洲人均资源消耗水平的 7 倍，西方人消耗自然资源已经达到了难以持续的极端水平。到 2050 年，按照目前世界消耗资源的平均增速来计算，要满足人类的需求，需要 2 个地球的自然资源。如果全球都按照美国消耗资源的水平来消费的话，则需要 5 个地球的自然资源。若全球都按日本消耗资源的水平来消费，那样话人类就要准备 24 个地球才行①。

随着全球气候变暖的加剧，温室气体排放问题越来越受到人们的关注，消耗的碳越多，导致地球变暖的二氧化碳和其他温室气体的排放也就越多，"碳足迹"就被用于衡量各种人类活动产生的温室气体排放量，"碳足迹"越大，温室气体排放量就越大，而"碳足迹"的概念就是从"生态足迹"理论中发展出来的。

（2）生态链与生态农业理论

生态学认为，群落的可持续发展离不开生产者、消费者和分解者的相互作用，生产者是自养生物，它们利用无机物制造有机物，将环境中的能量以化学能的方式存储在体内；消费者直接或间接利用生产者作为食物来源；分解者则以生产者、消费者残体或排泄物中的有机物作为食物来源，使这些有机物分解为无机物重新回到环境中去，成为生产者的原料。生产者、消费者和分解者通过营养链（植物、微生物之间）和食物链（植物、动物之间）与环境形成完整的循环体系，顺利实现各个环节之间的物质交换和能量交换，这便是生态链结构。生态链对于生态种群应对环境变化调节机制的建立意义重大②。

生态农业（Eco-agriculture，简称 ECO）是在生态学原理与方法指导下，在一定区域内优化农业生态系统，调控农业生态系统结构，科学利用农业生产资源，因地制宜发展农业生产，保护农业生态环境，实现经济、

---

① WWF. Living planet report 2008［EB/OL］. http://www. wwfchina. org/aboutwwf/miniwebsite/2008LPR/.

② 谢范雄：《基于生态链的农业物联网应用商业模式研究》，复旦大学硕士学位论文，2011。

生态、社会三效益相统一的新型集约化农业，通过粮豆轮作、牧草种植、合理放牧、有机肥施用、生物防治、少免耕等生产措施，减少化肥农药施用和农业机械使用等[1][2]。

1924 年，德国农学家鲁道夫·斯蒂纳（Rudolf Steiner）在其主讲的"生物动力农业"课程中首次提出了"生态农业"的概念。60 年代后期，生态农业理论逐步成型，不少专家提出了用生态学原理指导农业生产的理论。70 年代末，生态农业的理念逐渐被东南亚地区关注，该地区关于生态农业的研究也不断增加[3]。提出生态农业模式的是美国密苏里大学土壤学家威廉（William Albreche），他于 1971 年基于土壤学视角提出这一概念[4]。20 世纪 90 年代，生态农业在欧洲各国得到了政府大量的财政补贴支持，并由此推广到全球许多国家[5]。在 20 世纪 80 年代以前，我国对生态农业的研究很少。1980 年农业生态经济学术讨论会在银川召开，正是在这次会议上，"生态农业"这一概念在我国首次被正式提出。此后，对生态农业的研究才逐渐地被学者所关注。

目前，我国已经形成了比较成熟的生态农业发展理论体系[6]。仅就生态农业发展模式来讲，可分为以下几种类型。一是群落层面生物种群结构的"立体模式"，涉及在一个生物群落中通过安置生态位互补的生物，提高辐射、养分、积温、水分等资源的利用率，形成有效抵御病、虫、草等生物逆境和水、旱、热等物理逆境的互利关系。二是种群层次生物关系的"食物链模式"，主要涉及有食物链关系的初级生产者、次级生产者和分解者之间的搭配。三是个体与基因层面动植物品种选择的"品种搭配模式"，主要涉及适应当地自然生态条件和社会经济需求的动植物品种选择。除品质与产量要求外，选择的品种需要能够抵御当地主要生态逆境，选择搭配各类抗旱、

---

① 张世兵：《现代多功能农业评价体系研究》，湖南农业大学博士学位论文，2009。
② 侯增周：《胜利油田东营区域生态农业发展问题研究》，中国海洋大学硕士学位论文，2011。
③ 李哲敏、信丽媛：《国外生态农业发展及现状分析》，《浙江农业科学》2007 年第 3 期。
④ 刘兴、王启云：《新时期我国生态农业模式发展研究》，《经济地理》2009 年第 8 期。
⑤ 陈关升：《生态产业》，中国城市低碳经济网，最后访问日期：2014 年 10 月 5 日，http://www.cusdn.org.cn/news_detail.php? id = 228176。
⑥ 王颖：《我国生态农业产业化研究》，安徽大学硕士学位论文，2010。

抗寒、耐高温、抗浸、抗盐碱、抗酸、抗瘦瘠、抗病、抗虫、抗草品种[①]。

生态农业与传统农业比较，主要特点有以下两个。一是整体性强。生态农业是按生态规律来调控农业发展的，因此必须把农业、工业、商业、运输业和林业等各行业组成一个综合经营体系，形成整体发展态势，不可偏废。二是层次性多。生态农业包含多层子体系，即家庭生态农业体系、村落生态农业体系和县域生态农业体系等。这些子体系既可以通过横向联系组成一个综合经营体，也可以在功能上有所区分，如有的从事水果生产、有的从事蔬菜种植、有的从事林木生产，而有的也可以是综合性的[②]。

在 1924 年，斯蒂纳首次提出"生态农业"后不久，英国农学家 A. 霍华德提出了另一个与"生态农业"相关的概念——"有机农业（Organic Agriculture）"。从此，有机农业传播到日本、瑞士和英国等国家，并得以逐步推广。确切地说"有机农业"正是生态农业的重要形态之一，两者相辅相成，不可分割。

有机农业突出种植业以有机肥为主、养殖业以有机饲料为主的特点，基本或完全不施用化肥农药，也不使用生长调节剂和饲料添加剂。有机农业其特点是注重生产过程管理，以生态平衡为主线对农业进行合理规划和组织生产，协调种植业与养殖业平衡规范发展。化肥、农药、生长激素、饲料添加剂等与上述理念相悖的物质不进入农业生产过程，转基因物种及物品也不允许进入有机农业的生产过程。

二　低碳农业理论

自低碳经济提出以来，低碳经济发展的理论和实践主要集中在工业，低碳经济在农业中的应用长期以来没有得到足够的重视，因此对低碳农业，目前学界还没有达成一致的定义。

生物质（Biomass，原意生物量）可以部分替代化石燃料，可以降低温室气体排放及污染物[③]。生物质的形成是植物吸收太阳光能和大气中 CO_2

[①]　骆世明：《论生态农业模式的基本类型》，《中国生态农业学报》2009 年第 3 期。
[②]　春喜、包旭：《生态农业内涵初探》，《现代农业》2001 年第 12 期。
[③]　石元春：《解决中国石油与"三农"两大心腹之患的战略思考》，《科技日报》2008 年 6 月 8 日。

的结果，是释放化石燃料燃烧产生 CO_2 的逆过程。能够产生物质能的产业就只有农业，但是农业在生产过程中也会产生温室气体的排放和污染物，比如被人们广泛熟悉的农药和化肥的使用，也有鲜为人知的有机污染物——COD 排放问题[①]。

低碳农业是指在发展农业生产过程中采用低碳技术，减少能量消耗或资源损耗，减少 CO_2 等温室气体排放的农业生产和增长模式，具有"四低两高"的特征，即低能耗、低物耗、低排放、低污染和高效率、高效益。低碳农业要求减少化石能源的投入，即减少化肥、农药、农膜、除草剂、植物生长调节剂、土壤改良剂、饲料添加剂等各种农用化学品的投入[②]。其实质是能源和资源利用的高效率和清洁的能源结构；其核心是能源和资源利用的技术和制度创新；其发展重点是在农业领域推广节能减排技术、固碳技术，开发生物质能源和可再生能源的农业[③]。

低碳农业的节碳固碳机理是利用先进技术减少农业生产、加工、运输等各环节的碳排放，增加农田、湿地、森林、草地的固碳能力。从节碳的角度来说主要是减少高碳能源及化肥的应用、加强秸秆综合利用等；从固碳的角度来说主要是改良固碳型农业品种、推广农业固碳技术和重建农业湿地系统[④]。低碳农业主要有以下一些发展模式：一是有害投入品减量模式，该模式的核心内容是减少化肥、农药、农用薄膜等有害物品的投入使用；二是立体种养的节地模式，该模式的重点内容是充分利用农业自然资源——如土地、阳光、空气、水等——拓展农作物的生长空间和禽畜的生存空间，发展立体种植与养殖，提高农业产出；三是节水、节能模式，该模式的发展方向主要是节水、节能技术的推广，减少耕作过程、农业机械设备、农业养殖及龙头企业等环节的水资源及能源的消耗；四是清洁能源模式，该模式的突出特点是充分利用农村丰富的资源发展清洁能源，如风

① 周宏春：《中国低碳经济的发展重心》，《绿叶》2009 年第 1 期。
② 黄国勤、赵其国：《低碳经济、低碳农业与低碳作物生产》，《江西农业大学学报》（社会科学版）2011 年第 10 期。
③ 周健：《我国低碳农业研究综述》，《环渤海经济瞭望》2011 年第 10 期。
④ 李晓燕：《低碳农业发展研究——以四川为例》，经济科学出版社，2010。

力发电、秸秆发电、秸秆气化、沼气、太阳能利用等①。

前文提到的有机农业也具有低碳农业的一些发展特点，如有机农业的生产体系碳排放量低于传统生产体系，而且有机农业的土壤保持通过植被覆盖的方式进行，不使用人工合成肥料提高土壤肥力等措施都是很好的碳储存方法。

第二节　外部性与农业可持续发展理论

一　外部性理论

外部性理论重点突出的是经济主体的活动对该经济主体以外的人或事物产生的影响，具体可分为外部经济和外部不经济两类②。外部经济又称为正外部性，即经济主体从某项经济活动中获得的私人收益小于该项经济活动的社会收益。从生产的角度来看，外部经济是指生产者的活动对他人和社会产生了有利的影响，但这一有利影响却并未被自己获得；从消费的角度看，消费者的消费行为对他人和社会产生了有利影响，但这一有利影响不能转换为自身的效用。外部不经济又称为负外部性，即经济主体在某项经济活动中付出的私人成本小于该项经济活动的社会成本。从生产的角度来看，外部不经济是指经济主体以外的人或社会因该经济主体的经济行为付出了相应的成本，却未获得相应的收益；从消费的角度来看，外部不经济是指经济主体以外的人或社会因该经济主体的消费行为付出了成本却又没有获得回报的行为。

传统的农业生产因其对环境的日益破坏而具有明显的负外部性，从生产的角度来看，传统农业生产导致的环境恶化、气温上升、自然灾害均属于农业的外部不经济；从消费的角度来看，在农产品消费的过程中消费者未将社会成本纳入自身的消费成本，从而导致社会付出了更多的成本，第一章中奇异果的消费便是鲜明的例子，消费者在消费过程中只考虑了新西兰和英国奇异果价格的差异，却不考虑运送奇异果过程中数十倍 CO_2 的排

---

① 许广月：《中国低碳农业发展研究》，《经济学家》2010 年第 10 期。
② 沈满洪、何灵巧：《外部性的分类及外部性理论的演化》，《浙江大学学报》（人文社会科学版）2002 年第 1 期。

放所导致的社会成本。若不及时对外部成本进行内部化处理，必然会大大增加社会为农业发展付出的代价，而社会成本的最终承受者则是全人类。

相比之下，气候智能型农业的正外部性非常明显。从生产的角度看，气候智能型农业采用的高科技农业温室气体减排技术、气象监测与预报技术、智能化防灾减灾技术、高科技智能节能节水技术、高效高质育种技术、农业智能循环发展技术等技术可以广泛应用于农业生产的诸多领域，健全的制度、充足的资金和健全的人才保障体系以及灾害预防、农业保险体系等制度体系则成为上述技术的"保护伞"，这些先进的技术和制度从多方面降低农业生产的成本，既包括生产者投入的减少，又包括社会社会环境成本的有效降低。从消费的角度看，气候智能型农业粮食安全体系高效，产业和地区结构合理，粮食的生产、加工和销售过程中节约资源、低碳减排，这些特点在增加消费者效用的同时都能使社会成本有效降低。

二　代际公平与农业可持续发展理论

（1）代际公平理论

代际公平理论是指应当本着公平的原则在当代人和后代人之间配置自然资源，即当代人与后代人在自然资源的使用及自身利益的满足方面具有均等的权利。福利资源在当代人和后代人之间的公平分配是代际公平理论的主要内容。该理论最早是由塔尔博特·R. 佩奇（T. R. Page）基于社会选择与分配选择基础之上提出的，爱迪·B. 维思（E. B. eiss）采用"行星托管"的理念对这一理论进行了系统的阐释①。

所谓"行星托管"是指在地球自然资源的开发利用方面，每一代人都是后代人的权益托管人，因而当代人和后代人在自然资源方面拥有平等的权利，具体而言，每代人在都应当按照以下原则行使权利：一是选择原则，即每代人都有权利通过自然和文化资源的多样性解决自身的问题和实现自身的价值，这一权利不应被上一代人侵害；二是质量原则，即每代人均有享受上代人所享受的环境质量的权利，这就要求每代人都要以保持地球环境质量为己任，在将地球环境传给下一代人时保证其不比自己从上一

---

① 宋旭光：《代际公平的经济解释》，《内蒙古农业大学学报》（社会科学版）2003 年第 3 期。

代人接手时更差；三是接触和使用原则，即每一代人在平等地接触和使用上一代人提供的资源遗产时，还应为后代人保留接触和使用的权利。

（2）农业可持续发展理论

自 1987 年世界环境与发展委员会提出 "到 2000 年转向可持续农业的全球政策" 以来，"可持续农业" 成为人类农业领域应对环境问题的主要思想和理论，而这一理论也不断凝练和完善。1988 年，FAO 制定了《可持续农业生产对国际农业研究的要求》，并于 1991 年召开农业与环境会议，通过了《登博斯宣言》，宣言阐明了可持续农业的概念，即 "旨在管理和保护自然资源，调整技术和机制改革方向，以获得并持续满足当代和后代人的需要，能够保护和维持土地、水、动植物遗传资源，且不会造成环境恶化，同时在技术上适当，经济上可行，能为社会广泛接受的农业[1]。" 由此可见，可持续农业既强调当代的发展不能以牺牲子孙后代的发展空间为代价，又强调经济效益和生态环境的和谐统一、人与自然关系的和谐统一，在不引起生态环境恶化的条件下实现较高的农业生产目标和竞争力[2]。

总体来说，可持续农业的发展目标是实现农业和非农业的可持续发展，即在农业发展中追求和谐、公平、效益的统一，以及持续性、公平性和有效性的统一[3]。这就要求一要不断供应充足、优质、安全的农产品以满足人类对农产品的需求，解决粮食安全问题[4]；二要消除贫困、增加就业机会和提高农民的生活水平；三要对自然资源合理利用，保护生态环境[5]。

FAO 所确定的可持续农业是农业走可持续发展之路的航标，在此基础上的农业可持续发展模式探讨——循环农业发展理论的探讨——积极而具有建设性。

（3）循环农业发展理论

循环农业就是强化 "减量化、再循环、再利用、再思考" 的原则，突

---

[1] 虎德岐：《浅议可持续发展农业》，《沿海企业与科技》2010 年第 10 期。

[2] 徐琳：《基于循环农业理论对太卜寺旗沼气的发展研究》，内蒙古农业大学硕士学位论文，2011。

[3] 蔡定：《可持续农业初探》，《甘肃农业》2004 年第 7 期。

[4] 刘思华：《可持续农业经济发展论》，中国环境科学出版社，2001。

[5] 田向利：《我国农村经济社会协调发展研究》，天津大学博士学位论文，2004。

出低消耗、低排放、高效率的基本特征，通过现代技术耦合、循环生产工程、管理方式创新和机械设施配套等方式，改造并完善农业生产、加工、流通、服务等经济活动，最终形成农业经济优质、高产、高效、安全、清洁的一种生态循环型现代农业经营体系。注重农业生产环境、农村生态环境的改善和农田生物多样性的保护，实施农业清洁生产，使用农用绿色化学品，实现污染最小化；按照"资源—农产品—农业废弃物—再生资源"的理念进行农业循环生产和最优资源利用，延长农业生态产业链，通过要素耦合方式与相关产业形成协同发展[①]。

1991 年，FAO 在荷兰召开了国际农业与环境会议，在会议上将农业可持续发展定义为：实行技术变革和体制改革，以确保当代人类及其后代对农产品的需求得到满足，这种可持续的农业能永续利用土地、水和动植物的遗传资源，是一种环境永不退化、技术上应用恰当、经济上能维持下去、社会能够接受的农业[②]。所以，循环农业理论要求：为了达到永续利用农业资源的目的，应该遵循农业资源所具有的有限人口承载能力的客观规律，使农业资源在空间上和时间上循环利用、优化配置[③]。

循环农业的主要发展模式有以下几种。一是物质再利用模式。该发展模式有效促进了资源在农业经济系统中的高效再生、循环再利用，主要在德国和日本运行得较为成功。二是减量化模式。如以色列节水农业。三是资源化模式。日本的农业废物的高度资源化和无害化发展模式，以及英国不使用人化肥和杀虫剂的"永久农业"均是较为成功的发展模式。四是生态产业园模式。如菲律宾的玛雅农场就是典型的该类发展模式，其面粉厂的大量麸皮都用于了养殖场和鱼塘[④]。

可见，循环农业和生态农业追求的目标基本上是一致的，因此循环农业本质上是生态农业，但其内涵更为广泛，涉及农业的每个生产环节、流通环节和消费环节。因此，从某种意义上来说，循环农业是生态农业的延

---

① 王海文：《建设生态循环型现代农业产业体系研究》，《中共贵州省委党校学报》2011 年第 3 期。

② 郑刚：《浅谈中国农业的可持续发展》，《安徽农业科学》2006 年第 34 期。

③ 陈晓娟：《循环农业发展模式研究》，福建师范大学硕士学位论文，2008。

④ 刘渝、杜江：《国外循环农业发展模式及启示》，《环境保护》2010 年第 8 期。

伸与拓展①。除此之外，循环农业与生态农业另一个不同点是循环农业必须构建循环的农业生产资源和能源体系，实现生态环境、工业文明和农业生产之间的共同发展和交叉利用，形成"大尺度循环"的经济体系。

第三节　灾害经济学与农业保险理论

一　灾害经济学理论

气候智能型农业的提出与发展是人们应对气候变化所带来灾害的具体体现。自人类诞生之日起各种自然灾害就相伴相随，不断抗击灾害的历程也使人类逐步积累了经验和提高了理论认识。

灾害经济学的研究最早起源于西方。根据张显东、梅广清的研究，最早研究自然灾害的经济影响的是布莱恩（Brannen Ted R），他在 1954 年发表了文章《1953 年 5 月 11 日得克萨斯州斯韦科市灾害的经济分析》。在文献中最早使用"灾害经济学"一词的是 Howard Kunreuther 和 E. S. Fiore（1966），当时他们发表了一篇题为《阿拉斯加地震：灾害经济学的案例研究》的文章。经过近 50 年的研究，灾害与经济发展的研究日渐成熟，研究方法也在不断更新和发展②。

灾害经济学的基本原理有以下几点：一是灾害的不可避免性，所谓灾害的不可避免性是指自然界的灾害以及灾害的不利影响和负效应是无法完全避免的，如洪水、地震的发生有一定的概率；二是决策对灾情的反映性，灾害的发生需经历孕育期、潜伏期、持续期、衰退期这一连续的演进过程，任何关于灾害预防的决策都建立在灾情信息的反馈基础之上；三是害利的对立统一，灾害并非一无是处，因势利导可将灾害转化为现实利用的可能性，如水土流失灾害带来了负面影响，但若无水土流失，也不会形成长江中下游冲积平原；四是灾害治理过程中标本兼治的互利性，治标措施投入少、见效快，但可持续性差，而治本措施则具有长时间的持续性，但投入

---

① 章家恩：《农业循环经济》，化学工业出版社，2010，第 14～15 页。
② 佚名：《生态经济学》，价值中国，最后访问日期：2014 年 3 月 2 日，http://www.chinavalue. net/Wiki/ShowContent. aspx？TitleID = 395110。

大、见效慢，两者之间的关系是短期决策和长期决策的结合。

从西方经济学的角度来研究灾害的内容主要集中在以下几个方面[①]。一是定量分析。建立各种经济学模型对灾害的经济影响进行分析，常见的有一般均衡模型、社会核算矩阵模型、系统动力学模型和投入产出与线性规划相结合的模型等。二是定性分析。对灾害的经济影响进行分析，主要是研究灾害带来的各种后果和影响，比如对国民经济的影响、对区域经济的影响和对各部门影响等。三是制度研究。主要包括货币制度、财政制度、经济组织等，这些制度研究政府在灾后经济恢复中发挥的作用以及灾后加速经济发展的政策。货币制度研究主要包括灾后紧急阶段发行新型货币代替原有货币的可能性研究以及实行何种货币政策；财政制度研究主要涉及灾后税收政策的调整，灾害发生后的损失补偿问题研究等。

二　农业保险理论

农业保险是有效的农业风险补偿机制，但目前关于农业保险定义众多，尚未达成一致认识。一般认为，农业保险是指农业保险的投保人与提供农业保险的保险公司订立保险合同，并支付一定比例的保险费，保险公司对于保险合同约定的、可能发生的农业自然灾害，因其发生给被保险人造成的农业财产损失赔偿保险金责任的保险行为。具有以下几个特征：一是互助性，农民通过农业保险，将个人承担的局部损失分散到多人承担的全局保险中去，一人的重负担变成多人的轻负担；二是防灾减灾性，保险公司为了减少自身风险，会采取一系列的科普宣传措施，如人工调节降雨量，动植物疫病防治等手段减轻自然灾害造成的损失；三是经济性，农业保险以较低的保险费成本换取重大灾害发生时的经济赔偿，经济意义显著。农业保险主要可以分为狭义和广义两类，农业保险从狭义上来说仅指种植业和养殖业保险，而广义来说则包括从事农业的劳动力及其家属的人身保险和农村的其他保险。按照不同的风险性质可划分为自然灾害保险、意外事故损失保险、疾病死亡保险；按照不同的农业生产类型可划分为养

<hr>

①　何爱平：《区域灾害经济研究》，中国社会科学出版社，2006，第9~10页。

殖业保险、种植业保险等[①]，除此之外还有政策性农业保险[②]。

　　农业是最易受到气候变化影响的领域，同时又是关系到国计民生的重要部门。因此农业保险，特别是政策性农业保险正是农业应对气候变化的重要政策法宝。一方面，农业自然灾害种类繁多，需要借助现代科学技术和管理技术；另一方面，一次风险发生往往涉及数个省市县，农业保险的高赔付也成为必然。因此，农业保险的政策性占主流。

　　与其他商品一样，农业保险的均衡价格和均衡数量是由有效供求决定的，但在农业保险市场上存在着有效供求不足的问题，而农业保险高风险、高成本、高赔付的特征使得保险人的保险供给也存在不足。

　　图 3 - 1 中体现的就是供给曲线 S_0 较高，而需求曲线 D_0 较低，这种情况下，两条曲线很有可能不在第一象限相交，即市场无法提供一个使保险人和被保险人都满意的保费水平[③]。

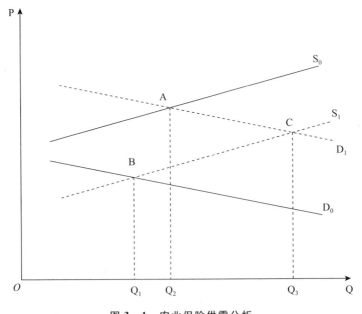

图 3 - 1　农业保险供需分析

①　王芳：《海南农业保险补贴与需求研究》，经济科学出版社，2011，第 15 ~ 17 页。
②　政策性农业保险是指由国家给予财政、税收等方面的扶持，对农业种植业、养殖业等在生产过程中遭受的特定灾害事故或动物疾病造成的经济损失提供补偿的保险活动，详情参见《政策性农业保险条例（草案征求意见稿）》（2007）。
③　王芳：《海南农业保险补贴与需求研究》，经济科学出版社，2011，第 15 ~ 17 页。

当政府通过提高补贴水平、提高农民风险意识等种种手段增加农业保险供求时，S_0 向下移，D_0 向上移，交于 C 点，在这一点，更多的农民加入到农业保险体系当中，享受农业保险的保障收益。

第四节　小结

对于本书的研究来说，对农业可持续发展模式，如生态农业、低碳农业及循环农业等探讨显得十分必要。

生态农业是在生态学原理与方法指导下，在一定区域内优化农业生态系统，保护农业生态环境，实现经济、生态、社会三效益相统一的新型集约化农业发展模式。生态农业与传统农业比较，一是整体性强，必须把农业、工业、商业、运输业和林业等各行业组成一个综合经营体系来进行；二是层次性多，有家庭生态农业体系、村落生态农业体系和县域生态农业体系等。

有机农业的特点是注重生产过程管理，以生态平衡为主线对农业进行合理规划和组织生产，协调种植业与养殖业平衡规范发展，种植业以有机肥为主，养殖业以有机饲料为主。

低碳农业主要有以下一些发展模式。一是有害投入品减量模式，主要是指减量使用化肥、农药、农用薄膜的模式。二是立体种养的节地模式，主要是指充分利用土地、阳光、空气、水，拓展了生物生长空间，立体种植、养殖，提高农业产出效益的模式。三是节水、节能模式，主要是指推广节水、节能技术，从耕作制度、农业机械、养殖及龙头企业等方面减少水资源及能源的消耗模式。四是清洁能源模式。

循环农业是按照"资源—农产品—农业废弃物—再生资源"的理念进行农业循环生产和最优资源利用的农业发展模式。从某种意义上来说，循环农业是生态农业的延伸与拓展。

总的来看，无论生态农业与低碳农业，还是循环农业，包括有机农业，其核心都是实施节约资源和保护环境的农业可持续发展理念，只是各种发展模式侧重点有所不同而已。

此外，本书研究还需要运用灾害经济学以及农业保险理论来分析问题，也有必要对此进行以下简要介绍。所谓灾害经济学无非是从西方经济学的角度来研究灾难带来的影响，一般主要是运用定量分析、定性分析和制度研究相结合的方法，研究成果的综合性和应用性比较明显。而农业保险是一种有效的农业风险补偿机制安排，农业保险在农业灾害应对中起着举足轻重的作用。

本章主要参考文献

［1］ Rees W E. Ecological footprint and appropriated carrying capacity：what urban economics leaves out. Environment and Urbanization. 1992. 4（2）：121 – 130.

［2］ Wackernagel M，Rees WE. our ecological footprint：reducing human impact on the earth. Gabriola Island：New Society Publishers. 1996.

［3］ 李士、方虹等：《中国低碳经济发展研究报告》，科学出版社，2011，第79～80页。

［4］ WWF. Living planet report 2008 ［EB/OL］. http://www. wwfchina. org/aboutwwf/mini-website/2008LPR/.

［5］ 谢范雄：《基于生态链的农业物联网应用商业模式研究》，复旦大学硕士学位论文，2011。

［6］ 张世兵：《现代多功能农业评价体系研究》，湖南农业大学博士学位论文，2009。

［7］ 侯增周：《胜利油田东营区域生态农业发展问题研究》，中国海洋大学硕士学位论文，2011。

［8］ 李哲敏、信丽媛：《国外生态农业发展及现状分析》，《浙江农业科学》2007年第3期。

［9］ 刘兴、王启云：《新时期我国生态农业模式发展研究》，《经济地理》2009年第8期。

［10］ 陈关升：《生态产业》，中国城市低碳经济网，最后访问日期：2014年10月5日，http://www. cusdn. org. cn/news_detail. php? id=228176。

［11］ 王颖：《我国生态农业产业化研究》，安徽大学硕士学位论文，2010。

［12］ 骆世明：《论生态农业模式的基本类型》，《中国生态农业学报》2009年第3期。

［13］ 春喜、包旭：《生态农业内涵初探》，《现代农业》2001年第12期。

［14］ 石元春：《解决中国石油与"三农"两大心腹之患的战略思考》，《科技日报》2008年6月8日。

［15］ 周宏春：《中国低碳经济的发展重心》，《绿叶》2009年第1期。

［16］ 黄国勤、赵其国：《低碳经济、低碳农业与低碳作物生产》，《江西农业大学学报》（社会科学版）2011年第10期。

［17］ 周健：《我国低碳农业研究综述》，《环渤海经济瞭望》2011年第10期。

［18］ 李晓燕：《低碳农业发展研究——以四川为例》，经济科学出版社，2010。

［19］许广月：《中国低碳农业发展研究》，《经济学家》2010 年第 10 期。

［20］沈满洪、何灵巧：《外部性的分类及外部性理论的演化》，《浙江大学学报》（人文社会科学版）2002 年第 1 期。

［21］宋旭光：《代际公平的经济解释》，《内蒙古农业大学学报》（社会科学版）2003年第 3 期。

［22］虎德岐：《浅议可持续发展农业》，《沿海企业与科技》2010 年第 10 期。

［23］徐琳：《基于循环农业理论对太卜寺旗沼气的发展研究》，内蒙古农业大学硕士学位论文，2011。

［24］蔡定：《可持续农业初探》，《甘肃农业》2004 年第 7 期。

［25］刘思华：《可持续农业经济发展论》，中国环境科学出版社，2001。

［26］田向利：《我国农村经济社会协调发展研究》，天津大学博士学位论文，2004。

［27］王海文：《建设生态循环型现代农业产业体系研究》，《中共贵州省委党校学报》2011 年第 3 期。

［28］陈晓娟：《循环农业发展模式研究》，福建师范大学硕士学位论文，2008。

［29］刘渝、杜江：《国外循环农业发展模式及启示》，《环境保护》2010 年第 8 期。

［30］章家恩：《农业循环经济》，化学工业出版社，2010，第 14～15 页。

［31］佚名：《生态经济学》，价值中国，最后访问日期：2014 年 3 月 2 日，http://www.chinavalue.net/Wiki/ShowContent.aspx? TitleID=395110。

［32］何爱平：《区域灾害经济研究》，中国社会科学出版社，2006，第 9～10 页。

［33］王芳：《海南农业保险补贴与需求研究》，经济科学出版社，2011，第 15～17 页。

第四章　国外气候智能型农业的
探索及经验总结

气候智能型农业这个概念提出的时间并不长，全球对气候智能型农业的研究尚未全面展开[①]，相关研究可追溯到对生态农业、有机农业、循环农业、低碳农业等的研究，尽管后者与前者提法不同，但它们的核心理念殊途同归[②]。因此，从气候智能型农业的外延来看，凡是生态农业、有机农业、循环农业和低碳农业等所涵盖的范畴都属于气候智能型农业发展范畴，或者说气候智能型农业正是在生态农业、有机农业、循环农业和低碳农业的土壤中孕育萌生的，对以下内容的探讨正源于此。因此，我们把应对气候变化的生态农业、有机农业、循环农业和低碳农业的技术统称为气候智能型农业技术，这便于我们阐述问题更加简单明确。

第一节　国外应对气候变化的农业规划及实践

一　部分国家应对气候变化的农业规划

气候变化影响了农业生产，世界各国已高度重视应对问题。总的来看，全球应对气候变化对农业产生负面影响的措施主要包括两方面。一是长效机制建设。通过制定适应气候变化的农业生产战略，扭转环境变化这

[①] 李秀香、邓丽娜：《国际气候智能型农业的探索及其启示》，《江西社会科学》2012年第9期。

[②] 李秀香、赵越、简如洁：《我国气候智能型农业及贸易发展研究》，《当代财经》2011年第7期。

一不利因素带来的负面影响，保持农业生产的可持续发展。二是技术手段。通过节能减排技术减少 GHG 排放，通过同时使用循环回收技术吸收和固定已经排放的 CO_2 的两种技术，以缓解气候变暖的速度。因技术手段都是通过实践完成的，因此此处将通过对各国的具体实践来介绍技术措施。虽然以下是分述，但是随着应对计划的不断实施，世界各国逐渐认识到，在未来的 20 年内必须将长效机制和技术手段相结合才能有效降低气候变化对农业的不利影响，才能真正实现气候智能型农业发展。

发达国家和发展中国家在保障低碳农业发展方面进行了有益的开拓，因地制宜地制定本国发展战略规划和发展措施[①]。这里仅介绍法、俄、日、印等国家的做法。

（1）法国的温室效应控制计划

2009 年，欧洲已有 25 个国家制定了或正在着手研究本国适应气候变化的农业国家战略或低碳农业发展战略。其中芬兰、西班牙、法国和瑞典的发展战略已经出台并付诸实施，荷兰、英国、挪威等国的战略措施已经酝酿成熟即将公布，意大利等国则在国家气候政策之中规划战略[②]。但由于此类规划涉及的领域众多，政府层面的规划尚不完全，农业碳减排缺乏统一的量化标准，碳交易机制尚不健全，发展战略的实施效果并不尽如人意。

法国是世界上最早推动和采取温室效应控制行动的国家之一。正是在法国、西班牙与荷兰三国倡议下，1989 年 3 月在海牙召开了第一次有 80 个国家参加的关于全球气候变化的大型国际会议。1998 年 11 月，法国政府成立了"控制温室效应部际委员会"，负责对有关管理事务进行协调，并开始集中有关政府部门代表、工业界代表、学者和专家组织研究、讨论并制定一个涵盖全面的《控制温室效应国家计划》。为了顺利完成自身温室气体的减排任务，也为了促进整个欧盟减排工作的尽快开展与落实，法国政府于 2000 年 1 月 19 日正式推出了《控制温室效应国家计

---

① 刘彦随、刘玉、郭丽英：《气候变化对中国农业生产的影响及应对策略》，《中国生态农业学报》2010 年第 4 期。

② 中华人民共和国科学技术部：《国际科学技术发展报告》，2009，科学出版社，2009。

划》。该计划是欧盟各国制定的第一个国家级的全面控制温室效应的行动计划，它的出台不仅对法国本身温室气体减排工作起到了非常关键的指导和促进作用，而且对于整个欧盟甚至世界其他各国的减排工作无疑也将产生十分重要的影响。

《控制温室效应国家计划》确定的目标是在 2008～2012 年，将《京都议定书》中规定的二氧化碳（CO_2）、甲烷（CH_4）、氧化亚氮（N_2O）、氢氟碳化物（HFC_S）、全氟化物（PFC_S）、六氟化硫（SF_6）六种温室气体排放总量限制在 1990 年的 1.44 亿吨当量碳以下，亦即减排任务为 1600 万吨。总体来说，该计划内容丰富、结构清晰、措施明确，具有相当强的可操作性。《控制温室效应国家计划》尤其对工业、交通、建筑、农业与林业、废物、能源、制冷剂等领域的温室气体排放现状及前景、前期已经落实的措施和下一步拟采取的行动都做了详尽的描述和规定，同时还对各领域每项措施的减排成效进行了预期评估。在农业与林业领域，鉴于人们对农业领域温室气体的排放潜力及其减排措施了解甚少，该计划指出，首先将启动一个旨在加深认识的研究开发计划，其重点将放在反刍类动物肠道发酵的限制、土壤的排放及吸收，以及生物质燃料替代化石燃料方面。其次，对于农用土地森林化将进一步加强资助。同时，通过对木炭和木材经济效益的专项研究，在高等院校特别是建筑类院校和科研究机构设立木质能源和材料的相关专业和课程来提高人们认识水平，并付诸应用[1]。

（2）俄罗斯的新农业发展规划

2007 年俄罗斯政府颁布了《2008～2012 年农业发展、农产品市场调节、农村发展规划》。该规划关于农业发展有以下几项目标：一是农村可持续发展目标，评价指标为农村就业率和农村生活水平；二是农业生产竞争力目标，评价指标为农业现代化和农产品环保提高水平；三是农业发展目标，评价指标为自然资源保护和生态环境恢复水平。俄罗斯政府在 2007～2012 年 5 年内累计拨款 1.1 万亿卢布支持上述目标的实现，扶持其中关键环节，对农业发展涉及的科技创新加以重点资助。

---

[1]　李干杰：《法国推出控制温室效应国家计划》，《世界环境》2000 年第 3 期。

（3）日本的新农政策

2008 年日本农林水产省的食品、农业和农村政策推进部发布了《21世纪新农政 2008》报告。报告以农业人才培养、农耕政策改革为途径，以农业尖端科技和农业知识产权为保障，力争达到提升农业生产实力和食品供应能力的目标。报告还强调，应加快对农村生物质能源的灵活利用，扩大本国生物燃料的生产[①]。

（4）印度的国家行动计划

由于《京都议定书》规定的碳汇及其他各项产品和服务市场并不尽如人意，印度站在发展中国家的立场发布了《气候变化国家行动计划》并在全球"清洁发展机制"（CDM）扮演着重要的角色。到 2009 年为止，印度的节能减排项目占全球总量的 20% 左右。中国可以借鉴印度的减碳排的经验启示，以应对气候变化，为发展本国气候智能型农业提供参考。

2008 年 6 月 30 日，印度发布了《气候变化国家行动计划》，要求本国可持续发展必须建立在环境友好、生产高效、节能减排的基础之上，这一要求的实施先于《京都议定书》规定的"清洁发展机制"（CDM）。印度政府认为可再生能源的开发和能源利用效率是温室气体节能减排能否成功的核心关键因素。可循环能源的利用是印度政府关注的重大事项，汽车尾气的排放也同样受到了排放标准的严格控制。印度政府通过税收、补贴等积极的财政政策和行政审批程序的简化，加大能源性企业的引进力度等非财政政策引导节能减排的环保行动。在机构设置方面，印度有专门负责可循环能源利用的"非条约性能源部"这一独立政府机构和为推广可循环能源项目募集资金的发展协会。

印度可循环能源机构为相关项目提供贷款、财政补贴等优惠措施，金融机构则有相应的利率补贴，这些优惠措施促进了可循环能源的大力发展，收益良好，经济效益明显。同时为了防止道德风险，金融机构可将应用于可循环能源产业的优惠贷款及其他优惠政策全部收回。这些举措均可供我国金融机构参考和仿照实施[②]。

---

① 李晓燕：《低碳农业发展研究——以四川为例》，经济科学出版社，2010，第 62～63 页。
② 郭冬梅：《印度低碳经济对策对中国的启示》，《东南亚纵横》2010 年第 4 期。

二　国外气候智能型农业探索

（1）美国的农业碳汇管理

美国农业应对气候变化的实践从农业碳汇度量标准、农业土壤碳汇法案推进、农业低碳耕作管理方式创新、碳交易平台搭建、农业低碳科技研发和低碳农业发展的资金与技术保障六个方面展开，具体情况如下。

一是设立农业碳汇度量标准。美国很多州都制定了碳减排标准和规则，并在程序上对温室气体的排放加以规范。从长远角度看，这种举措具有重要意义，规则的统一一致才能保证交易的公平性。美国筹备成立"环境服务标准委员会"，设立《农业土壤管理碳汇度量标准》，筹建温室气体交易机制，具体申报及注册系统的建立工作由农业部负责，农业部还需负责提供相应的财政和技术支持。标准委员会主席由农业部部长担任，委员会成员则是能源、内务、商业、交通和环保等相关职能部门的"一把手"。

2007年初，农业部拨付5000万美元的经费支持大学和研究人员辅助农业部制定标准，同时计划引入市场机制，将水质、温室气体和农业湿地等环境因素纳入量化评估体系。在这一过程中，标准制定的科学性和实施的可行性非常关键。美国环保协会的经济学家扎克·威利指出：量化结果的准确性和操作程序的经济性同等重要，且应当保持平衡。2007年6月，美国环保协会和杜克大学联合发布了《农业林业低碳经济应用》文件，"杜克标准"这一全球第一部关于农业碳排放交易的核定标准和操作手册问世。政府间气候变化专门委员会（IPCC）对该标准的认可度与采纳情况，成为其能否作为全球关于农林业碳排放交易（CDM）的首部统一强制性标准①。

二是推进农业土壤碳汇法案。土壤碳汇法案要求火电厂商、炼油厂商及其他特定生产厂商的碳排放量减少63%，这一减排标准应在40年内符合，但允许上述厂商通过交易调节"碳排放配额"的余缺。根据美国相关项目报告，按照碳指标的价格衡量，每年土壤碳汇带来经济利益的价值为26亿～243亿美元，农业碳汇市场潜力巨大，且对温室气体减排具有巨大

---

① 李晓燕：《低碳农业发展研究——以四川为例》，经济科学出版社，2010，第59～60页。

的推动作用。根据该法案总量控制的目标和制定的交易政策，污染者必须为排放的 CO_2 支付一定的代价。该法案赋予美国本国农林业和海外农林业的排放指标皆为 15%，根据无党派国会预算办公室的报告，农业生产方式的变化可在未来的 50 年内使美国土壤的碳汇量上升到 500 亿吨左右。仅 2005 年一年，爱荷华州、内布拉斯加州和堪萨斯州的农业碳汇碳指标交易额就达 38 万美元，这些指标已经通过市场交易的方式出售给相关企业[①]。

三是创新农业低碳耕作管理方式。土壤碳库不仅在陆地生态系统碳库名列前茅，在全球碳库中的地位也是首屈一指，全球土壤有机碳（SOC）储量是大气碳库的两倍，约为 15500 亿吨，这其中农田土壤碳储量最大。为此，美国主要采取三大手段管理农业储碳功能。其一是利用免耕方法储存土壤有机碳。免耕耕作又称保护性耕作，美国通过保护性耕作与休耕相结合的方式使长期耕作及土壤风化腐蚀的土壤得以重新吸收、存储有机碳。对休耕的土壤也通过地表覆盖植被的形式增加有机碳的储量。在东南部地区采用降低耕作强度与幅度的方式减少对土壤的物理性扰动，提高土壤中的有机质比例和土壤结构的稳定性。其二是加强耕地管理。通过先进的农业技术使温室气体的排放量明显下降，具体措施包括选用固碳能力强的农作物及固碳植物的轮作制度达到产量增加与土壤固碳能力的双重提高的效果，施用氮肥补充作物养分的同时提高土壤的固碳能力，减少化肥、杀虫剂的使用等[②]。其三是强化粪便管理。通过技术手段使 CH_4 不能从粪便池中溢出或吸收已经排放的 CH_4 等多种手段减少 CH_4 排放，同时采用厌氧出水的技术手段将 CH_4 作为可再生资源加以最大化利用，这些举措的共同作用将使温室气体排放量下降 25%，所需的时间为 10 年。美国将废物转化为可再生能源加以重复利用，将动物粪便等废物产生的沼气通过厌氧消化器转化为发电机燃料，从而加大电力的供应。

四是搭建碳交易平台，推广农业碳汇项目。2003 年，包括福特和杜邦等在内的 14 家公司和机构联合成立了芝加哥气候交易所（Chicago Climate Ex-

---

① 佚名：《美国农业法案开始修订，提出设立碳汇度量标准》，人民网，最后访问日期：2014 年 8 月 16 日，http://env1.people.com.cn/GB/6015057.html。

② 美、加低碳农业考察团：《美、加低碳农业发展及经验借鉴》，《江苏农村经济》2011 年第 8 期。

change，CCE），该交易所是全球首个且北美地区唯一的自愿性参与温室气体减排量交易的市场交易平台，也是唯一的对减排量承担法律约束力的先驱组织。芝加哥气候交易所以"市场机制解决环境问题"为经营信念，以"控制地球温室气体的排放"为经营目标。目前已有 200 余家公司加入该交易所。

芝加哥气候交易所的加入遵循自愿原则，但加入后必须承诺分别在 2006 年之前和 2010 年之前，通过减排措施或者购买补偿项目的减排量的方式，使温室气体排放量下降 4% 和 6%。完成减排指标的主要方式是公司改造落后的生产设备、采用先进的工艺进行生产，辅助方式则是通过购买碳汇指标实现应有的减排目标，但通过辅助方式完成的减排指标不能超过目标减排量的 50%，因为制定指标的目的是敦促公司通过努力减少二氧化碳的排放[①]。

2003 年开始，芝加哥气候交易所成为美国推广农业碳汇项目的重要舞台，为农民与企业或大学进行碳减排指标的交易搭建平台，前者通过农业生产方式的改进减少温室气体排放，增加土壤的碳储量，获得可供交易的碳减排指标。美国农业局管理公司和农场主联合会积极帮助有意愿实施免耕的农民签订合同，并帮他们在芝加哥气候交易所进行碳交易。美国国家农场主联合会碳汇项目的负责人戴夫·埃内森指出，农业生产方式的改变可以减少碳排放，故而农业温室气体减排的成本远远低于其他产业的温室气体减排，增加农业温室气体减排可以弥补其他方面温室气体减排的不足。芝加哥气候交易所要求碳汇项目的参与时间是 5 年，这使 1200 多农户获得了免耕的收益，2007 年，芝加哥气候交易所的碳交易额为 200 亿美元[②]。

五是加强农业低碳科技研发。美国各州用于农业科技的科研经费超过农业部总科研经费的 50%。以 2009 财政年度为例，农业研究局（ARS）承担美国农业部绝大部分基础和前沿的农业科学研究[③]。

---

① 李晓燕：《低碳农业发展研究——以四川为例》，经济科学出版社，2010，第 55~56 页。

② 王淏：《美国蒙大拿州农民通过碳交易增收》，搜狐网，最后访问日期：2014 年 8 月 8 日，http://news.sohu.com/20070806/n251435506.shtml。

③ 美国农业部对科技创新活动的主要安排分为两部分，一部分是联邦研究机构的研究开发活动，由联邦研究机构——农业研究局（ARS）承担，另一部分是与各州的合作研发活动以及技术推广活动，主要由合作研究、教育和推广局与各州具体协商实施。

六是重视低碳农业发展的资金与技术保障。美国政府用于实施土地退耕计划的资金占农业资源保护资金的一半，这项政策自 1985 年开始实施[①]。截止到 2002 年，美国联邦政府的资源保护专项资金绝大多数都用于实施该计划。2002～2007 年，美国在农业资源保育计划中的投资高达 220 亿美元，项目涵盖了土地休耕、农田水土、湿地保护、草地保育、农田与牧场环境激励等方面。2008 年美国通过的《食物、保护和能源法案》规定 2008～2012 年对农业予以高达 2900 亿美元的补贴[②]。2011 年美国农业部国家粮食与农业研究所（NIFA）投入 5300 万美元用于应对气候变化问题，涉及从粮食作物、动物产品到林业、害虫管理等共计 13 个项目，可以帮助农民、大农场主和林业工作者就如何减少气候变化影响、增加自身适应能力等问题做出正确决定[③]。

（2）加拿大的农业耕作改革

与美国做法类似，加拿大对传统农业耕作制度进行了改革，也实施保护性耕作。保护性耕作比传统耕作更能增加土地肥力，节省耕种成本，经济效益明显，同时通过减少秸秆焚烧的方式减少温室气体排放，促使农业可持续发展。相关研究显示，与传统耕作相比，保护性耕作可节省柴油 48kg/公顷，提高土壤 0.03% 的有机质，减少 10% 左右的化肥投入量，与焚烧的方式处理秸秆相比，可减少 30% 的 CO_2 排放量[④]。随着保护性耕作制度的有效实施，加拿大温室气体的排放量减排明显，由于石油消耗量的下降及耕作成本的减少，保护性耕作地区的温室气体排放量显著减少。混合作物轮流耕作区域的温室气体排放量也小于玉米连续耕作区域。退耕还林和植树造林制度的实施减少了温室气体排放，吸收了更多的温室气体，保护了碳源，提升了碳积储容量。

此外，加拿大还采用主要农作物与豆科作物轮作的方式提高土壤碳汇

---

① 尹红：《美国与欧盟的农业环保计划》，《中国环保产业》2005 年第 3 期。
② 张锋：《美国、欧盟农业补贴政策的演进与发展趋势》，《山东省农业管理干部学院学报》2010 年第 4 期。
③ 苏杰西：《美国农业部划拨资金用于缓解气候变化影响》，中国气象报社，http://www.cma. gov.cn/qhbh/newsbobao/201108/t20110812_101274.html。
④ 美、加低碳农业考察团：《美、加低碳农业发展及经验借鉴》，《江苏农村经济》2011 年第 8 期。

能力和减少 N_2O 的排放，其科学原理一是豆科植物对氮肥的要求较低；二是采用作物轮作方式使后作作物提取前作作物未使用的速效氮，具体操作方式是在连片种植的农作物间，或两排林木、蔓生作物之间搭建临时性的植被覆盖物。

（3）澳大利亚的农业温室气体排放控制

澳大利亚主要是通过对农业温室气体的排放进行管理来实现农业的低碳化发展的。首先，是对农业 CO_2 排放的控制。澳大利亚通过灌溉半干旱农地促进作物生长的方式，将碳源保存在植物体当中（碳净存量计算时扣除灌溉过程能源消耗产生的温室气体排放量及土壤中增加的碳酸钙的含量）；通过人工干预的方式将闲置的农田变更为自然生态系统，提高碳存储量；通过多年生农作物及生物质能源植物的培育，减少化石能源的消耗；通过"适度林耕措施"取代人工林，降低经济成本的同时提高土壤的碳储存能力。

其次，是对农业 N_2O 排放的控制。由于农作物无法完全吸收肥料、生物固休中的氮元素，为了避免未被吸收的氮元素转化为 N_2O 排放到空气当中，澳大利亚通过养分管理，提高农作物对氮元素的吸收能力，减少 N_2O 的排放。农作物对氮元素吸收能力的提高还可以间接地减少氮肥的生产，氮肥生产的减少亦可进一步降低温室气体的排放量。澳大利亚提高氮肥利用率的做法包括：在精确估计作物需求量基础上调整使用比率（如精准农业）；利用不同控释或缓释形态或硝化抑制剂，在作物吸收之前且氮肥流失量最小的时候对作物施肥等。此外，澳大利亚还对退化地恢复进行管理，即对退化地采取恢复植被，提高固碳能力，增施肥料、减少耕作、保护有机物残留和节约用水等方式不断恢复土地的生产力及储碳、固碳能力，当然，在计算农业碳汇时，应把这些措施引发的 N_2O 排放从碳汇效果中扣除。

最后，是对农业 CH_4 排放的控制。澳大利亚农业排放的温室气体约占全国温室气体排放量的16%，而农业排放的温室气体中有66%来自畜禽内脏中的 CH_4。故而减少畜禽内脏中 CH_4 的排放可以有效减少温室气体的排放，这一目标可以通过减少畜禽营养补充品的供应、进行适度放牧以及根据畜禽的特点采取相应的饲养培植方式的途径实现。

澳大利亚通过使用浓缩饲料和替代饲料的方式有效减少 CH_4 的排放，每千克浓缩饲料的 CH_4 排放量少于普通饲料，且畜禽对每千克浓缩饲料的采食量在减少。浓缩饲料对 CH_4 排放的净效果与畜禽数量减少或被屠宰的情况有关，也与该做法对土地使用的影响、畜禽粪便中氮元素含量、浓缩饲料的生产和运输过程中温室气体排放量有关。替代饲料则是用含油量高的饲料、高质量的牧草来替代普通饲料减少 N_2O 的排放量[①]。

第二节　国外农业气候指数保险的实践

一　发达国家的实践

气候变暖深刻影响着人类的生存，其主要表现在于通过对农业生态系统、水资源以及温度等的影响，而制约农业的快速发展和可持续进步。为应对全球气候变化，发展气候智能型农业至关重要。发展气候智能型农业无疑需要建立健全预警和保险体系帮助农民应对气候变化，降低频繁发生的气候灾害对各国农业地区的危害影响[②]。

农业气候指数保险又称为农业天气指数保险，出现于 20 世纪 90 年代后期，是将气候衍生品应用到农业保险领域，把直接影响农作物产量的气候条件的损害程度指数化，用以签订合同、确定赔付标准并提供赔偿的一种农业保险创新产品。这种新型农险产品不同于传统农业保险产品或模式，是以客观的气象要素阀值作为理赔依据。此类气象要素包括温度、降水、光照和风速等天气事件，与被保险作物产量或收入高度相关，通常由国家气象部门提供。值得强调的是，其理赔依据不再是传统农业保险产品中的气象灾害导致的实际损失，而是基于一个外在的、独立的变量，如区域平均单位面积产量（单产），或一些客观的天气事件，如温度、降水等，这些变量与农场损失高度相关，不会被"投保人"所左右。因此，农业气候指数保险能很好地克服传统农业保险难以解决的问题，如逆向选择（容易受损的农户才会选择购买保险）和道德风险（农户不积极耕作和救灾），同时它还具有管理成本低、

---

① 曾以禹、陈卫洪、李小军：《国外发展低碳农业的做法及启示》，《世界农业》2010 年第 10 期。

② 佚名：《粮农组织呼吁发展气候智能型农业》，中华人民共和国农业部，最后访问日期：2012 年 8 月 12 日，http://www.moa.gov.cn/ztzl/FAO/201011/t20101126_1780572.htm。

合同结构标准透明、有再保险功能等优点。不同时期的降雨量、刮风的持续时间和风速、台风的发生频率和风速，各种气温测度、海温、与厄尔尼诺和拉尼娜有关的 ENSO，包括地磁暴等空间天气事件均可作为气候智能型农业保险产品的评估与测量指数[1]。农业气候指数保险制度体现了气候智能型农业政策的高效性，是应对气候变化应急机制的重要组成部分，是发展气候智能型农业必不可少的保障措施，世界各国都进行了积极探索，尤其是一些发达国家的实践经验值得学习和借鉴。

美国气候智能型农业保险产品由美国农业保险公司提供，主要针对玉米的降雨量；加拿大气候智能型农业保险产品则由加拿大农业金融服务公司提供，采用以湿度为天气标量的评估与测量指标。

加拿大算是最早实践指数保险产品的国家[2]，也是发达国家中农业气候指数保险推广较好的国家。2000 年，加拿大农业金融服务公司采用农业气象学的玉米热量单位（CHU）指数开展了灌溉谷物玉米和青贮玉米低温保险业务。

拥有"北美粮仓"美誉的加拿大艾伯塔省是农业保险推广的重点地区，该地区的保险产品包括农作物保险、气候指数保险和其他类型的保险产品。气候指数保险产品针对的是该区域的空气湿度，保险公司在该区域的累计湿度与正常水平的差值超过一定的范围时向投保人支付保险金。该险种的设计综合考虑了温度、湿度与农作物生长之间的直接关系，是否达到保险金赔付标准主要通过以下三个途径予以认定：一是卫星云图检测，若卫星云图对某指定区域累计湿度的检测结果低于正常湿度的 90%，保险公司应当赔付保险金；二是降雨量测量，农场主选择农作物生长过程所经历的不同月份作为保险期间，若气象部门在保险期间监测到的降雨量低于正常降雨量的 80%，保险公司则应支付保险金；三是温度监测，监测期间为 5 月 15 日开始至当年第一次霜降为止，若在监测期间内该区域累计温度低于正常温度 2℃或以上，保险公司应承担赔付保险金责任[3]。

---

① 刘布春、梅旭荣：《农业保险的理论与实践》，科学出版社，2010，第 230～252 页。

② 庹国柱、王芳华：《中国农业保险发展报告》，中国农业出版社，2011。

③ 张宪强、潘勇辉：《农业气候指数保险在发展中国家的实践与启示》，《社会科学》2010年第 1 期。

二　发展中国家的实践

与发达国家相比，发展中国家农业人口的比例更大，由于受到技术、资金等多方面因素的制约，难以形成规模效应，故而气候风险带来损失的可能性更大，农业气候指数保险更具有应用价值，也得到了大力的推广和发展。世界银行一直在积极推动并帮助发展中国家把天气指数保险应用于农业、解决农业风险问题。自 1988 年以来，世界银行先后在尼加拉瓜、摩洛哥、印度、乌克兰、埃塞俄比亚、马拉维和秘鲁等发展中国家开展天气指数农业保险产品研发及试点工作①。其中，墨西哥和印度在开展天气指数保险时最具有创新性②。

2002 年，发展中国家首个农业气候指数保险计划在墨西哥成功实施。鉴于该国农业极易受到干旱和洪涝的影响，墨西哥把这两者作为风险事件，支持研发了以降雨量为指数的天气指数保险产品，并使用应急资金来弥补天气指数保险未能赔偿的剩余损失③。同时引入相互保险和再保险机制分散保险公司的风险。2001 年，墨西哥农业保险计划利用天气市场对它们的多种农作物保险进行再保险，并且还与相互保险基金合作来实施天气指数保险。相互保险基金购买天气指数保险，然后再决定向它们的成员提供什么类型的相互保险，不过这种努力仍处于早期尝试阶段。

农业气候指数保险的推广和应用在印度发展得非常迅速。政府也从各方面对此项目的实施加以广泛支持。财政部门在 2007～2008 两年内共投入 10 亿卢比进行项目推广，农业部门则建议开发气候指数保险作为传统农业保险的替代品④。事实上，印度早在 1920 年就研发了指数保险，其最大的创新之处是将指数保险和微型农村金融机构连接起来。2003年，印度的 ICICI Lombard 保险公司首次向农民提供一种天气指数保险，

① The World Bank Agriculture & Rural Development Department. Innovation in managing production risk［R］. The World Bank，Washington，DC，2005.

② 张惠茹：《指数保险合约——农业保险创新探析》，《中央财经大学学报》2008 年第 11 期。

③ 王宁宁、陈盛伟：《气象指数保险在发展中国家的实践与启示》，《新疆农垦经济》2011年第 1 期。

④ 方俊芝、辛兵海：《国外农业气候保险创新及启示——基于马拉维的经验分析》，《金融与经济》2010 年第 7 期。

该保险以单一的降雨量为指数。随后，保险产品所覆盖的天气指数也越来越多，扩展到干旱、洪涝、高温、雾、湿度甚至是与天气相关的作物疾病等。作为国家特许专业农业保险人的 AICIL，即时将创新产品移植到自身经营的农险业务框架内并加以推广，相继实行了新险种。AICIL 对印度天气指数保险的推广普及起到了非常重要的作用，反过来它也成为印度政府支持型农业保险的重要部分①。其他国家农业气候指数保险应用情况见表4－1。

表4－1　农业气候指数保险应用情况

国家（组织或项目）	世行项目启动年份	状态	风险指数	测量指数
尼加拉瓜	1998	2005 年试点	干旱、雨量过多、湿度异常	降雨量
摩洛哥	2000	没有项目	干旱	
印度	2003	3 年销售	干旱、洪涝	降雨量
乌克兰	2002	2005 年开始销售		
埃塞俄比亚	2003	2006 年试点	干旱	降雨量
马拉维	2004	2005 年试点	干旱	降雨量
南非发展委员会	2004	可行性论证阶段	霜冻	
秘鲁	2004	计划 2006 年试点		
蒙古	2004	计划 2006 年试点	恶劣天气	区域性畜死亡率
全球指数保险	2001	概念阶段		

资料来源：The World Bank Agriculture & Rural Development Department. 2005. Iinnovation in managing production risk. The World Bank，Washington，DC；本文有所整理、改动。

第三节　国外气候智能型农业探索的经验总结

一　对气候智能型农业发展模式的经验总结

发达国家如澳大利亚、美国、加拿大、挪威等国进行的具有一定气候智能型农业特点的实践，为我国发展气候智能型农业提供了可供借鉴的经

---

① 王宁宁、陈盛伟：《气象指数保险在发展中国家的实践与启示》，《新疆农垦经济》2011 年第 1 期。

验，值得我们好好总结。

第一是澳大利亚的高效减排模式。澳大利亚在半干旱农地实施高效灌溉技术；采用作物轮作及改良施肥等措施降低碳排放量及提升碳储量；采用浓缩饲料、替代饲料减少 CH_4 排放量；通过精确定位施肥、提高氮肥的利用率，减少 CO_2 排放[①]。我国干旱、半干旱地区农业发展均可在气候智能型农业的理论引导下，大规模实施精准施肥、高效耕作、循环发展、智能预报与减灾的农业发展模式，逐步推动我国气候智能型农业发展。

第二是美国的休耕固碳模式。美国将重点放在土壤固碳能力的提升上，如采取保护性耕作及休耕以重新吸存、储存土壤有机碳。对于休耕的农地，使地表再次覆盖植被，增加土壤有机碳的储存容量。在东南部地区通过减少农地耕作幅度与强度，尽力减轻土壤的物理性波动，提高稳定性，增进了土壤结构中稳固的土壤有机质比例。在耕地管理上，美国通过改进农艺做法，在增加产量的同时产生更高的土壤固碳能力，并通过改良品种、减少对化肥、杀虫剂及其他投入物依赖等做法，显著减少每公顷土地的排放量。在格雷斯网[②]，科学家们正在全力建立一个全国性温室气体排放和土壤碳储量数据库，制定地方性和全国性指导方针，更新网上计算机模型，以评估耕作制度和其他作物管理措施对于温室气体排放的影响；编写科技资料，为联邦和各州的决策者提供指导意见。

第三是欧盟的系统性应对模式。在适应气候变化方面，欧盟主要考虑强化农业生态系统的服务功能，增强农业基础设施的适应能力，协调农业适应气候变化与减排的政策目标，改善生产者适应气候变化的能力；制定改善畜禽养殖、畜禽粪便管理和农业土地利用等领域生产活动的行动计划，发挥欧盟农业部门最大的减排潜力；改善农业土地的使用方式，发展有效的农业土地碳储备的测量、监测和管理体系，以进一步发挥土地的碳储备潜力；评估实施食品碳排放标签的可行性，增强消费者获得气候变化对食品影响方面信息的可靠性；协调政策目标，将农业减排作为未来共同

---

① 郑恒、李跃：《低碳农业发展模式探析》，《农业经济问题》2011 年第 6 期。
② 美国"通过农业化提高碳的吸收减少温室气体网络"。

农业政策的重要组成部分①。欧盟使 60 万公顷农地进行长期休耕，并采取增加农场滩地面积等方式固碳②。

第四是加拿大的农业轮作模式。加拿大农业部门已确定了 96 条不同的适应气候变化的措施，包括：土地的地形变化（11 条），使用人工系统以提高水的可用性和防止土壤侵蚀（29 条），改变耕作制度（21 条），改变农场经营的时间（2 条），使用不同的作物品种（7 条），政府和机构的政策和方案（16 条），新技术的研究（10 条）。运用豆科作物能减少对氮肥投入物的依赖性的特点，把主要农作物与豆科作物适度轮作。实行农地造林制度，充分利用森林系统可提供抵消温室气体排放量的多元途径，诸如减少森林砍伐（保存碳源）、扩大人工造林（提高碳积储容量）、生产生物质能源（抵消石化能源燃烧消耗）等。加拿大改革后的作物耕作制度，有效减少了温室气体排放量。

第五是挪威的"气候疗法"模式。具体来说，一是发展生物炭。生物炭的来源有很多种，比如枯枝和秸秆。富含碳元素的材料在降解过程中，有50% 的碳转变成稳定态，又有 30% 被转化成了油类，剩下的 20% 被当作能量消耗掉了。二是封杀氧化亚氮。氧化亚氮是一种更具温室效应的气体，而农田又是氧化亚氮的排放源。把氧化亚氮转化成土壤的肥力可以说是一举两得，不仅增加了肥力，还可以减少温室气体的排放。农民可以把粪肥长期储存起来，到了农作物生长期再提供。三是限制耕种泥炭土。挪威对耕种泥炭土的行为提出了严格的限制，甚至提倡将泥炭地修复成湿地系统，给植物加以利用③。

二　对气候智能型农业技术及保险的经验总结

气候智能型农业是人类为应对气候变化而提出的新型农业发展模式。生态农业、有机农业、循环农业和低碳农业技术，是推进农业"气候智能

---

① 王凯园：《欧盟农业委员强调共同农业政策未来改革方向》，中华人民共和国商务部，最后访问日期：2012 年 7 月 10 日，http://www.mofcom.gov.cn/aarticle/i/jyjl/m/200811/20081105873249.html。
② 白崇军：《气候变化对欧洲农业的系统影响及对策》，《全球科技经济瞭望》2009 年第12 期。
③ 莉莉莲·艾伊加登、尼尔斯·瓦格斯达德、刘继红·克拉克：《气候变，农业也变——挪威农业应对气候变化带来的挑战》，《自然与科技》2011 年第 2 期。

型"发展的具体措施，各国均在广泛采用。

（1）对气候智能型农业技术的经验总结

第一，是农业种植业减少温室气体排放技术。

一是稻田甲烷减排技术。土壤性质、灌溉方法、施肥量和水分状况等因素左右着稻田甲烷排放。因此，提升施肥与灌溉等技术和管理方法是减少稻田甲烷排放的重要手段。就施肥方面看，对稻田 CH_4 排放有明显抑制作用的施肥方式是只施化肥，但长期使用化肥或过量使用化肥都会严重影响土壤和水稻生长质量。为此，很多国家实验了化肥和沼渣混施肥的方法，不仅效果良好，还可有效地使甲烷排放减少 50% 以上[1]。为此，利用沼渣替代农家有机肥可减少稻田甲烷排放。就灌溉方面看，有实验证明，稻田中水分状况是影响稻田甲烷排放的决定性因素，改变灌溉方法可以改变甲烷菌生存的厌氧环境从而控制甲烷的产生和排放。因此，滴灌、雾灌以及间歇灌是减少甲烷排放的重要农业灌溉方法。此外，水稻选种也十分重要，不同水稻品种可产生 1.5~3.5 倍不等的甲烷排放量。一般情况下，稻田甲烷排放量和水稻的生物总量成反比，生物量大的水稻品种可以把更多的碳固定在水稻植株中，从而减少甲烷排放。因此，种植和选育新的品种是种植业减少甲烷排放积极而稳妥的方法。

二是农田氧化亚氮减排技术。土壤中 N_2O 的产生主要是在微生物的参与下，通过硝化和反硝化作用完成。而影响农田 N_2O 排放的因素主要有土壤类型、作物类型、施肥及灌溉等农业措施和气候因素，如温度、降水、光照等。各国的实践证明：测土配方施肥是种植业由通用型复合肥向专用型配方肥转变的重要手段，是当今世界抑制农田氧化亚氮排放的科学施肥方法之一；与施用普通碳酸氢铵和尿素相比，长效碳酸氢铵与长效尿素能显著减少 N_2O 排放；硝化抑制剂与氮肥一起应用于农业，也可以减少土壤 N_2O 释放[2]。因此，为减少农田 N_2O 排放，可采取测土配方施肥，提高氮肥利用率、避免过量施肥；多施缓释肥和长效肥料，控制短期 N_2O 排放浓

① 李晶、王明星等：《水稻田甲烷的减排方法研究及评价》，《大气科学》1998 年第 3 期。
② 董红敏、李玉娥等：《中国农业源温室气体排放与减排技术对策》，《农业工程学报》2008 年第 10 期。

度；施用硝化抑制剂来减少农田土壤氧化亚氮排放等技术和方法。

第二，是农业养殖业减少温室气体排放技术。动物排放的甲烷是动物采食的饲料在其消化道内正常发酵所产生的。动物肠道发酵导致的甲烷排放量与动物类型、动物年龄、动物体重，饲料质量和采食水平有关。反刍动物（如牛、羊）和一些非反刍动物（如猪、马）均排放甲烷，但因反刍动物消化道中的特殊微生物能分解纤维素，所以反刍动物是最大的甲烷排放源。因而，减少动物甲烷排放可以通过改善饲料质量和提高动物生产力以及合理处理动物粪便来实现。秸秆纤维素含量高、能量含量低，是反刍动物饲养的主要草料，但也因在胃里停留时间过长，容易排放甲烷。而通过青贮和氨化等措施处理秸秆，可以有效提高秸秆的适口性和消化率以及饲料利用率，从而减少动物甲烷排放。此外，动物饲料的精粗比，也会影响反刍动物甲烷排放量，粗纤维水平过高的饲料也会导致进食的动物甲烷排放更高。因此，推广秸秆青贮、氨化，以及合理搭配日粮尽可以降低单个动物的甲烷排放量。

值得强调的是，一些国家试验成功了多功能舔砖或营养添加剂减少甲烷排放的方法。澳大利亚等国的试验结果显示，使用以尿素、矿物质、微量元素、维生素等为主要成分的多功能舔砖，可提高日增重10% ~ 30%，相对减少单位畜产品的甲烷排放量10% ~ 40%[①]。此外，还可以通过添加莫能菌素减少瘤胃中甲烷菌的数量从而减少甲烷产量。

第三，是畜禽粪便的处理技术和方法。由于畜禽排泄物中存在一定数量和种类的微生物，排出体外的畜禽粪便在储存和处理过程中均可排放甲烷，因此，减少粪便甲烷排放的主要原理应该是减少粪便液体贮存时间和过程，并通过厌氧发酵回收甲烷，这就是沼气工程的贡献。沼气工程是指通过畜禽粪便和污水的厌氧消化、制取沼气和治理污染的全套工程设施。回收的沼气可作燃料使用，替代化石燃料等常规能源，用于炊事、采暖、照明，也可用做发电和动力燃料。此外，国外试验研究提出改湿清粪为干清粪，以及通过覆盖等手段改变粪便贮存方式来减少甲烷排放量。厌氧环

① Leng, R A. Improving Ruminant Production and Reducing Methane Emissions from Ruminants by Strategic Supplementation [R]. Washington, DC, EPA, 1991, 105.

境是粪便甲烷产生的先决条件，通过干清粪和固体液体分离改变清粪方式，不仅可以减少污水产生量，而且能提高粪便收集率，减少进入厌氧环境的有机物总量，从而减少甲烷排放。在粪浆贮存过程中添加覆盖物也被证明是减少温室气体排放经济有效的方式之一①。

第四，是农业固碳技术。生物固碳技术已经在很多国家得到应用，相关经验值得我们学习和借鉴。一是生态系统管理和保护性耕作技术。这一技术的应用首先是通过生态系统管理技术，加强对农、牧、林、渔业的管理，从而保持生态系统的长期固碳能力。其次是通过推广应用保护性耕作技术和发展立体农业及低耗能高产出的设施农业，充分挖掘土、水、光、热等资源的利用潜力，提高耕地的综合产出效率。2004年，欧盟有机农业的耕作面积为540万公顷，生物能源作物耕作面积达140万公顷，并有60万公顷农地长期休耕②。二是旱田节水技术。有针对性地推广旱田节水农业栽培技术和耐旱性强、产量高的农作物品种，提高自然降水的利用率，从而提高旱地综合生产能力。三是扩大碳库技术。固碳能力的大小与土地利用方式及种植的品种有很大的关系，通过改变土地的利用方式，改进选种、育种方法和种植技术，提高种植物的产量，从而增加固碳能力。四是集约型生态养殖技术。积极推广绿色复合生态养殖技术，实现绿色高效生态立体养殖，循环合理利用资源，降低饲料和能源消耗。在内地和沿海滩涂合理利用水面资源，开发和推广高效的生态水产养殖技术。五是再生资源循环利用技术。通过农村沼气、太阳能、风能、生物能源等技术，实现可再生资源的开发与利用。综合开发农村作物秸秆产业，减少直燃；通过沼气的开发利用，进行生物循环的废弃农业副产品的再生综合利用；改进温室生产技术，更充分和有效地利用光能；加快畜牧业废弃物综合治理和生活垃圾的净化处理，提高农村生产生活副产品的资源循环利用水平③。

（2）农业气候指数保险机制的经验总结

农业气候指数保险制度建设是高效应对气候变化的重要政策之一。世

①　Søren O P, Amon B, Andreas Gattinger. Methane oxidation in slurry storage surface crusts [J]. J Environ Qual, 2005, 34: 455－461

②　郑恒、李跃：《低碳农业发展模式探析》，《农业经济问题》2011年第6期。

③　姜洪军、潘国才：《我国循环农业发展研究》，《农业科技与装备》2012年第2期。

界各国已经进行了一系列卓有成效的理论探索和社会实践，积累了丰富的经验，值得我们借鉴，主要包括。

一是将气候指数保险上升到适应战略层面。指数保险能帮助弱势群体更好地管理气候风险，也可能会成为一个适应气候变化的有效战略。指数保险应作为一种适应战略来对待，不管是为了发展还是为了管理灾害，指数保险都是为了帮助弱势群体或政府来管理气候风险。印度和墨西哥对气候指数保险的推广表明，这一风险管理工具与其他风险管理选项共同起到了相应的作用。作为一种适应气候变化的工具，指数保险有三大潜在用处。面对气候变化，它可以在管理气候风险的全面战略中作为一种风险转移机制而发挥作用；可以作为一种机制来帮助人们获取避免因气候导致的贫困所需要的资源；还可以作为一种降低风险的激励机制。

越来越多的共识表明，指数保险在适应气候变化和促进灾害风险降低方面能够发挥重要作用，且在更广泛的适应策略中有着巨大的潜力。一些举措，如慕尼黑气候保险计划（MCII）提议，在哥本哈根商定结果及《京都议定书》的后续工作中检验了形式上和财政上支持指数保险的方法，这些提议都值得大力支持。

二是多层次建立气象基础设施。对于气候指数保险来说，要取得成功，保险公司和投保人都必须要对指数测量的准确性以及数据不被篡改的安全性抱有信心。为了建立这种信心，基本指数应该由政府或具有公信力的私营机构来测量。在一些发展中国家已有私营机构开始涉足这一领域，如印度就有公司通过自己设立的气象站获取数据，并把数据出售给保险公司提供参考，这表明私营部门也能在其中发挥作用。然而，对于在大多数国家来说，公共投资可能更为重要，政府需要支持本国的气象服务，使得本国能够收集、处理并最终使用这些数据。例如，马拉维玉米指数（MMI）主要是依据马拉维境内 23 个气象站的观测数据，而这些气象站多是政府先后投资建立的①。

---

① Abousleiman, I., and O. Mahul. 2011. "Weather Derivative in Malawi: Mitigating the Impact of Drought on Food Security." Case Study, Disaster Risk Financing and Insurance (DRFI), Global Facility for Disaster Reduction and Recovery (GRDRR). Washington, DC: World Bank (Accessed February 29, 2012).

　　三是完善的数据库建设。保险公司计算保险费率要遵循大数法则，必须要有充分的数据支持。风险的发生频率决定了数据的数量。对于频繁发生的气候事件，保险公司设置初始费率所需要的数据相对少一些，20 年的数据可能足够了。而对于发生频率不高的灾难性气候事件来说，30 年或 40 年的数据可能还不够。没有充足的数据来设定保险费率，保险公司要么会拒绝卖保险，要么会针对风险的不确定性而增加保费。因为天气数据具有一定的特殊性，属于公共产品，因此通常都是由政府机构来提供。然而，许多低收入国家发现，投资建设气象局或者维持气象站的网络工作都很困难。为了促进天气指数保险，一些捐赠组织向低收入国家提供资金来扩建气象站。而发达国家的气象数据的时间跨度均较长，大概在 30 年左右。[①]
表 4 - 2 对澳大利亚、加拿大和西班牙三个国家的天气指数来源予以详细说明，三个国家分别定义了天气指数，选择了观测位置和观察年份，在此基础上得出了系统性小麦产量相关系数。

表 4 - 2　澳大利亚、加拿大和西班牙的天气指数来源

	澳大利亚	加拿大	西班牙
定义	墨累—达令河系年径流量	4 月 1 日 ~ 10 月 31 日累计降雨量	4 月 1 日 ~ 10 月 31 日累计降雨量
年份	1978 ~ 2008	1977 ~ 2007	1981 ~ 2011
观测指数位置	国立研究院	萨斯喀彻温省位于 Val Marie 的气象站	巴利亚多利德市位于坎帕斯的气象站
系统性小麦产量相关系数	61%	61%	74%

　　资料来源：Antón, J. et al., A Comparative Study of RiskManagement in Agricultureunder Climate Change, OECDFood, Agriculture and Fisheries Papers, No. 58, OECDPublishing, 2012. http://dx. doi. org/10. 1787/5k94d6fx5bd8 - en.

三　对国外气候智能型农业探索的重要措施总结

　　综上所述，国外对气候智能型农业的探索积累了很多丰富的经验，值

　　① Eugene N. Gurenko, Alexander Itigin, Renate Wiechert. Insurance risk transfer and categorization of reinsurance contracts. The World Bank, Policy Research Working Paper 6299, December 2012.

得我们学习借鉴。

一是先进理念推动。人类在城市化和工业化进程加快的过程中，面临着日趋严峻的环境、资源问题的挑战，可持续发展战略已经成为全人类的共识。传统农业对社会效益的认识落后于对经济效益的认识，而单纯追求经济效益就可能导致对生态环境的破坏、对资源的过度掠夺、对人的身心健康带来危害，最终会影响到经济效益的提高。而气候智能型农业的发展则是对农业经营理念的全新认识，绿色食品的研发和生产、化学物质的限制使用、生态优化技术的应用形成了"循环、绿色、一体、和谐"的生态系统，促进气候智能型农业的迅速发展。

二是政府给予大力扶持。各国气候智能型农业发展程度虽有差异，但都离不开政府全方位的大力支持。首先是政府的政策支持。气候智能型农业所需要的基础设施，如农业环境的净化、各项生态设施等属于公共物品，具有非排他性和非竞争性特点，建设周期和盈利周期也较长。由于气候智能型农业的特殊性质，其发展速度高度依赖于政府的政策支持。走在气候智能型农业发展前列的国家，其相关的法律法规较为完善，政府对环境、生态和资源利用的政策扶持力度较大。其次是政府的财力支持。气候智能型农业建设周期和盈利周期较长，资金和技术缺口较大，离开政府的财力支持则很难取得显著成效。发展气候智能型农业的国家，一方面通过加大财政补贴的范围和力度、增加专项资金投入的比例和范围、发放优惠贷款和专项贷款等财政和货币手段对此予以资金扶持；另一方面，对生态农业的宣传、信息服务、职业培训、科技研究和推广进行专项投入，这既保证了农民的收入，刺激和调动了农民发展生态农业的积极性，又为生态农业的快速发展提供技术、人才和服务的平台。

三是加强立法管理。丹麦于1991年6月颁布了新的环境保护法（《污染预防法》），自1992年起在广泛征求社会各阶层意见的基础之上制定了废物排放和循环回收的中央和地区性规划。自1997年起，丹麦就采用回收利用的方式替代填埋方式处理可燃性废弃物。目前丹麦环保部已经制定《丹麦2005~2008年废弃物战略规划》。根据丹麦环保部门显示的信息资料，2002年丹麦共排放废弃物1300万吨，其中有330吨有毒有害废弃物，工业废料、建筑垃圾和生活垃圾约各占1/3。根据国际环保产业促进中心

2005 年的报告，近年来丹麦废弃物的产生和排放量趋于稳定，但废弃物回收利用的比例有所提高，填埋处理的比例同步降低。

荷兰对环境保护问题的重视非同寻常，环境立法体系的完备程度令人耳目一新。荷兰国土仅 4 万平方公里，各产业因较早的工业化进程而发展齐全，故而环境问题比较复杂。尽管如此，荷兰环境立法却非常全面。从 20 世纪 60 年代开始，大批与环境有关的法律法规出台，从污染控制到自然资源保护等全方位多角度覆盖，法律体系完整。代表性法律法规有《地表水污染控制法》《地下水法》《海域污染控制法》《空气污染防治法》《土壤污染治理法》《危险物质法》《化学废料法》《杀虫剂法》《噪声治理法》《废弃物污染防治法》《核能法》等。1995 年荷兰《环境管理法》出台，这部综合性法律的制定和实施是荷兰多年环保实践经验有效积累的硕果。

荷兰政府对环境保护的重视还体现在水资源管理上。水委员会在中央、省级和地方政府中均存在相应的机构，职能则是地表水的水量和水质监测管理、大坝等水利设施的维护与修理、污水净化工作和航运河道的管理和疏浚工作等。而生活垃圾的处理则是采用综合措施，以预防措施为主，尽可能减少垃圾产生；以垃圾资源化利用为辅；对无法循环使用的垃圾则实行焚烧和填埋处理[①]。

从思想上、制度保障上充分体现气候智能型农业实践和发展，我国应尽快制定适合国情的气候智能型农业法律法规，通过法律明确政府、企业、农民在气候智能型农业发展中的权利和义务，综合规划农业资源利用和产业低碳发展的方向，制定切实可行的政策及实施细则并加以落实，将气候智能型农业纳入法制化发展轨道。

四是强大的科技支撑。在气候智能型农业的全面推广和加速发展中，农业技术研究的开展及其成果的应用是不可或缺的技术支持，发展气候智能型农业的国家须从不同的层面予以大力支持。一要加大科研投入。高等院校和科研机构加大气候智能型农业发展所需的遗传、育种、栽培、植保等环节的科研力度。二要注重科研成果转化。要注重生态农业科技成果的转化和应用，如大力培育和发展农业科技企业，扶持创建农业示范基地，

---

① 尹昌斌、周颖：《循环农业发展理论与模式》，中国农业出版社，2008。

通过这些手段加快生态农业科技成果的转化和实践应用。三要加大气候智能型农业科技服务体系建设。推出气候智能型农业气候孵化器，建立科技研发中心，组建专业技术协会等基础设施，加强气候智能型农业品牌推荐、市场推广、行业自律等服务性工作，推动气候智能型农业服务体系建设。

五是健全的标准化体系。生态农业标准化体系是涵盖了技术标准、产品标准、生产过程标准、包装标准等组合的完整体系，该体系是国际农产品市场中的质量标准，督促和规范了气候智能型农业的发展。发达国家利用自身的资金和技术优势建立气候智能型农业标准化管理体系，对气候智能型农业的发展起到了良好的导向作用。一方面要加强气候智能型农业产品生产过程的管理；另一方面要对生产过程的标准化进行技术攻关。此外，还要建立完善的生态农业标准化检测、监测体系和完善的气候智能型农业预警机制[①]。

六是强大的科研投入。从国际经验看，农业技术创新是世界各国农业飞速发展的普遍经验。进入21世纪以来，农业发展迅速的国家在农业技术，特别是低碳化技术方面的投入相对稳定。如英国环境、生物科学研究理事会（BBSRC）在公布的 2008~2011 财年资助计划中，低碳农业预算将从 2007 年的 3.86 亿英镑上升到 2010~2011 财年的 4.71 亿英镑[②]。为此，促进气候智能型农业发展，加大农业科技创新和技术推广的资金投入至关重要。

七是严格的食品安全认证。由于成本、技术等诸多因素，适应气候变化农业的产品在市场竞争力方面相对薄弱，特别是数量和价格方面，政府应当设置相应的食品安全标准和规范引导消费观念的改进，增加适应气候变化农产品的市场需求，引导农户从传统的农业生产向适应气候变化农业产品生产转变。如欧洲零售商协会于 1997 年制定了"良好农业规范"食品标准，明确了农产品的可追溯性、食品安全、环境保护、劳工福利和动物福利等。其中"环境保护"标准实现了农业生产对环境的负面影响降到

---

① 王婷、严卫：《国外生态农业发展对鄱阳湖生态经济区发展的启示》，《价格月刊》2010年第 10 期。

② 中华人民共和国科学技术部：《国际科学技术发展报告 2009》，科学出版社，2009。

最低这一目标，具体手段则是通过农作物用药量、自然资源的使用效率、自然资源的保护情况、野生动物资源的保育情况等指标进行衡量。除此以外，也通过农产品品种与来源、农业生产基地渊源、农业生产过程管理、农业土壤管理、农业肥料应用、农业生产植被保护、废弃物的采集与回收、农业从业人员健康与职业安全等多项指标考核农业生产的行为准则，推动适应气候变化的农业生产。

第四节　小结

气候智能型农业这个概念是2010年才提出的，只有少数国家照这一农业发展理念在实践和实验。但是，气候智能型农业正是在生态农业、有机农业、循环农业和低碳农业等发展土壤中孕育萌生的，而这些农业发展模式各国均已有十几年，甚至几十年的实践，因此，生态农业、有机农业、循环农业和低碳农业等发展模式均为气候智能型农业奠定了良好的发展基础，各国在此类农业发展实践中积累的经验值得我们很好地总结和借鉴。

法、俄、日、印等发达国家和发展中国家在保障低碳农业发展方面进行了有益的开拓，因地制宜地制定本国发展战略规划和发展措施，最具代表性。法国政府于2000年正式推出了《控制温室效应国家计划》，俄罗斯政府于2007年颁布了《2008～2012年农业发展、农产品市场调节、农村发展规划》，日本政府部门于2008年发布了《21世纪新农政》报告，印度政府于2008年发布了《气候变化国家行动计划》。

国外气候智能型农业探索最具典型意义的是美国的农业碳汇管理、加拿大的农业耕作改革、澳大利亚的农业温室气体排放控制等。此外，国际上还进行农业气候指数保险的实践。农业气候指数保险是将气候衍生品应用到农业保险领域的一种保险制度，能够最大效益地保障农民因气候而造成的风险。美国、加拿大、墨西哥和印度等国在开展气候指数保险方面均尝试了一些具有创新性的做法：一是将气候指数保险上升到适应战略层面，二是多层次建立气象基础设施，三是完善的数据库建设。

具有借鉴意义的国外气候智能型农业发展模式主要有澳大利亚的高效减排模式、美国的休耕固碳模式、欧盟的系统性应对模式、加拿大的农业轮作模式和挪威的"气候疗法"模式，这些发展模式为我国发展气候智能型农业提供了可供借鉴的经验。

国外发展气候智能型农业多采用技术手段，通过稻田甲烷减排技术和农田氧化亚氮减排技术减少农业种植业温室气体排放，通过动物饲料加工技术、畜禽粪便的处理技术减少农业养殖业温室气体排放，通过生态系统管理和保护性耕作技术、旱田节水技术、扩大碳库技术、集约型生态养殖技术和再生资源循环利用技术进行农业固碳，借鉴技术手段可加速我国发展气候智能型农业的发展。

从国外发展气候智能型农业的成功经验来看，先进理念推动、政府大力扶持、加强立法管理、强大的科技支撑、健全的标准化体系、强大的科研投入不可或缺，这为我国发展气候智能型农业指明了努力方向。

本章主要参考文献

[1] 李秀香、邓丽娜：《国际气候智能型农业的探索及其启示》，《江西社会科学》2012 年第 9 期。

[2] 李秀香、赵越、简如洁：《我国气候智能型农业及贸易发展研究》，《当代财经》2011 年第 7 期。

[3] 刘彦随、刘玉、郭丽英：《气候变化对中国农业生产的影响及应对策略》，《中国生态农业学报》2010 年第 4 期。

[4] 中华人民共和国科学技术部：《国际科学技术发展报告 2009》，科学出版社，2009。

[5] 李干杰：《法国推出控制温室效应国家计划》，《世界环境》2000 年第 3 期。

[6] 李晓燕：《低碳农业发展研究——以四川为例》，经济科学出版社，2010。

[7] 郭冬梅：《印度低碳经济对策对中国的启示》，《东南亚纵横》2010 年第 4 期。

[8] 佚名：《美国农业法案开始修订，提出设立碳汇度量标准》，人民网，最后访问日期：2014 年 8 月 16 日，http://env1.people.com.cn/GB/6015057.html。

[9] 美、加低碳农业考察团：《美、加低碳农业发展及经验借鉴》，《江苏农村经济》2011 年第 8 期。

[10] 王淏：《美国蒙大拿州农民通过碳交易增收》，搜狐网，最后访问日期：2014 年 8 月 8 日，http://news.sohu.com/20070806/n251435506.shtml。

[11] 尹红：《美国与欧盟的农业环保计划》，《中国环保产业》2005 年第 3 期。

[12] 张锋：《美国、欧盟农业补贴政策的演进与发展趋势》，《山东省农业管理干部学院学报》2010 年第 4 期。

[13] 苏杰西：《美国农业部划拨资金用于缓解气候变化影响》，中国气象报社，http://

www. cma. gov. cn/qhbh/newsbobao/201108/t20110812_ 101274. html。

[14] 曾以禹、陈卫洪、李小军:《国外发展低碳农业的做法及启示》,《世界农业》2010 年第 10 期。

[15] 佚名:《粮农组织呼吁发展气候智能型农业》,中华人民共和国农业部,最后访问日期:2012 年 8 月 12 日,http://www. moa. gov. cn/ztzl/FAO/201011/t2010112 6_1780572. htm。

[16] 刘布春、梅旭荣:《农业保险的理论与实践》,科学出版社,2010,第 230 ~ 252 页。

[17] 庹国柱、王芳华:《中国农业保险发展报告》,中国农业出版社,2011 年,第 241 页。

[18] 张宪强、潘勇辉:《农业气候指数保险在发展中国家的实践与启示》,《社会科学》2010 年第 1 期。

[19] The World Bank Agriculture & Rural Development Department. Innovation in managing production risk [R]. The World Bank, Washington, DC, 2005.

[20] 张惠茹:《指数保险合约——农业保险创新探析》,《中央财经大学学报》2008 年第 11 期。

[21] 王宁宁、陈盛伟:《气象指数保险在发展中国家的实践与启示》,《新疆农垦经济》2011 年第 1 期。

[22] 方俊芝、辛兵海:《国外农业气候保险创新及启示——基于马拉维的经验分析》,《金融与经济》2010 年第 7 期。

[23] 郑恒、李跃:《低碳农业发展模式探析》,《农业经济问题》2011 年第 6 期。

[24] 王凯园:《欧盟农业委员强调共同农业政策未来改革方向》,中华人民共和国商务部,最后访问日期:2012 年 7 月 10 日,http://www. mofcom. gov. cn/aarticle/i/jyjl/m/200811/20081105873249. html。

[25] 白崇军:《气候变化对欧洲农业的系统影响及对策》,《全球科技经济瞭望》2009 年第 12 期。

[26] 莉莉莲·艾伊加登、尼尔斯·瓦格斯达德、刘继红·克拉克:《气候变,农业也变——挪威农业应对气候变化带来的挑战》,《自然与科技》2011 年第 2 期。

[27] 李晶、王明星等《水稻田甲烷的减排方法研究及评价》,《大气科学》1998 年第 3 期。

[28] 董红敏、李玉娥等《中国农业源温室气体排放与减排技术对策》,《农业工程学报》2008 年第 10 期。

[29] Leng, R A. Improving ruminant production and reducing methane emissions from ruminants by strategic supplementation [R]. Washington, DC, EPA, 1991, 105.

[30] Søren O P, Amon B, Andreas Gattinger. Methane oxidation in slurry storage surface crusts [J]. J Environ Qual, 2005, 34:455 – 461

[31] 姜洪军、潘国才:《我国循环农业发展研究》,《农业科技与装备》2012 年第 2 期。

［32］ Abousleiman, I., and O. Mahul. 2011. "Weather Derivative in Malawi: Mitigating the Impact of Drought on Food Security." Case Study, Disaster Risk Financing and Insurance (DRFI), Global Facility for Disaster Reduction and Recovery (GRDRR). Washington, DC: World Bank (Accessed February 29, 2012).

［33］ Eugene N. Gurenko, Alexander Itigin, Renate Wiechert. Insurance risk transfer and categorization of reinsurance contracts. The World Bank, Policy Research Working Paper 6299, December 2012.

［34］ 尹昌斌、周颖:《循环农业发展理论与模式》,中国农业出版社,2008。

［35］ 王婷、严卫:《国外生态农业发展对鄱阳湖生态经济区发展的启示》,《价格月刊》2010年第10期。

第五章　全球气候变化对我国农业生产及贸易的影响

　　我国是一个农业大国，农业仍然是国民经济的主要部门，农业生产关乎社会经济生活的方方面面。气候变化对农业的影响在我国尤其突出。从积极意义讲，全球气候变化应会使我国高纬度地区农产品增产，同时应对气候变化又将导致我国农产品种植制度改革，生产布局调整并逐步合理化，但这是个长期而缓慢的过程。从消极意义讲，短期内由于我国粮食主产区主要位于中低纬度地区，温度升高带来的增产具有不确定性和区域性，而且农业生产与自然灾害、自然减产总是相伴而生，因此全球气候变化给中国农业发展带来的不利影响是主要的，其中也包括对农产品贸易的不利影响。

第一节　中国农业及主要农产品生产情况

一　我国农业生产情况

　　农业是我国国民经济的重要组成部分，也是促进我国经济发展的动力源泉。近 20 年来，我国农业稳步发展，农业生产总值由 1990 年的 4954.26 亿元增加到 2013 年的 51497.37 亿元（见表 5－1）；粮食产量也稳中有升，特别是近 5 年来，粮食产量增加迅速，到 2013 年突破了 6 亿吨大关；虽然粮食种植面积有小幅变化，但是农作物总播种面积基本稳定，近几年由于经济发展的需要和国家政策的改变，农作物种植面积有所增加。

表 5 - 1　1999 ~ 2013 年我国农业生产基本情况的主要信息

指标 年份	农业总产值（亿元）	粮食产量（万吨）	农作物总播种面积（千公顷）	粮食作物播种面积（千公顷）
1990	4954.26	44624.3	148362.27	113465.87
1991	5146.43	43529.3	149585.8	112313.6
1992	5588.02	44265.8	149007.1	110559.7
1993	6605.14	45648.8	147740.7	110508.7
1994	9169.22	44510.1	148240.6	109543.7
1995	11884.63	46661.8	149879.3	110060.4
1996	13539.75	50453.5	152380.6	112547.92
1997	13852.54	49417.1	153969.2	112912.1
1998	14241.88	51229.53	155705.7	113787.4
1999	14106.22	50838.58	156372.81	113160.98
2000	13873.59	46217.52	156299.85	108462.54
2001	14462.79	45263.67	155707.86	106080.03
2002	14931.54	45705.75	154635.51	103890.83
2003	14870.11	43069.53	152414.96	99410.37
2004	18138.36	46946.95	153552.55	101606.03
2005	19613.37	48402.19	155487.73	104278.38
2006	21522.28	49804.23	152149.5	104957.7
2007	24658.17	50160.28	153463.93	105638.36
2008	28044.15	52870.92	156265.7	106792.65
2009	30777.48	53082.08	158613.55	108985.75
2010	36941.11	54647.71	160674.81	109876.09
2011	41988.64	57120.85	162283.22	110573.02
2012	46940.46	58957.97	163415.67	111204.59
2013	51497.37	60193.84	164626.93	111955.56

数据来源：国家统计局．国家数据年度农业数据．http://data.stats.gov.cn/workspace/index；jsessionid=8DBA952331820C00FBEB8EBC928CE580？m=hgnd。

　　我国农业生产总量虽然逐年稳定增长，但是在国民生产总值中所占的比重却有明显的下降趋势。表 5 - 2 是 1980 ~ 2012 年中国农产品产值占国民生产总值的比重。从表 5 - 2 中可以看出，中国农产品产值占 GDP 的比重呈明显下降趋势，从 1980 年的 30%，下降到 2012 年的 10%。

表 5 - 2　1980 ~ 2012 年中国农产品产值占生产总值的比重

单位：%

年份	农产品产值占GDP 的比重	年份	农产品产值占GDP 的比重	年份	农产品产值占GDP 的比重
1980	30	1991	25	2002	14
1981	32	1992	22	2003	13
1982	33	1993	20	2004	13
1983	33	1994	20	2005	12
1984	32	1995	20	2006	11
1985	28	1996	20	2007	11
1986	27	1997	18	2008	11
1987	27	1998	18	2009	10
1988	26	1999	16	2010	10
1989	25	2000	15	2011	10
1990	27	2001	14	2012	10

数据来源：农产品生产指数［DB/OL］.世界银行网站. http://data. worldbank. org. cn/indicator.

造成这一结果的原因很多，其中工业高速增长的"光辉"显然遮挡了农业发展的"星光"。当然农业生产的脆弱性，尤其是易受气候影响的脆弱已逐步暴露，且这一脆弱性有与日俱增之势。为了进一步弄清楚我国农业生产受气候变化的影响情况，必须对我国主要农产品生产情况进行全面摸底。

二　我国主要农产品的生产规模

2013 年 12 月 30 日公布的第二次土地调查结果显示，我国拥有耕地 13538. 5 万公顷，其中东部地区 2629. 7 万公顷，占 19. 4%；中部地区 3071. 5 万公顷，占 22. 7%；西部地区 5043. 5 万公顷，占 37. 3%；东北地区 2793. 8 万公顷，占 20. 6%。全国人均耕地面积 0. 101 公顷，不到世界人均水平的一半，且少于 1996 年第一次调查的结果（1996 年调查结果显示人均耕地 0. 106 公顷[①]）。

---

① 国土资源部、国家统计局、国务院第二次全国土地调查领导小组办公室：关于第二次全国土地调查主要数据成果的公报，中国网，http://www. china. com. cn/zhibo/zhuanti/ch-xinwen/2013 - 12/30/content_31040885. html。

　　可见，我国42%的国土面积处于干旱和半干旱地区的基本现状没有改变。干旱半干旱地区大部分在西部，该地区降水量少，地表蒸发量又大①。受土地和气候条件脆弱性的影响，这些地区农业生产效益波动性较大。

　　种植业在我国农业生产中占有重要地位，粮食作物主要包括水稻、小麦、玉米、大豆等，经济作物则包括棉花、花生、油菜、甘蔗和甜菜等。

　　我国农业的迅速发展是从1978年农村改革开始的。农村土地承包制度解放和发展了农业生产力，推动了农业生产结构不断优化，管理制度不断完善，农业生产尤其是主要农作物生产不断取得飞跃性发展。1978年到2010年，稻谷产量从13693万吨上升到19576万吨，增长约43%；小麦产量从5384万吨上升到11518万吨，增长约114%；玉米产量从5595万吨上升到17725万吨，增长了两倍多；油料产量从522万吨上升到3230万吨，增长了五倍多。此外，大豆也从1991年的1247万吨上升到2010年的1897万吨，增长52%。图5-1是1978~2010年我国主要农产品产量折线。

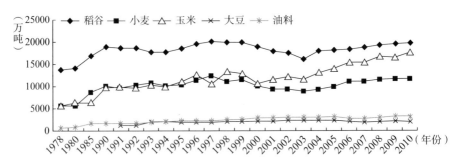

图5-1　1978~2010年我国主要农产品产量折线

　　由图5-1可以看出，这十几年我国稻谷、小麦、玉米、大豆、油料等主要农产品产量保持稳定，总体呈现上升的趋势。

　　随着生产技术的发展，中国粮食、棉花、油菜籽、烟叶、肉类、蛋类、水产品、蔬菜总产量均居世界首位，人均占有量提升显著。2010年上

---

① 王汉杰：《我国干旱半干旱地区的退耕还林还草与高效生态农牧业建设》，《林业科技开发》2001年第1期。

述产品的人均占有量超过世界平均水平,粮食人均占有量为 409 公斤,棉花人均占有量为 4.5 公斤,油、猪牛羊肉、水产品和牛奶人均占有量分别为 24.2 公斤、45.8 公斤、40.2 公斤和 26.7 公斤。通过科学用地、合理分配资源,中国农业完成了在全球 7% 的耕地上,养活全球 1/5 的人口的壮举。

三　我国主要农产品的生产分布

我国传统农产品有 3 个主产区,其一是东北产区,包括黑龙江、吉林、辽宁三省,其二是黄淮海产区,包括河南、河北、山东三省,其三是长江中下游产区,包括江苏、江西、安徽、湖南、湖北五省。这 3 个主产区 11 个省份的农产品产量占全国产量的一半以上。

东北农产品主产区是我国重要的商品粮基地,玉米和大豆的生产在全国占有很重要的地位。表 5 - 3 是东北三省 10 多年的主要农产品产量。

表 5 - 3　2001～2012 年东北三省主要农产品产量

单位:万吨

年份	稻谷	小麦	玉米	豆类	油料
2001	1722.7	120.9	2966.6	729.1	116.9
2002	1697.2	108.8	3468.5	852.6	155.4
2003	1512.4	51.9	3353.4	878.2	163.2
2004	1969.1	95.3	3829.2	916.	130
2005	2011.3	104.6	3979.1	876.4	151.9
2006	2126.1	102.5	4345.7	838.1	159.6
2007	2422.9	75.6	4409.8	570.9	76.4
2008	2602.6	96.2	5094	826.5	128.8
2009	2585.5	121.8	4693.3	735.6	133.9
2010	2870	97.4	5478.1	751.7	197.6
2011	3190.7	108.8	6375.1	716	212.6
2012	3211	74.5	6890.2	566.4	224.1

数据来源:根据 2002～2013 年国家统计年鉴整理而得。

由表 5 - 3 可知,2012 年,该区域稻谷产量 3211 万吨,占全国总产量的 15.7%；玉米产量 6890.2 万吨，占全国产量的 33.5%；豆类产量 566.4 万吨，占全国产量的 32.7%。由此可见东北农产品主产区稻谷、豆类和玉米生产在全国都具有举足轻重的地位。

黄淮海农产品主产区包括山东、河北、河南三省，土地面积占全国 5% 左右，是我国重要的产粮区和商品粮基地。表 5 - 4 是黄淮海的三省 10 多年的主要农产品产量。

表 5 - 4　2001~2012 年黄淮海的三省主要农产品产量

单位：万吨

年份	稻谷	小麦	玉米	豆类	油料
2001	360	5077.6	3743.3	284	893.7
2002	501.6	4895	2356.4	252.4	912.4
2003	359.1	4876.4	3250.9	215.7	834.8
2004	496.1	5118.6	3706.7	251.8	932.8
2005	507.1	5528.6	4227.2	193.8	966.2
2006	586.5	5862	4486.9	194.9	988.5
2007	604.2	6169.5	4820.8	177.1	950.7
2008	609.1	6307.1	4944.6	184	998.6
2009	620.5	6333.1	5020.7	169.8	1010.8
2010	631.8	6371.4	5075.6	167.9	1023.2
2011	638.6	6503	5314.8	174.1	1015.1
2012	645.8	6694.6	5391.8	156.9	1063.3

数据来源：根据 2002~2013 年国家统计年鉴整理而得。

由表 5 - 4 可知，2012 年该区域小麦产量为 6694.6 万吨，占全国总产量的 55.3%；玉米产量 5391.8 万吨，占全国总产量的 26.2%；油料产量 1063.3 万吨，全国总产量的 30.1%。可见，黄淮海地区以小麦、玉米和油料种植为主，其中小麦产量更是占据全国半壁江山。

长江中下游流域粮食主产区包括江苏、江西、安徽、湖北、湖南五省，土地面积占全国总土地面积的 8.45%。表 5 - 5 是长江中下游五省 10 多年的主要农产品产量。

表5-5　2001~2012年长江中下游五省主要农产品产量

单位：万吨

年份	稻谷	小麦	玉米	豆类	油料
2001	8139.7	1686.1	856	378.	1038.6
2002	8078	1502	930.6	409.1	827
2003	7140.4	1436.3	760.2	365.7	905.3
2004	8331.9	1671.6	847.9	359	1066.6
2005	8456.2	1761.6	774.9	324.5	997.7
2006	8711.2	2043	846.6	368.7	987
2007	8835.4	2443.5	775	310.2	791.8
2008	9079.2	2500.4	850.6	323.5	889
2009	9284.9	2521.6	932.2	323.9	997.9
2010	9113.4	2569.9	968.8	319.6	994.2
2011	9393.7	25967	1063.9	307.1	991.4
2012	9552.6	2724.4	1150.1	302.1	1019.2

数据来源：根据2002~2013年国家统计年鉴整理而得。

由表5-5可知，2012年，该地区稻谷产量为9552.6万吨，占全国总产量的46.8%；小麦产量2724.4万吨，占全国总产量的22.5%；油料产量1019.2万吨，占全国总产量的29.7%，可见，水稻生产在该区域有绝对的优势。

总体来看，作为主要粮食作物之一的水稻，其产区主要分布在秦岭—淮河以南、青藏高原以东，水稻面积占全国的95%左右。小麦是仅次于稻谷的第二大粮食作物，产区主要分布在长城以南、六盘山以东，秦岭—淮河以北地区的山东、河南、河北、山西、陕西等省，该区域小麦的播种面积和产量均占全国的2/3以上，素有"麦仓"美誉。玉米则是我国最主要的杂粮，产量居于第三，仅次于水稻、小麦。玉米属高产作物，经济价值较高，且对自然条件要求较低，因而分布很广，各地都有零星种植，但产量最多的则是吉林、山东、河北、辽宁、四川等省份。油料作物的种植面积在经济作物中居首位，主要有花生、油菜籽、芝麻、胡麻、大豆、向日葵等，品种繁多，我国是世界上油料作物种植最多的国家。

第二节　气候变暖对我国农业生产的影响

一　对我国农作物、畜牧业和农业地域的影响

首先，气候变暖对我国主要农作物的影响不尽相同。近几十年来，随着气温的升高，我国的很多农作物都会产生发育期提前和生育期缩短的情况。据有关资料表明，年平均温度每上升 1℃，大于等于 10℃ 积温的持续天数约延长 15 天[①]。气温上升影响特定地区的无霜期，如宁夏的无霜期平均延长 6.8 天[②]，使得春小麦的成熟期和返青期提前，越冬期和全生育期缩短[③]。

气候变暖对我国水稻、小麦和玉米这几种重要的农产品的产量都有影响。气候变暖对不同种类水稻的影响不一样，虽然都会使单季稻、早稻和晚稻的产量降低，但是单季稻和晚稻的降低幅度大些，而早稻的降低幅度较小。对不同区域的影响也有差别，单季稻的减产幅度呈由北向南逐渐增加的趋势；早稻南方稻区的西部地区减产幅度较大，而中部地区减产幅度较小；晚稻则是长江以南稻区的东南部减产幅度较大，而西北部的减产幅度较小；气候变暖对雨养小麦产量的不利影响较大，对灌溉小麦产量的不利影响较小，对冬小麦产量的不利影响较小，而对春小麦产量的不利影响较大[④]；气候变暖将使夏玉米产量降低 5% ~ 7%，春玉米产量降低 2% ~ 7%，无灌溉玉米产量降低 6% ~ 7%，灌溉玉米产量降低 2% ~ 6%[⑤]；张建平等[⑥]以东北地区的玉米作为研究对象，采用 WOFOST 作物模型和 BCC - T63 气候模型，模拟在未来气候条件（2011 ~ 2070 年，2001 ~ 2050 年）变

---

① 杨尚英：《气候变化对我国农业影响的研究进展》，《安徽农业科学》2006 年第 2 期。

② 张智、林莉、梁培：《宁夏气候变化及其对农业生产的影响》，《中国农业气象》2008 年第 4 期。

③ 黄峰、施新民、郑鹏徽：《气候变化对宁夏春小麦发育历期影响模拟》，《干旱区资源与环境》2007 年第 9 期。

④ 张永勤、向毓意、缪启龙等《气候变化对长江三角洲地区水资源供需平衡的影响》，《南京气象学院学报》1999 年第 1 期。

⑤ 王会军、曾庆存、张学洪：《大气中的 CO_2 含量加倍引起的气候变化数值模拟》，《中国科学》（B 辑）1992 年第 6 期。

⑥ 张建平、赵艳霞、王春乙等：《气候变化情景下东北地区玉米产量变化模拟》，《中国生态农业学报》2008 年第 6 期。

化对产量的影响，模拟的结果则是若对目前气候变暖的情形不加遏制，玉米产量将大幅度下滑，严重危害我国的农业生产。

另据 2011 年 4 月 16 日新华网报道，国家社科基金项目"气候变暖对中国粮食安全的影响及对策研究"的负责人王丹基于我国 1979～2007 年的数据，对气候变化对我国农产品产量的影响进行实证分析，研究表明，气候变化给稻谷带来的影响是正面的，且对稻谷增产的贡献高达 8.7%，但是对小麦和玉米的影响都是负面的，且分别导致减产 2.5% 和 3.4%。但是总体来看，近 30 年气候变化给中国带来了正面影响，气候变化对中国粮食增产的贡献接近 3%，但到 2050 年，气候变化将对中国粮食安全形成"严重的负面影响"，使损失率达 11.7%[①]。中国粮食系统在气候变化下是不安全的[②]。

其次，气候变暖对畜牧业的影响也相当严重。高温会使牲畜的体表温度升高，从而导致牲畜食欲下降和生殖代谢能力下降，同时导致牧场生态系统退化，使其载畜量下降。

最后，气候变暖对我国农业生产区域的影响，有消极的也有积极的。20 世纪 50 年代以来，我国几大河流的流量都在下降，北方的部分江河还发生了断流。同时，洪涝灾害也频繁发生，洪灾损失也日趋严重。近 20 年，华北地区频繁发生旱灾，而且范围广、损失大。近年来，西南地区也出现罕见旱灾，而且形成了罕见的秋冬春连旱。由于气候变化，我国海平面也不断上升，风暴潮、干旱、洪水和强降雨等极端气候也对沿海地区造成了很大的影响。

有关研究显示，气候变暖对农作物的种植界线影响有横向和纵向两个方面，横向影响是指气候变暖带来的种植界线北扩，如冬小麦的种植界线从目前的沿长城一线扩大到沈阳—张家口—包头—乌鲁木齐一线。纵向影响则是种植界线向高海拔地区扩展[③]。无论是横向影响还是纵向

---

①　王丹：《气候变化对中国粮食安全的影响及对策研究》，华中农业大学博士学位论文，2009。

②　黄艳：《研究表明近 30 年气候变化给中国粮食生产带来"正面效应"》，新华网/新闻中心，http://news.xinhuanet.com/2011-04/16/c_121311744.htm。

③　云雅如、方修琦、王丽岩等：《我国作物种植界线对气候变暖的适应性响应》，《作物杂志》2007 年第 3 期。

影响，气候变暖都扩大了我国农业种植区域，带来我国农业种植用地面积的增加，如 1986～1995 年增加复播面积 850 万公顷，耕地复种指数增加了 9.7%[1]。但气候变暖给种植用地面积带来的影响也不完全是积极的：虽然气候变暖可以使一年两熟的耕地面积由目前的 24.2% 上升为 24.9%，一年三熟的耕地面积由目前的 13.5% 上升为 35.19%[2]，但同时会使一年一熟的耕地面积由目前的 63% 下降为 34%。当然，气候变暖对耕地面积的影响总体是积极的，预计到 2050 年一年两熟的地区将北移至目前一年一熟地区的中部，一年三熟制地区的北界将从长江流域移至黄河流域[3]。

二 对我国农业生产条件的影响

气候变暖使我国农业生产基本条件不断恶化，主要表现在造成土壤、水资源退化，病虫害频发等方面。

土壤有机碳是土壤中重要的能源，全球气候变暖加速了土壤有机碳的分解。邱建军等人很早就对土壤中有机碳含量与农作物产量的关系进行了研究。结果表明，农产品的产量随土壤有机碳含量的下降而下降，但是不同地区土壤有机碳含量下降对农产品产量下降的影响程度不同。具体而言，当每公斤土壤中有机碳含量下降 1 克时，东北地区玉米每公顷产量将减少 176 公斤，华北地区夏玉米和冬小麦轮作每公顷产量下降 454 公斤，中南地区单季水稻每公顷减产 185 公斤，华南地区双季稻每公顷产量下降 266 公斤，西南地区水稻和小麦轮作产量降低 229 公斤[4]。总的来说，气候变化降低了土壤中有机碳的含量，降低土壤肥力，最终导致了中国各地区农产品不同程度减产。同时，全球气候变化还将增加作物的施肥量。当施

① 左丽君、张增祥、董婷婷等：《耕地复种指数研究的国内外进展》，《自然资源学报》2009 年第 3 期。
② 张厚瑄：《中国种植制度对全球气候变化响应的有关问题 I. 气候变化对我国种植制度的影响》，《中国农业气象》2000 年第 1 期。
③ 何群华、乐向晖：《全球变暖对农作物影响及对策的研究进展》，《陕西农业科学》2008 年第 5 期。
④ 邱建军、王立刚、李虎等：《农田土壤有机碳含量对作物产量影响的模拟研究》，《中国农业科学》2009 年第 1 期。

肥水平在每公顷 450kg～1125kg 时，气温每上升 1℃，速效氮的释放量将加快 4%，缩短释放周期 3.6 天①。因此，在气温上升的情况下，要保持化肥原有肥效，必须增加施肥量。增加施肥量不仅增加了农产品生产的成本，肥料的挥发、分解，还会对农业生态环境造成不利影响。

全球气候变暖不仅会影响土壤有机碳含量，还会导致水资源的变化，进而影响中国的农产品生产和出口。随着全球变暖的加剧，降水量下降，蒸发速度加快，中国各流域的径流量将出现不同程度的减少，水资源供给不足的情况将加剧。其中西部地区由于常年干旱少雨，水利设施匮乏，农业部门遭受的损失最大，2011 年西南大旱就是很好的佐证。此外，气候变暖导致的蒸发加速将减少河水流量，流速减慢降低了河水的自净能力，加重了河流的污染程度，而污染物的分解所产生的物质又会进一步破坏河流水质。这些都将影响农作物灌溉、畜牧业饮水，以及渔业发展，给农产品生产带来的损失不可估量。

此外，气候变暖带来病虫害增加，威胁农业生产。研究表明，气候变暖增加了害虫繁殖的速度，扩大了病虫害发生的范围，使病虫害由偶发变为常态，水稻、玉米、小麦、棉花都将面临不同程度的减产。在中国，病虫害造成的损失占农业总产值的 1/5 左右。气温上升与病虫害频发密不可分，二者之间存在着显著的正相关关系。而病虫害的发生直接影响着农业生产，所以气候变化将对中国农产品生产和出口能力产生影响。这种影响具体表现在以下四个方面。一是气候变暖导致的持续暖冬增加了病虫害发生的概率。低温对病虫害可以起到一定的抑制作用，而持续的暖冬使得害虫越冬的数量和存活的概率上升，增加了来年病虫害发生的可能性。近几年，由于全球气候变暖，中国经历了罕见的连续暖冬，病虫害暴发的频率增加，对农业生产造成了巨大的影响。二是气候变暖会延长某些害虫的生长季节，加快害虫的繁衍速度，降低繁衍周期，使得一定时间内害虫发生世代数增加，进一步危害农业生产。气候变暖后，一天内的有效积温总值若超过 685℃，可使黏虫和水稻褐飞虱多繁育一代；气温增加 1.5℃～

---

① 王修兰、徐师华：《气候变暖对土壤化肥用量和肥效影响的实验研究》，《气象》1996 年第 7 期。

4.5℃时，稻纵卷叶螟可多繁殖 1~2 个世代。三是气候变暖使中国农作物病虫害的越冬边界和发生边界北扩。气温上升，适应害虫越冬和发生的地区明显扩大。有研究表明，1 月份 0℃ 等温线北扩将导致冬季气温零度以下日数减少，黏虫、稻飞虱和稻纵卷叶螟等害虫的越冬边界向北扩展 1~2 个纬度，棉红铃虫的发生边界也将北移，由河北省南部北扩至保定、定州一带[①]。四是气候变暖会影响害虫的迁飞。全球气候变暖使得春季北方气温回升加快，害虫的北迁时间提前，秋季北方低温出现延迟，回迁时间推迟，迁飞范围扩大，增加了农田受害的概率。

第三节　气候灾害对我国农业生产的影响

一　气候灾害总的影响

我国自古以来是自然灾害频发的国家，20 世纪 50 年代以来，受全球气候变暖的影响，极端气候事件暴发的次数越来越多，灾害影响的范围、造成损失也越来越大。尤其是近几年来，由于我国农业生态条件脆弱，全球气候变化带来的极端气候事件频发，给农业生产带来了沉重的打击。极端天气、气候事件，通俗来说是指五十年一遇或百年一遇的小概率天气（气候）事件，具有灾害性和突发性两大特点。

近 50 年来我国农业生产受自然灾害影响总的情况是：受灾面积大、成灾比例高；旱灾和洪涝灾害最为严重，占到 70% 以上。近 10 年来，我国年均受灾面积达 7.27 亿亩，2004 年，我国自然灾害所造成的粮食损失是 610 亿斤，2005 年达到了 690 亿斤，到了 2006 年，则增加到了 894 亿斤[②]。

近年来极端天气、气候事件频发，严重威胁了农产品生产和供应。其中干旱和冰冻雨雪灾害影响最为严重。2008 年，中国南方遭遇罕见的低温雨雪冰冻灾害；2009 年，暴雪席卷山西、四川等地；2010 年，西南遭遇百年一遇干旱；2011 年中国平均年降水量创 60 年来最低，湖南、湖北、江

① 熊伟：《气候变化对中国粮食生产影响的模拟研究》，气象出版社，2009，第 13 页。
② 王丹：《气候变化对中国粮食安全的影响及对策研究》，华中农业大学博士学位论文，2009。

西等地遭遇严重干旱，而华西、黄淮地区则经历严峻汛情。

图 5 - 2 显示了 2006～2008 年各种极端气候造成的受灾面积情况。

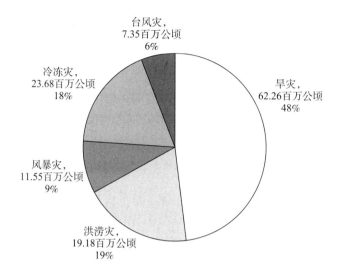

图 5 - 2　2006～2008 年各种极端气候造成的灾害面积

数据来源：根据国研网统计数据库中重点行业数据库/农、林项数据整理。

图 5 - 2 显示，2006～2008 年我国干旱受灾面积占到受灾总面积的一半。其次是洪涝灾害，占 19%。另外，冷冻、风暴及台风灾害分别占 18%、9% 及 6%。

通过进一步研究发现，我国农业生产受灾、成灾率有较强的波动性，并呈长期递增趋势，21 世纪后达到最高点（见图 5 - 3）。

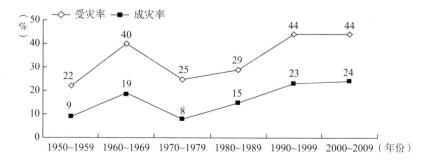

图 5 - 3　1950～2009 年我国粮食作物的成灾受灾率

数据整理：根据表 5 - 6 数据计算而得。

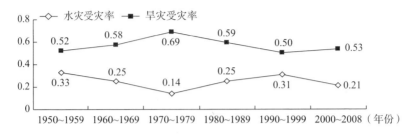

图 5 - 4 各年代平均水旱灾受灾率

数据来源：2009 年中国统计年鉴

图 5 - 4 表明，近 50 年来，我国旱灾发生的高峰在 1970～1979 年区间，与当年的特大自然灾害相符。

值得强调的是，气候变化对粮食供应和价格的影响，也体现在流通领域。暴风雪、洪水及次生的泥石流、塌方等灾害使粮食的配送滞后，影响市场的及时供应，灾害造成了公路、铁路等交通基础设施的损毁，由此产生的维修与养护费用也会增加粮食的物流成本，使粮食价格产生相应的波动。

此外，低温雨雪天气，也会使牲畜的死亡率、病残率增加。就我国来说，牧场大多分布在中纬度温带地区，如遇高温干旱，牧场土壤水分就会严重流失，病虫害加剧，使畜牧业减产。同时，一些极端气候事件还可能导致"白灾"和"黑灾"及沙尘灾害增加。据相关统计，在中国畜牧业主产区，寒潮、暴风雪和极端低温等极端天气条件导致牲畜的死亡率达到 25%，而在正常年份，牲畜的死亡率仅为 5%[1][2]。

二 水旱灾害的影响

在气候变化带来的气候灾害中最为严重的就是旱灾和水灾了。

表 5 - 6 显示，近 50 年来我国农业自然灾害受灾面积平均每年为 39131 万公顷，受灾率（受灾面积/播种总面积×100%）为 33%，成灾面积 18452 万公顷，成灾率（成灾面积/播种总面积×100%）为 16%，其中旱灾 9912 万公顷，占播种作物总受灾面积的 55%，水灾 5395 万公顷，占

---

① 吴越、王素琴：《气候变化对草地畜牧业的影响及适应》，《中国气象报》2009 年 11 月 2 日。
② 吴孝兵：《草原畜牧业与灾害性天气》，《环境保护与治理》2001 年第 3 期。

播种作物总受灾面积的 29%。

表 5 - 6 1950～2009 年我国粮食种植面积、产量及成灾受灾面积

单位：万公顷

年份	粮食作物播种面积	粮食产品产量单位：万吨	受灾面积	成灾面积	水灾		旱灾	
					受灾面积	成灾面积	受灾面积	成灾面积
1950 - 1959	99500	17176	22255	9263	7389	4423	11602	3602
1960 - 1969	94506	18549	37603	17731	9420	5854	21647	10026
1970 - 1979	148445	27612	37668	11850	5357	2352	26121	7500
1980 - 1989	144872	37699	41550	21161	10424	5633	24562	11930
1990 - 1999	111886	47118	49552	25176	15315	8718	24910	11945
2000 - 2009	105010	48152	46157	25532	9566	5390	25079	14466
平均	117296	32718	39131	18452	9579	5395	22320	9912

数据来源：根据《中国统计年鉴 2010》（电子版，农业部分 13 - 13、15、25）数据整理得出。

表 5 - 7 列出了 1978 年以来的 20 多年里，中国农产品遭受水旱灾害的面积。

表 5 - 7 1978 年以来中国农产品受灾面积和成灾面积

单位：万公顷

年份	受灾面积	成灾面积	水灾		旱灾	
			受灾面积	成灾面积	受灾面积	成灾面积
1978	5081	2446	311	201	3264	1656
1980	5003	2978	969	607	2190	1417
1985	4437	2271	1420	895	2299	1006
1990	3847	1782	1180	561	1818	781
1991	5547	2781	2460	1461	2491	1056
1992	5133	2589	942	446	3298	1705
1993	4883	2313	1639	861	2110	866
1994	5505	3138	1733	1074	3042	1705
1995	4582	2227	1273	760	2346	1040
1996	4699	2123	1815	1086	2015	625
1997	5343	3031	1142	584	3352	2001
1998	5015	2518	2229	1379	1424	506
1999	4998	2673	902	507	3016	1661

续表

年份	受灾面积	成灾面积	水灾		旱灾	
			受灾面积	成灾面积	受灾面积	成灾面积
2000	5469	3437	732	432	4054	2678
2001	5222	3179	604	361	3847	2370
2002	4695	2716	1229	739	2212	1317
2003	5451	3252	1921	1229	2485	1447
2004	3711	1630	731	375	1725	848
2005	3882	1997	1093	605	1603	848
2006	4109	2463	800	457	2074	1341
2007	4899	2506	1046	511	2939	1617
2008	3999	2228	648	366	1214	680
2009	4721	2123	761	316	2926	1320
2010	3743	1854	1753	702	1326	899
2011	3247	1244	686	284	1630	660
2012	2496	1147	773	414	934	351
2013	3135	1430	876	486	1410	585

资料来源：中国国家统计局网站. 受灾面积和成灾面积 [DB/OL]. http://www.stats.gov.cn/tjsj/ndsj/. [2014-8-12].

从表5-7可知，从1990年到2013年平均每年中国因旱灾和洪涝灾害等自然灾害造成的农田受灾面积高达4550万公顷，其中成灾面积2373万公顷，农业因此而遭受的直接经济损失在1000亿元以上，这一数值占中国GDP总量的3%~6%。近十几年来，水灾和旱灾的发生次数有增无减，见表5-8。

表5-8　中国农业受灾和成灾面积统计（2001~2011年）

年份	受灾面积（万公顷）			成灾面积（万公顷）			成灾面积占受灾面积的比例（%）
	总计	水灾	旱灾	总计	水灾	旱灾	
2001	5221	604	3847	3179	361	206	60.9
2002	4695	1229	2212	2716	739	383	57.9
2003	5451	1921	2485	3252	1229	293	59.7
2004	3711	731	1725	1630	375	219	43.9
2005	3882	1093	1603	1997	605	848	51.4

续表

年份	受灾面积（万公顷）			成灾面积（万公顷）			成灾面积占受灾面积的比例（%）
	总计	水灾	旱灾	总计	水灾	旱灾	
2006	4109	800	2074	2463	457	1341	59.9
2007	4899	1046	2939	2506	510	1617	51.2
2008	3999	648	1214	2228	366	680	55.7
2009	4721	761	2926	2123	316	1320	45.0
2010	3743	1752	1326	1854	702	899	49.5
2011	3247	686	1630	1244	284	660	38.3

数据来源：《中国统计摘要 2012》

由表 5-8 可知，2005 年之前，旱灾成灾面积都低于水灾，水灾成灾面积在 361 万公顷到 1229 万公顷之间波动，而旱灾成灾面积都在 200 万公顷以上，2006 年、2007 年和 2009 年分别达到 1341 万公顷、1617 万公顷和 1320 万公顷的高位，说明：近十年全球气候变化给我国农业生产带来的不利影响主要来自高温和降水减少带来的干旱。降水是重要的农业自然资源，降水量的多寡和时空分布都将直接影响农作物的生产。气候变化扰乱了大气的正常运动，导致中国季节性降水变化，受此影响，近年来局部地区降水严重不足。

从图 5-5 所示的我国过去几十年里旱灾的平均成灾面积柱状图，也可以很清楚地看出，我国农业旱灾呈逐年明显的上升趋势①。

据统计，2009 年西南五省降水量比正常年份减少了八成，甘蔗、花卉、茶叶、水果、咖啡和橡胶等该地区主要农作物由于百年一遇的高温、干旱天气大面积减产，减产幅度高达 50%。在中国华北地区，降水一直是制约农业生产的最主要因素，而气候变化增加了水分的蒸发量，减少了该地区河流的径流量，进一步加剧了用水的紧张程度，干旱化的趋势进一步扩大。同时，气候变化致使西太平洋副热带高压加强并扩大，东亚季风锋面北移，致使中国黄河中下游地区降水量下降②。气候变化还将导致大气

---

① 冯相昭、邹骥、马珊等：《极端气候事件对中国农村经济影响的评价》，《农业技术经济》2007 年第 2 期。
② 刘晓东、安芷生、方建刚等：《全球气候变暖条件下黄河流域降水的可能变化》，《地方科学》2002 年第 10 期。

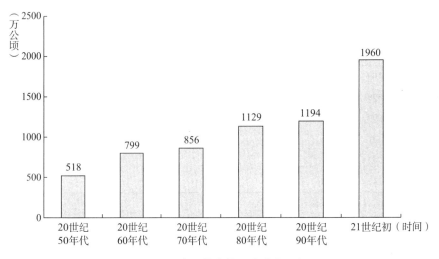

图 5-5 我国旱灾的平均成灾面积

环流变化，使本来水资源较为丰富的长江中下游地区面临降水减少的威胁。2011 年上半年，该地区遭受了历史上罕见的干旱，降水较往年同期下降了三到八成。江西、安徽、湖南、湖北、江西五省的降水量创下 1954 年以来的新低。这场突如其来的干旱给长江中下游地区的农产品生产带来巨大损失，导致农作物受灾面积达 370.51 公顷，其中 16.68 万公顷绝收，造成的直接经济损失超过百亿元①。

历史数据和相关专家的研究都表明，在降水量下降的情况下，不论气温上升还是下降，农产品的生产潜力都会降低；而降水增加则会增加农产品的生产潜力。而且，这种影响在干旱和半干旱地区更为显著②。

2000 年以来，我国暴发旱灾的地区越来越多，相隔时间越来越短，灾情越来越严重。2000 年多省发生了新中国成立以来最为严重的干旱，面积达 4054 万公顷，受灾面积 6.09 亿亩，成灾面积 4.02 亿亩；2003 年江南和华南、西南部分地区发生严重伏秋连旱；2004 年南方遭受 53 年来罕见干旱，造成经济损失 40 多亿元，720 多万人出现了饮水困难；2005 年华南南部出现

---

① 沈翀：《长江中下游异常大旱再敲气候变化警钟》，《新华每日电讯》2011 年 5 月 31 日，第 7 版。

② 王铮、黎华群、孔祥德等：《气候变暖对中国农业影响的历史借鉴》，《自然科学进展》2005 年第 6 期。

严重秋冬春连旱，云南发生 50 年少见严重春旱①。表 5 - 9 对 2006～2011 年（1、2 月）我国发生的旱灾情况进行了简单梳理。

表 5 - 9 2006～2011 年（1、2 月）我国部分地区暴发旱灾及损失情况

时间	涉及省市及事件	旱情
2006	重庆发生百年一遇旱灾	全市伏旱日数普遍在 53 天以上，12 区县超过 58 天。直接经济损失 71.55 亿元，农作物受旱面积 1979.34 万亩，815 万人饮水困难
2007	22 个省发生旱情	全国耕地受旱面积 2.24 亿亩，897 万人、752 万头牲畜发生临时性饮水困难
2008	云南连续近三个月干旱	农作物受灾面积现已达 1500 多万亩，仅昆明山区就有近 1.9 万公顷农作物受旱，13 多万人饮水困难
2009	我国多省遭遇严重干旱	连续 3 个多月，华北、黄淮、西北、江淮等地 15 个省、市未见有效降水。冬小麦告急，大小牲畜告急，农民生产生活告急。不仅工业生产用水告急，城市用水告急，生态也在告急
2010	广西、重庆、四川、贵州、云南 5 省（自治区、直辖市）	截止到 3 月 23 日，受灾 6130.6 万人，1807.1 万人饮水困难，1172.4 万头大牲畜饮水困难，503.4 万公顷农作物受灾，111.5 万公顷农作物绝收，直接经济损失达 236.6 亿元
2011	河北、山西、江苏、安徽、山东、河南、陕西、甘肃等	截至 2 月 13 日，8 省冬小麦受旱面积达 10543 万亩，其中严重受旱面积 2072 万亩 山东省遭受 60 年一遇特大干旱威胁。自 2010 年 9 月 23 日以来，山东省 140 多天基本无有效降水，全省平均降水只有 13 毫米，比常年偏少 85%。全省有 3476 万亩冬小麦受旱，其中重旱 865 万亩，有 55 万人、19 万头大牲畜临时饮水困难

资料来源：西南地区旱灾. 腾讯新闻. http://news.qq.com/zt/2010/drought/；
民政部发布 2011 年以来的旱情和救灾工作开展情况. 民政部门户网站. http://baike.baidu.com/view/3397645.htm；
中国多省市遇干旱大考. 人民网. http://politics.people.com.cn/GB/1026/13917244.html。

　　总之，由于气候变化直接或间接对我国农业生产产生了许多不利影响，而且这些影响往往会成为长期不可逆的自然条件，因此对我国农产品的出口能力将产生巨大压力。同时气候变化对全球农业生产的影响也如对中国的影响相似，全球农业生产受到各种气候灾害的威胁，因此对中国农产品进口也存在一些复杂影响。气候变化对我国农产品贸易的影响，又反过来影响农业生产，这一互逆影响和双向作用最终会影响我国工业产业和

---

① 见民政部历年旱情通报及腾讯新闻：西南地区旱灾. http://news.qq.com/zt/2010/drought/。

国民经济的增长，正因如此，研究农业受气候变化的影响不能不包括农产品贸易，研究农业应对气候变化方案不能不包括贸易发展战略。

第四节 中国农产品贸易情况及受气候变化的影响

一 我国农产品出口情况

从中国在世界农产品出口贸易的地位来看，中国是世界主要的农产品出口国之一。表 5-10 列出了世界主要农产品出口国家（或地区）历年的出口份额。

表 5-10 世界主要农产品出口国家（或地区）历年的出口份额

单位：%

国家（或地区）	1980	1990	2000	2009	2010
欧盟 27 国	/	/	41.71	42.34	39.09
美国	16.99	14.32	12.95	10.23	10.47
巴西	3.38	2.36	2.81	4.93	5.04
加拿大	4.96	5.39	6.31	3.73	3.83
中国	1.47	2.43	2.97	3.5	3.77
阿根廷	1.91	1.80	2.17	2.41	2.53
泰国	1.24	1.88	2.22	2.40	2.58
印度尼西亚	1.60	1.00	1.41	2.16	2.64
澳大利亚	3.29	2.86	2.98	2.01	1.99
俄罗斯	/	/	1.37	1.80	/

数据来源：世界贸易组织网站.2011 年国际贸易统计 [DB/OL]. http://www.wto.org/english/res_e/statis_e/statis_e.htm, 2012-09-13.

从表 5-10 可知，中国农产品出口额在世界农产品出口总额中所占的比重不断增加，由 1980 年的 1.47% 增加到 2010 年的 3.77%，并于 2002 年跻身世界第五大农产品出口国，成为全球农产品出口增长最快的国家，从 2000 年到 2011 年，一直保持稳定增长。但中国农产品出口额在全国商品总出口额中所占比例却在下降，而且多年出现逆差。

表 5 – 11　中国农产品在中国商品贸易中的地位

单位：亿美元，%

年份	中国商品出口额	中国商品进口额	中国农产品出口额	中国农产品进口额	中国农产品出口占商品出口比重	中国农产品进口占商品进口比重
2000	2492.0	2250.9	157.0	112.6	6.3	5.0
2001	2661.0	2435.5	160.7	118.5	6.0	4.9
2002	3256.0	2951.7	181.5	124.7	5.6	4.2
2003	4383.7	4128.4	214.4	189.7	4.9	4.6
2004	5933.7	5614.2	234.0	280.9	3.9	5.0
2005	7620.0	6601.2	275.8	287.9	3.6	4.4
2006	9690.8	7916.6	314.1	321.7	3.2	4.1
2007	12180.0	9558.0	370.1	412.0	3.0	4.3
2008	14285.0	11331.0	405.1	587.7	2.8	5.2
2009	12017.0	10056.0	395.9	527.0	3.3	5.2
2010	15779.3	13948.3	494.1	725.5	3.1	5.2
2011	18986.0	17434.7	607.5	948.7	3.2	5.4

数据来源：牛盾：《2012 中国农产品贸易发展报告》，中国农业出版社，2011。

表 5 – 11 显示 2000 – 2011 年，中国商品出口额增加了 16494 亿美元，进口额增加了 15183.8 亿美元，分别增长 6.6 倍和 6.7 倍，增长幅度较大。同期，中国农产品出口额增加了 450.5 亿美元，进口额增加了 836.1 亿美元。农产品出口占商品总出口比重下降，而农产品进口占商品总进口比重先降后升。特别值得注意的是，中国农产品贸易自 2004 年开始持续出现逆差，且逆差逐年增大。这说明了中国需要通过进口农产品来弥补国内供给不足，且国内农产品供不应求的情况日益突出。

二　我国农产品进口情况

（1）农产品进口额增长情况

2000 年以来，中国农产品的进口额在增加，但是增长速度不是很快，没有明显的波动情况。而 2000 年之后，中国农产品进口额的增幅波动较大，直至 2004 年中国农产品进口额首次超过出口额。2000 年，中国农产品进口额为 112.6 亿美元。2001 年，中国农产品进口额为 118.5 亿美元，其增长速度为 5 个百分点。2002 年，中国农产品进口额为 124.7 亿美元，其增长速度为 5 个百分点。2003 年，中国农产品进口额为 189.7 亿美元，其增长速度为 52 个百分点。2004 年，中国农产品进口额为 280.9 亿美元，其增长速度为 48 个百分点，从而中国农产品的进口额开始大于出口额。2005~2009 年，中国农产品进口额一直保持增长趋势，除了 2009 年，其增长速度为负。到 2010 年，中国农产品进口额为 725.5 亿美元，其增长速度为 38 个百分点。2011 年，中国农产品进口额为 948.7 亿美元，其增长速度为 31 个百分点。2012 年，中国农产品进口额为 1114.4 亿美元，其增长速度为 17 个百分点。

（2）农产品进口的地区结构

从中国农产品进口的洲际结构特征来看，中国农产品进口来源地主要为北美洲、南美洲和亚洲（见图 5-6）。

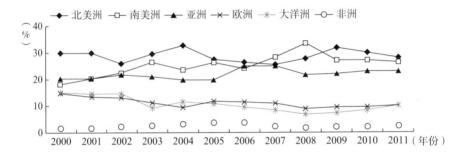

图 5-6　2000~2011 年中国农产品在各大洲进口份额

数据来源：2012 中国农产品贸易发展报告。

从表 5-12 可知，2010 年，这三个地区的进口分别占中国农产品进口总额的 29.9%、27% 和 22.9%。2011 年，北美洲、亚洲和南美洲是中国农产品进口的主要来源地。中国从这三大洲进口的农产品额占总进口额的 77.6%。在所有洲际中，北美洲的农产品进口比重是最大的，南美洲是第二大进口洲。虽然在 2011 年，农产品进口比重有所下降，为 28%，但其他年份都大体保持在 30% 左右的水平。2000 年，中国农产品从南美洲进口比重为 18.3，2011 年为 26.6%，大体表现为增长趋势。进口亚洲国家和地区的农产品金额占比基本保持在 21%~23%。

表 5 – 12　2000～2011 年我国农产品进口格局

单位：%

年份 地区	2000年	2001年	2002年	2003年	2004年	2005年	2006年	2007年	2008年	2009年	2010年	2011年
亚洲	20.2	20.2	21.7	21	19.8	19.9	24.9	24.8	21.6	21.9	22.9	23
欧洲	14.9	13.5	13.2	11.2	9.2	11.8	11.5	11	9.1	9.6	9.5	10
北美洲	29.9	29.9	25.8	29.3	32.6	27.4	26.2	25.3	27.6	31.7	29.9	28
南美洲	18.3	20.3	22.3	26.5	23.6	26.3	24.1	28.2	33.3	27.1	27	26.6
大洋洲	15.1	14.5	14.7	9.3	11.5	10.8	9.6	8.5	6.8	7.3	8.5	10
非洲	1.7	1.6	2.3	2.7	3.3	3.7	3.8	2.3	1.7	2.3	2.2	2.5

数据来源：《2012 中国农产品贸易发展报告》。

从中国农产品进口的地理方向和国别结构来看，虽然中国农产品进口的国家或地区有 200 多个，但主要的农产品进口市场却比较集中和稳定，始终以美国、巴西、澳大利亚、加拿大、泰国、韩国以及新西兰等为主（见表 5 – 13）。

表 5 – 13　1990～2005 年前六位中国农产品进口国的变动

单位：亿美元，%

排名	1990年	进口额	比重	1995年	进口额	比重
1	美国	12.1	24.9	美国	31.6	30.2
2	加拿大	7.7	15.9	加拿大	11	10.5
3	澳大利亚	5.5	11.3	澳大利亚	7.8	7.5
4	法国	2.2	4.5	泰国	7.7	7.4
5	英国	2.1	4.3	法国	4.4	4.2
6	中国香港	1.9	3.9	日本	3.8	3.6

排名	2000年	进口额	比重	2005年	进口额	比重
1	美国	27.3	21.9	美国	67.2	23.4
2	澳大利亚	13.8	11	巴西	30.1	10.5
3	加拿大	9.1	7.2	澳大利亚	24.1	8.4
4	巴西	5.6	4.5	加拿大	11.5	4

续表

排名	2000 年			2005 年		
		进口额	比重		进口额	比重
5	日本	5.6	4.5	泰国	9.8	3.4
6	韩国	4	3.2	新西兰	7.1	2.5

注：比重指占农产品进口总额的比重（％）。

数据来源：www. agri. gov. cn，中国农业信息网，中华人民共和国农业部。

三　全球气候变化对我国农产品贸易的影响[①]

气候变化引起的各类极端气候现象对中国农产品贸易的影响如何？总的判断应该是不利的，气候变化会使我国的农产品出口减少，进口增加。但中国地广物博，气候变化对不同地区农产品进出口造成的影响程度不同：北方纬度高气温低，全球气候变暖使得农作物种植带北移，对农产品出口的不利影响相对较小；南方纬度低气温高，农作物受气候变暖影响而减产，对农产品出口的不利影响相对较大。

（1）模型的构建

本书基于 Weeks 模型（Weeks，1999），分析气候变化对中国农产品贸易的影响[②]。以下是 Weeks 基础模型及其推导。

农产品贸易均衡的对数线性表达式：

$$\frac{X_t^*}{M_t^*} = X_{n_t}^* = \frac{[RER_t]^{a_1} [RPAM_t]^{\beta} [SHGDP_t]^{\partial_x}}{[RER_T]^{a_3} [SHGDP_t]^{a_w}} \qquad (5-1)$$

其中

$X_t^* = t$ 年的均衡农业出口；

$M_t^* = t$ 年的均衡农业进口；

$RER^t = t$ 年的汇率；

$RPAM^t = t$ 年农产品价格与非农产品价格比；

[①] 参见课题组成员程颖的研究成果：全球气候变化对中国农产品出口能力的影响研究 [D]. 江西财经大学硕士学位论文，2013。

[②] John Weeks, Trade Liberalisation, Market Deregulation and Agricultural Performance in Central America. [EB/OL]. http://eprints. soas. ac. uk/2540/1/LiberalisationMarketDeregulation. pdf, 2012 - 07 - 10.

$SHGDP^t = t$ 年农业产出占当年总产出的比例。

贸易均衡每期的变化是向均衡局部调整的过程：

$$\frac{X_{n_i}}{X_{n_{i-1}}} = \left(\frac{X_{n_i}^*}{X_{n_{i-1}}}\right) \qquad \text{其中} \ 0 < \gamma < 1 \qquad (5-2)$$

将公式（5－1）代入公式（5－2）中，两边取自然对数，同时两边加 $\ln\ (X_{n_{t-1}})$ [1]：

$$\ln[X_{n_i}] = \gamma[a_1 - a_2]\ln[RER_t] + \gamma\beta\ln[BPAM_t]$$
$$+ \gamma[a_X - a_M]\ln[SHGDP_t] + (1-\gamma)\ln(X_{n_{i-1}}) \qquad (5-3)$$

根据 Weeks 所述，用农产品贸易平衡额与农产品产出总产值的比例替代 $\ln\ (X_{n_i})$ 可以避免贸易平衡从正变向负是因变量的大幅度波动，这可以提高模型的估计和预测能力。等式变形如下：

$$AGT_t = a_0 + a_1\ln(RER_t) + a_2\ln(RPAM_t)$$
$$+ a_3\ln(SHGDP_t) + a_4 AGT_{t-1} + \varepsilon_t \qquad (5-4)$$

其中 $AGTRADE_t$ 表示 t 年农产品贸易平衡额（以净出口额表示，本节下文涉及的贸易平衡额均为净出口额）与农产品总值的比值，ε_t 表示 t 年的随机误差项。

为了便于分析全球气候变化对中国农产品贸易的影响，同时综合考虑数据可得性因素和可能存在的内生性误差，本书仅将气温上升和极端天气（气候）事件这两个因素分别加入到 Weeks 的模型中做实证分析，同时，将模型转换为面板模型，等式变为：

$$AGT_{it} = \alpha_0 + \alpha_1\ln(RER_{it}) + \alpha_2\ln(RPAM_{it}) + \alpha_3\ln(SHGDP_{it})$$
$$+ \alpha_4 AGT_{i(t-1)} + \alpha_5\ln(TE)_{i(t-1)} + \varepsilon_{it} \qquad (5-5)$$
$$AGT_{it} = \alpha_0 + \alpha_1\ln(RER_{it}) + \alpha_2\ln(RPAM_{it}) + \alpha_3\ln(SHGDP_{it})$$
$$+ \alpha_4 AGT_{i(t-1)} + \alpha_5\ln(AD)_{it} + \varepsilon_{it} \qquad \text{和}(5-6)$$

式（5－5）中 TE^{it-1} 表示 i 省 $t-1$ 年的平均气温，由于温度对农产品

① Chris D. Gingrich and Jason D. Garber. Trade liberalization's impact on agriculture in low income contries：A comparison of el Salvador and Costa Rica.［J］. The Journal of Developing Areas, 2010：1－17.

产量和贸易的影响具有滞后性，因此模型中采用温度滞后一期的数据，AD^{it}为i省在第t年的农产品受灾面积。后文为阐述方便，将式（5-5）称为 Weeks 气温模型，将式（5-6）称为 Weeks 受灾面积模型。

本书搜集、整理了全国 30 个省、自治区、直辖市（其中重庆成为直辖市的时间较晚，可得数据有限，因此予以剔除）的数据，根据 Weeks 气温模型和 Weeks 受灾面积模型进行面板数据分析，研究全球气候变化对中国农产品贸易的影响。具体的变量定义及数据处理如下文。

（2）变量的定义与数据处理

AGT 为被解释变量，表示中国农产品贸易平衡额占农产品总产值的比值。不同研究机构和国际组织提供的农产品数据统计口径不尽相同。目前，农产品统计口径主要包括四类：第一类是乌拉圭回合农产品协议确定的农产品统计口径；第二类是乌拉圭回合农产品协议农产品口径加 HS 编码前 24 章中的水产品；第三类是 HS 编码的前 24 章；第四类是 SITC 农产品口径[①]。本书采用的是第一类。本书所取各省、自治区、直辖市农产品净出口额来源于历年《中国农业年鉴》，农业总产值数据来源于《中国统计年鉴》（见附表 I）。

模型中第一个自变量是 RER，即人民币汇率。汇率是指一国货币与另一国货币兑换的比率，是将一种货币用另一种货币衡量的价格。国际上常用的汇率标价法有直接标价法和间接标价法，中国一般采用直接标价法。采用直接标价法时，汇率下降，本国货币升值，会使出口减少，进口增加，贸易平衡额降低。因此，预测 α_1 的符号为正。本书采用的人民币汇率年度数据源自中国国家统计局发布的《中国统计年鉴》。

模型中第二个自变量为 $RPAM$，是国内农产品价格占非农产品价格的比值。$RPAM$ 增加表明国内农产品的相对价格增加，一方面会引起农产品生产增加，从而使农产品的出口增加，进口萎缩，贸易平衡额增加；另一方面，在国际农产品价格不变的情况下，也会引起国内农产品更多地供应本国，但大部分农产品作为生活必需品，其消费弹性较小，短期国内的销量增加相对较为稳定，因此，预测 α_2 的符号为正。本书采用工业品出厂价

---

① 赵一夫：《中国农产品贸易格局的实证研究》，中国农业大学博士学位论文，2005。

格指数替代非农产品价格指数，选取农产品生产价格指数替代农产品价格。农产品价格指数与非农产品价格指数均取 2000 年为基期。这一变量的数据来源主要是《中国统计年鉴》及《中国农村统计年鉴》（见附表 II）。

模型中第三个自变量为 SHGDP，是农产品产值与国内生产总值的比例。SHGDP 的增加表示在总产出中可用于出口的农产品增加，有利于农产品出口；可用于本国消费的农产品增加，会使进口减少，总体贸易平衡额增加。因此，预测 α_3 符号为正。这一变量的数据来源主要是历年《中国统计年鉴》（见附表 III）。

模型中第四个自变量是 AGT^{t-1}，表示上一期农产品贸易平衡额与农产品总产量的比值。预测 α_4 的符号是正。

模型中变量 TE 表示气温，变量 AD 表示农产品受灾面积。受数据可得性所限，本书仅选取这两个变量分别代表全球气候变化带来的温度升高和极端气候灾害两个气候因素，研究中国农产品贸易所受的影响。根据有关研究，气温上升对不同地区、不同种类农产品的影响不同，但总体来说，气温上升既会影响农产品产量，同时也会影响农产品贸易，因此 α_5 符号并不能确定，要结合实证分析结果来判断。在选取温度数据时，由于中国各省市、自治区跨度较大，难以获取平均数据，因此本书采用各省会城市和直辖市的年平均气温代表各省年平均气温，单位为℃，数据来源于《中国农业年鉴》（见附表 IV）。

根据一般的经验，农产品受灾面积越大，农产品产量越低，会使出口减少，进口增加，所以其对中国农产品贸易平衡额与农产品产量的比值的影响不能确定，因此 α_6 符号也不确定，需要结合实证分析来判断。本书的农产品受灾面积数据来源于《中国统计年鉴》（见附表 V）。

以上选取的数据时间跨度为 1998～2010 年，其中存在变量缺乏个别年份数据的情况，在模型估计时自动予以剔除。各变量的含义及预测符号如表 5-14 所示。

表 5-14　模型中各变量的含义及预测符号

变量	含义	预测符号
AGT	AGT 表示农产品贸易平衡额与农产品总产值的比值	因变量

变量	含义	预测符号
RER	RER 表示人民币实际有效汇率	+
$RPAM$	RPAM 表示农产品价格与非农产品价格的比例	+
$SHGDP$	SHGDP 表示农产品产值与国内生产总值的比例	+
AGT^{t-1}	AGT^{t-1} 表示上一期农产品贸易平衡额与农产品总产值的比值	+
TE	变量 TE 表示气温	+／-
AD	变量 AD 表示农产品受灾面积	+／-

（3）面板数据的估计

首先，进行数据平稳性检验。模型所取数据时间跨度为 13 年，时间跨度较长，因此在进行面板数据模型估计之前先进行数据平稳性检验，以避免伪回归。

本书采取 ADF 检验对上述变量进行单位根检验。表 5 - 15 是对各变量进行单位根检验的结果。

表 5 - 15 变量 ADF 检验结果

变量	ADF 检验		ADF 检验（一阶差分）	
	统计量	P 值	统计量	P 值
AG	104.346	0.0002	165.064	0.0000
$\ln(RER)$	25.443	1.0000	61.1034	0.4361
$\ln(RPAM)$	105.758	0.0002	199.604	0.0000
$\ln(SHGDP)$	78.2563	0.0568	137.213	0.0000
AG^{t-1}	122.070	0.0000	173.930	0.0000
$\ln(TE^{t-1})$	194.830	0.0000	216.96	0.0000
AD	210.439	0.0000	275.383	0.0000

从表 5 - 15 可知，除统计量 $\ln(RER)$ 外，其他统计量都通过了平稳性检验，对 $\ln(RER)$ 进行一阶差分后，该统计量仍未能通过平稳性检验。如果在模型中保留此变量可能导致伪回归，在后文的面板模型估计中剔除变量 $\ln(RER)$ 不会模型的拟合优度，同时可以提高其他变量的显著性。由于中国汇率制度在面板数据所选取的时间跨度内有较大的改革，人民币汇率的波动较大，且其对农产品出口的影响并不是本书研究的重点，

为避免伪回归在模型中将 ln（RER）剔除。

其次，进行面板模型选择。一般面板模型的一般形式如下：

$$y_{it} = \sum_{k=1}^{K} \partial_k \chi_{kit} + u_{it} \qquad (5-7)$$

其中，$i = 1, 2, 3, \cdots, i$；N 表示 N 个样本个体；$t = 1, 2, 3, \cdots, t$；T 表示 T 个时期。y_{it} 为被解释变量，表示第 i 个个体在时期 t 的观测值；x_{kit} 是解释变量对于个体 i 在时期 t 的观测值；β_{ki} 为待估参数，u_{it} 为随机误差项。本文中，样本个体数为 30，由于模型中两个变量需要滞后一期，时期为 12 年。

面板数据回归模型主要可分为七类：（a）混合回归模型；（b）固定效应模型；（c）随机效应模型；（d）确定系数面板数据模型；（e）随机系数面板数据模型；（f）平均个体回归模型；（g）平均时间回归模型。其中前三类最为常用，下面对这三种模型做简单介绍①。

混合回归模型（Pooled Regression Models）适用于不同个体和截面之间均不存在显著差异的情况，直接把面板数据混合在一起，用普通最小二乘法（OLS）估计。气候变化与农产品贸易模型主要研究的是气温和农产品受灾面积这两个因素对中国农产品贸易的影响，但除了气温和农产品受灾面积以外还包括其他解释变量，这些因素在各地区之间存在着显著的差异。因此，不适宜采用混合回归模型（Pooled Regression Models）。

固定效应模型（Regression Model）适用于不同的截面或不同的时间序列间，模型的截距项不同而模型的斜率系数相同的情况。随机效应模型（Random Effcets Models）则适用于只存在截面随机误差分量而不存在时间误差分量的情况。判断模型适用固定效应模型还是随机效应模型最常用的方法是对模型进行 Hausman 检验，表 5-16 和表 5-17 是分别对 Weeks 气温模型和 Weeks 受灾面积模型进行 Hausman 检验的结果。

表 5-16　Weeks 气温模型 Hausman 检验结果

Cross-section random	统计量	P 值
全国	104.011	0.000

---

① 陶长琪：《计量经济学》，第 2 版，大连：东北财经大学出版社，2011，第 260 页。

续表

Cross-section random	统计量	P 值
南部省市、自治区	0.000	1.000
北部省市、自治区	91.984	0.000

Hausman 检验的原假设是：随机效应模型的个体效应与解释变量无关。表 5-16 中全国总体样本和北部省、自治区、直辖市样本的 P 值为零拒绝原假设，即采用固定效应模型较为适宜；南部省、自治区、直辖市样本 P 值为 1，不能排除随机效应模型的个体效应与解释变量无关。

表 5-17　Weeks 受灾面积模型 Hausman 检验结果

Cross-section random	统计量	P 值
全国	0.000	1.000
南部省自治区、直辖市	36.834	0.000
北部省自治区、直辖市	0.000	1.000

表 5-17 中全国总体样本和北部省、自治区、直辖市样本的 P 值为 1，不能排除随机效应模型的个体效应与解释变量无关；南部省、自治区、直辖市样本 P 值为零拒绝原假设，采用固定效应模型较为适宜。

Hausman 检验结果表明，Weeks 气温模型和 Weeks 受灾面积模型均不能完全排除随机效应模型的个体效应与解释变量无关的假设，本书同时采用固定效应和随机效应模型进行回归分析。

最后，进行面板模型样本估计结果。使用计量软件 EVIEWS 6.0，分别对 Weeks 气温模型和 Weeks 受灾面积模型进行估计。首先对中国 30 个省、自治区、直辖市的总体样本数据进行估计，然后再将全国 30 个省、自治区、直辖市以秦岭—淮河为界分为北部、南部分别进行面板估计。固定效应模型和随机效应模型实证估计结果如表 5-18 和表 5-19 所示。

表 5-18　Weeks 气温模型实证检验结果

变量	北部省、自治区、直辖市		南部省、自治区、直辖市		全国	
	固定效应	随机效应	固定效应	随机效应	固定效应	随机效应
C	-86.604	-60.853	-16.434	-24.604	-67.935	-25.299

续表

变量	北部省、自治区、直辖市		南部省、自治区、直辖市		全国	
	固定效应	随机效应	固定效应	随机效应	固定效应	随机效应
ln（RPAM）	5.187	3.399	5.512	4.011	6.558	1.133
ln（SHGDP）	25.406***	15.694***	4.663*	1.936***	17.304***	6.820***
AG^{t-1}	0.075	0.617***	0.926***	1.030***	0.443***	0.815***
ln（TE^{t-1}）	-7.144	-1.487	-8.419*	-0.175	-6.383	-0.659
R^2	0.813	0.706	0.967	0.960	0.828	0.773
Adjusted R^2	0.792	0.700	0.963	0.959	0.811	0.771
F-statistic	38.885	104.972	258.980	1048.021	47.678	302.520

注：①*** 表示显著性达到1%，** 表示显著性达到5%，* 表示显著性达到10%。
②北方省份与南部省份的划分以秦岭—淮河为界，北部省、自治区、直辖市有辽宁、吉林、黑龙江、山东、陕西、山西、河南、河北、天津、北京、内蒙古、新疆、青海、甘肃、宁夏。南部省、自治区、直辖市有湖南、湖北、江西、浙江、上海、广东、广西、福建、海南、西藏、贵州、云南、江苏、安徽、四川。

从表5-18中可以看出 Weeks 气温模型选用固定效应模型时，面板模型总体样本 R^2 的值达到0.828，北部南部样本 R^2 分别为0.813 和0.967。总体样本 F 值达到47.678，北部南部样本的 F 值分别为28.885 和258.980。随机效应模型下，面板模型总体样本 R^2 的值达到0.783，北部南部样本 R^2 分别为0.706 和0.960。总体样本 F 值达到256.054，北部南部样本的 F 值分别为104.972 和1048.021，这说明模型的拟合度很好，具有较强的解释力，接受检验结果。

表5-19　Weeks 受灾面积模型实证检验结果

变量	北部省、自治区、直辖市		南部省、自治区、直辖市		全国	
	固定效应	随机效应	固定效应	随机效应	固定效应	随机效应
C	-118.303*	-56.203	-39.254	-22.48*	-87.151	-24.309
ln（RPAM）	9.115	2.939	4.797	3.233	6.765*	0.413
ln（SHGDP）	17.219***	11.062***	3.927	1.665***	15.171***	5.488***
AG^{t-1}	0.036	0.593***	0.933***	1.009***	0.440***	0.776***
ln（TE^{t-1}）	8.947***	3.251***	2.130***	0.870***	3.696***	2.075***
R^2	0.833	0.716	0.970	0.963	0.835	0.783
Adjusted R^2	0.814	0.709	0.967	0.962	0.818	0.781

续表

变量	北部省自治区、直辖市		南部省自治区、直辖市		全国	
	固定效应	随机效应	固定效应	随机效应	固定效应	随机效应
F-statistic	44.652	110.148	290.294	1141.937	49.857	320.258

注：① *** 表示显著性达到1%，** 表示显著性达到5%，* 表示显著性达到10%。

②北方省份与南部省份的划分以秦岭—淮河为界，北部省、自治区、直辖市有辽宁、吉林、黑龙江、山东、陕西、山西、河南、河北、天津、北京、内蒙古、新疆、青海、甘肃、宁夏。南部省、自治区、直辖市有湖南、湖北、江西、浙江、上海、广东、广西、福建、海南、西藏、贵州、云南、江苏、安徽、四川。

从表 5－19 中可以看出 Weeks 受灾面积模型选用固定效应模型时，面板模型总体样本 R^2 的值达到 0.835，北部南部样本 R^2 分别为 0.833 和 0.970。总体样本 F 值达到 49.857，北部南部样本的 F 值分别为 44.652 和 290.294。随机效应模型下，面板模型总体样本 R^2 的值达到 0.783，北部南部样本 R^2 分别为 0.716 和 0.963。总体样本 F 值达到 320.258，北部南部样本的 F 值分别为 110.148 和 1141.937，这说明模型的拟合度很好，具有较强的解释力，接受检验结果。

（4）实证结果的说明

Weeks 气温模型和 Weeks 受灾面积模型选用固定效应和随机效应估计的结果中各解释变量的系数值虽有不同，但符号一致，这说明无论在那种模型中解释变量对被解释变量影响的方向是相同的。

ln（RPAM）的系数在三组样本回归结果中都为正，这说明，农产品与非农产品价格比上升会使中国农产品贸易平衡额增加，引起中国农产品出口上升，进口萎缩，与预测结果一致。

ln（SHGDP）的系数在三组样本回归结果中都为正，这说明，农产品产量占总产量的比重上升会引起中国农产品贸易平衡额的上升，会促进农产品出口，减少进口，与预测结果一致。

ln（TE^{t-1}）的系数符号在三组样本回归结果中都为负，但用随机效应模型估算的结果显示，南部省份样本该变量系数的绝对值却远远大于北部省份和全国样本。这主要是因为气温上升会使中国的种植带北移，大部分位于北交界带上的农田由一年一熟变为一年两熟，原先的两熟制地区"半只脚"跨入三熟制，棉花、玉米、油料等作物在北方高纬度地区种植面积明显扩大①。此外，加拿大 British Colombia 大学（UBC）的一个研究小组的研究表明全球气候变化将使包括挪威在内的高纬度国家和地区渔业产量增加 30% ~70%，低纬度热带水域渔业产量减少 40%②。农产品作为生活必需品，其消费弹性较小，农产品产量的增加（减少）不会导致国内消费的大幅度变化，只会增加（减少）农产品中进出口的比例。以上这些因素都减弱了全球气候变化对中国北方农业生产的不利影响，而气候变暖使南方农作物减产的效果确实显著的。因此，对北方来说，温度升高对农产品贸易的影响小于南方，同时考虑到我国最重要的农产品进口来源为美国和加拿大，如前所述气温升高会使高纬度地区的农产品产量增加，因此对中国的农产品贸易来讲，气温升高会使进口增加，出口减少。

ln（AD）的系数均为正，一方面表明受灾面积的增加导致农产品产量减少，致使农产品贸易平衡额与农产品产量的比值有正向变大的趋势；另一方面，由于气候变化所引起的极端气候具有全球性，中国农产品受灾面积增加的同时，国外受灾面积也在增加，从而刺激了中国农产品的出口，减少了农产品的进口。以 2000 年谷物市场为例，中国受灾面积达到 5469 万公顷，比上年增加 471 万公顷，同期国际市场谷物产量为 183545 万吨，比上一年减少 3240 万吨③。但我们应该认识到目前中国农产品受灾面积始终维持在较小的范围内，一旦气候变化引起农产品受灾面积剧增将严重阻碍中国农产品的对外贸易。

第五节　小结

在 2001 年入世前，我国农产品进出口额不大。入世后，中国农产品贸易发展较快，但从 2004 年起，便由净出口国转变为净进口国，并且连续七年呈逆差走势。虽然造成农产品贸易逆差的原因很多，但 2006 年后，灾害

①　任荃：《2050 年，地球人"吃得多却不管饱"》，《文汇报》2010 年 2 月 22 日。
②　缪圣赐：《随着全球气候变暖渔获量在高纬度的将增加在低纬度的将减少》，《现代渔业信息》2010 年第 6 期。
③　国家统计局网站：《2011 年中国统计年鉴》，http：//www.stats.gov.cn/tjsj/ndsj/2012/index-ch.htm，2013 - 02 - 10。

天气影响明显起了主导作用。

综合分析可知，由于国家政策扶持、农产品库存量大、抗灾能力逐步增强等因素的作用，国家对灾害天气影响的粮食价格、供应量和贸易量均有较强的控制力，我国农产品进出口额呈平稳上升趋势，波动不大；而农业成灾情况则波动较大，甚至个别产品会出现灾后大量出口的情况。

但从长期发展来看，气候变化对我国农业生产和供给的影响是负面的、持久的，甚至将波及全球。而且，农业生产布局和结构将出现变化，农作物病虫害出现的范围可能扩大，水资源短缺矛盾更加突出，草地潜在荒漠化趋势加剧，畜禽生产和繁殖能力可能受到影响，畜禽疫情发生风险加大[①]。这种影响扩大开去，对我国经济社会健康稳态发展将产生直接的冲击。为此，我国农业生产和贸易在应对气候变化过程中必须尽快实现转型，走"气候智能"发展之路。

本章主要参考文献

[1] 国土资源部，国家统计局、国务院第二次全国土地调查领导小组办公室．关于第二次全国土地调查主要数据成果的公报 [EB/OL].中国网，http://www.china.com.cn/zhibo/zhuanti/ch－xinwen/2013－12/30/content_31040885.html.
[2] 王汉杰：《我国干旱半干旱地区的退耕还林还草与高效生态农牧业建设》，《林业科技开发》2001 年第 1 期。
[3] 杨尚英：《气候变化对我国农业影响的研究进展》，《安徽农业科学》2006 年第 2 期。
[4] 张智、林莉、梁培：《宁夏气候变化及其对农业生产的影响》，《中国农业气象》2008 年第 4 期。
[5] 黄峰、施新民、郑鹏徽等：《气候变化对宁夏春小麦发育历期影响模拟》，《干旱区资源与环境》2007 年第 9 期。
[6] 张永勤、向毓意、缪启龙等：《气候变化对长江三角洲地区水资源供需平衡的影响》，《南京气象学院学报》1999 年第 1 期。
[7] 王会军、曾庆存、张学洪：《大气中的 CO_2 含量加倍引起的气候变化数值模拟》，《中国科学》（B 辑）1992 年第 6 期。

---

① 是秦大河在首届"气候系统与气候变化国际讲习班"时的预测，此后很多专家也获得相同的研究结论，如林而达等人在"国家科技攻关计划——重大环境问题对策与关键支撑技术研究"中的估计也是如此。

［8］张建平、赵艳霞、王春乙等：《气候变化情景下东北地区玉米产量变化模拟》，《中国生态农业学报》2008年第6期。

［9］王丹：《气候变化对中国粮食安全的影响及对策研究》，华中农业大学博士学位论文，2009。

［10］黄艳：《研究表明近30年气候变化给中国粮食生产带来"正面效应"》，新华网/新闻中心，http://news.xinhuanet.com/2011-04-16/c_121311744.htm。

［11］云雅如、方修琦、王丽岩等：《我国作物种植界线对气候变暖的适应性响应》，《作物杂志》2007年第3期。

［12］左丽君、张增祥、董婷婷等：《耕地复种指数研究的国内外进展》，《自然资源学报》2009年第3期。

［13］张厚瑄：《中国种植制度对全球气候变化响应的有关问题 Ⅰ. 气候变化对我国种植制度的影响》，《中国农业气象》2000年第1期。

［14］何群华、乐向晖：《全球变暖对农作物影响及对策的研究进展》，《陕西农业科学》2008年第5期。

［15］邱建军、王立刚、李虎等：《农田土壤有机碳含量对作物产量影响的模拟研究》，《中国农业科学》2009年第1期。

［16］王修兰、徐师华：《气候变暖对土壤化肥用量和肥效影响的实验研究》，《气象》1996年第7期。

［17］熊伟：《气候变化对中国粮食生产影响的模拟研究》，气象出版社，2009，第13页。

［18］吴越、王素琴：《气候变化对草地畜牧业的影响及适应》，《中国气象报》2009年11月2日。

［19］吴孝兵：《草原畜牧业与灾害性天气》，《当代畜牧》2001年第3期。

［20］冯相昭、邹骥、马珊等：《极端气候事件对中国农村经济影响的评价》，《农业技术经济》2007年第2期。

［22］刘晓东、安芷生、方建刚等《全球气候变暖条件下黄河流域降水的可能变化》，《地理科学》2002年第5期。

［23］沈翀：《长江中下游异常大旱再敲气候变化警钟》，《新华每日电讯》2011年5月31日，第7版。

［24］王铮、黎华群、孔祥德等：《气候变暖对中国农业影响的历史借鉴》，《自然科学进展》2005年第6期。

［25］John Weeks, Trade Liberalisation, Market Deregulation and Agricultural Performance in Central America. ［EB/OL］. http://eprints.soas.ac.uk/2540/1/LiberalisationMarketDeregulation.pdf，2012-07-10.

［26］Chris D. Gingrich and Jason D. Garber. Trade liberalization's impact on agriculture in low income contries：A comparison of el Salvador and Costa Rica. The Journal of Developing Areas，2010：pp. 1-17.

［27］赵一夫：《中国农产品贸易格局的实证研究》，中国农业大学博士学位论文，2005。

［28］陶长琪：《计量经济学》，第 2 版，东北财经大学出版社，2011，第 260 页。

［29］任荃：《2050 年，地球人"吃得多却不管饱"》，《文汇报》2010 年 2 月 22 日，第 1 版。

［30］缪圣赐：《随着全球气候变暖渔获量在高纬度的将增加在低纬度的将减少》，《现代渔业信息》2010 年第 6 期。

［31］国家统计局网站：《2011 年中国统计年鉴》，http：//www. stats. gov. cn/tjsj/ndsj/2012/indexch. htm，2013 - 02 - 10。

第六章　中国发展气候智能型农业 SWOT 分析

发展中国家为应对日益变暖的世界并养活本国日益增加的人口，需要大力发展气候智能型农业。FAO 主管农业的助理总干事亚历山大·穆勒说，现在行之有效的"气候智能型"做法可被广泛应用于发展中国家。目前中国已经具备了一定的发展气候智能型农业的优势和机遇，当然也有很多劣势和威胁。

第一节　中国发展气候智能型农业的优势（S）

一　发展生态与低碳农业基础良好

（1）生态农业的发展成就

生态农业是合理高效地利用农业生产的各项资源，将发展农业生产和保护生态环境协调发展，紧密结合的农业生产体系①。其主要特点：一是集传统农业与有机农业优点于一身，既具备传统农业精耕细作、套种间作的特点，又倡导适度施用高效低毒农药和有机肥料，是高效综合的人工生态农业生产系统，因此有机农业其实就是生态农业的重要组成部分；二是融多层次与整体特性为一体。生态农业既包含家庭、村落和县域生态农业体系等横向联系体系，又包涵农业、工业、商业、运输业和林业等各行业

---

① 侯增周：《胜利油田东营区域生态农业发展问题研究》，中国海洋大学博士学位论文，2011。

组成的综合经营体系，是社会效应、经济效应和生态效应兼顾的农业良性发展模式。

在 20 世纪 60 年代，石油农业的弊端不断显现，环境污染问题日益严重，美国、法国、日本等发达国家首先意识到了这一问题，呼吁各国联合起来加强环境保护。这种环境思潮也掀起了以保护农业生态环境为主的各种创新，一系列替代石油农业的新思想和新领域层出不穷。60 年代后期，生态农业理论逐步成型，不少专家提出了用生态学原理指导农业生产的理论。70 年代末，生态农业的理念逐渐被东南亚地区关注，该地区关于生态农业的研究也不断增加[1]。提出"生态农业模式"的是美国密苏里大学土壤学家威廉·阿尔布瑞奇（William Albreche），他于 1971 年基于土壤学视角提出这一概念[2]。进入 90 年代后，生态农业在欧洲各国得到了政府大量的财政补贴支持，生态农业在各国进入了快速发展时期。

目前全球共 162 个国家发展生态农业。国际有机农业运动联盟统计结果显示，2009 年种植业生态农业的总面积为 3200 万公顷。预测到 2020 年生态农业的生产面积为农业生产面积的 35%。目前澳大利亚的生态农业全球领先，其种植面积高达 600 万公顷，是全球的 19%。西班牙（种植总面积 180 万公顷）居世界第三、欧盟第一[3]。

20 世纪 80 年代初，我国的农业现代化发展逐渐出现了一些弊端：化肥和农药的过量使用导致各种生态问题不断出现，农业灌溉用水的大量增加导致水资源过量开采，过度垦荒和滥砍乱伐及超载过牧等导致水土流失及土壤沙化严重。针对这些情况，我国学者马世骏院士于 1981 年在农业生态工程学术研讨会上提出了"整体、协调、循环、再生"生态工程建设原理[4]，1982 年，叶谦吉教授在银川农业生态经济学术研讨会上发表《生态农业——我国农业的绿色革命》一文，正式提出了中国的"生态农业"这一术语[5]。

---

① 李哲敏、信丽媛：《国外生态农业发展及现状分析》，《浙江农业科学》2007 年第 3 期。
② 刘兴、王启云：《新时期我国生态农业模式发展研究》，《经济地理》2009 年第 8 期。
③ 丁声俊：《生态农业，主导农业生产模式（国际视野）》，人民网，最后访问日期：2014 年 11 月 5 日，http://world.people.com.cn/n/2014/1007/c1002 - 25782028.html。
④ 马世骏、李松华：《中国的农业生态工程》，科学出版社，1987。
⑤ 叶谦吉：《生态农业》，重庆出版社，1988。

随后几年的中央一号文件一再强调农业要"在充分发挥我国传统农业技术优点的同时，广泛借助现代科学技术成果，走投资省、耗能低、效益高和有利于保护生态环境的道路"，从 2004 年到 2010 年出台的 7 个中央一号文件中，有 4 个均明确提出"要鼓励发展循环农业，生态农业""提高农业可持续发展能力"[①]。在这些思想的指导下，我国许多地区、高等院校、科研单位等均开始了对生态农业的广泛探索，为我国气候智能型农业发展积累了宝贵的素材和经验。

2002 年，由刘宗超发起的"北京生态文明工程研究院"正式挂牌成立，研究院集中了中国农业科学院、中国科学院、中国社会科学院、北京大学、清华大学、中国人民大学和中国农业大学的 40 多名博士、博士后及 20 多位农业科技和农业经济专家，对中国的生态农业发展模式进行了卓有成效的研究，所开展的生态农业科研和实践活动主要有以下几个方面。

一是生态肥料与生态农业循环发展。农作物秸秆和农业生活垃圾均可作为生态肥料的原料，对其加以合理的开发利用可以改善土壤结构、提高土壤的生产能力，通过人工干预的方式重新连接生态系统的循环模式，奠定生态农业的物质基础。这一循环发展的理念已经在国内得到实施，浙江、河南、河北、湖南、湖北、山东、吉林等省均建立了生态肥料加工基地，并将生态肥料应用于农业生产，促进当地生态农业的健康发展。

二是因地制宜的生态农业模式。四川省在因地制宜的生态农业模式推广中起到了"领头羊"的作用，大邑县金洞子周围的生态农业资源丰厚，但因为缺乏资金的支持，长期处于撂荒状态，成都广地公司投入资金成立开发公司，引进适当的作物品种，整合农村原有的资源和人员，将农民收益与公司利益相结合，吸引当地农民成为公司员工，使得劳动生产率、土地回报率、资本收益率和科技贡献率同步提高，当地收入状况得到了很大的改善。

三是建设生态文明示范区。广西在扶绥县上兼村进行试点，成立可持续发展规划办，负责制定和实施可持续发展规划，引入生态化理念对周边环境进行宜居改造，设计生态理念标志、谱写生态理念歌曲、建设生态理念公园。由此该村成为全国首个生态文明示范村。在北京、广东、湖北、

---

① 李文华、刘某承、闵庆文：《中国生态农业的发展与展望》，《资源科学》2010 年第 6 期。

浙江、福建等地也有此类生态示范区域的建设①。

经过努力攻关和不断探索，我国已建成 2000 多个不同类型、不同规模的生态农业试点，多个生态农业建设点被联合国环境规划署授予"全球环保 500 佳"称号，2005 年，青田稻鱼共生系统被 FAO 确定为首批全球重要农业文化遗产（Globally Important Agricultural Heritage Systems，GIAHS）保护试点。生态农业已经遍地开花，如我国苏南地区的溧水傅家边农业科技园、华西村农业观光园、太仓现代农业示范园、苏州未来农林大世界、锡山绿羊生态园、溧阳天目湖农业生态园等农业生态园集群发展共同形成了特色鲜明的"苏南模式"，此外，福建南平的树木、茶果、竹木，广东惠州的马铃薯、梅菜、甜玉米、韭黄、年橘，江西赣南的南丰蜜橘，北京的三元乳业，重庆的光大奶牛梦工厂等生态农业产业的发展也为我国进一步推行生态农业提供了经验借鉴。

目前，中国生态农业总面积约 450 万公顷，居世界第二，这是我国发展气候智能型农业良好的基础。当然，国际上生态产品的年销售额达到 625 亿美元，这一市场需求也为我国气候智能型农业发展提供了良好的市场基础。部分欧盟成员国——如德国、法国、英国、荷兰和意大利等国——对生态产品的需求量较大而自身生产能力不足，供需差额高达 60%，产品涉及农作物、奶制品、畜禽肉类、生态水果等，这无疑给中国带来巨大的市场机遇。

（2）低碳农业的发展成就

自低碳经济提出以来，低碳经济发展的理论和实践主要集中在工业领域，低碳经济在农业中的应用长期以来没有得到足够的重视，因此，目前学界还没有对低碳农业达成一致的定义。低碳农业的节碳固碳机理是指利用先进技术减少农业生产、加工、运输等各环节的碳排放，增加农田、湿地、森林、草地的固碳能力。从节碳的角度来说，主要是减少高碳能源及化肥的应用，提高秸秆综合利用效率和发展农业循环经济；从固碳的角度

---

① 王秀奎、刘振邦、吴广义：《生态文明观与中国生态农业的实践》，中国共产党新闻网，最后访问日期：2013 年 7 月 15 日，http://theory.people.com.cn/GB/49154/49369/7767133.html。

来说，主要是改良固碳型农业品种，推广农业固碳技术和重建农业湿地系统。低碳农业的核心内容是"低能耗、低污染、低排放"，发展低碳农业的目的是最大限度减少二氧化碳等温室气体排放对气候变化的影响，减小有毒有害农药污染对人类健康的危害。其实，低碳农业并不是一个全新的概念，无论是生态农业还是循环农业都对"低排放"做出了要求，只是低碳农业更强调降低能源消耗和减少温室气体排放。

王昀是国内最早提出低碳农业的学者，他认为，在农业生产经营中，应该减少温室气体的排放，以获得整个社会的最大效益。低碳农业是安全型、节约型和效益型的经济，应当做到低污染、低能耗和低排放[①]。骆世明则认为，工业化农业由于过量使用农药和化肥，不利于生物多样性农业发展。发展生物多样性农业可以改变高碳农业，某种意义上来说生物多样性农业属于低碳农业[②]。翁伯琦认为，发展低碳农业的核心途径就是要促进产业升级、科技进步、管理创新和转变观念等[③]。中国农业部认为：低碳农业应当提倡少用化肥农药、进行高效的农业生产，在农业种植、运输、加工等过程中，电力、石油和煤气等能源的使用都在增加的情况下，注重降低整体农业能耗和排放[④]。

低碳农业的理念在全国各地反应强烈，华东各省市通过科研团队的不懈努力颁布了相应的技术规范，这些规范兼具理论性和操作性，同时通过加大政府投资、社会资金综合利用等方式建立了低碳农业示范基地。江西省政府发布国内首个低碳经济白皮书——《江西省低碳经济社会发展纲要》，提出了以低碳农业、低碳工业和低碳旅游为框架的战略目标，以"四大生产区"和"八大生产基地"为核心，建设低碳农业产业群构想。上海交大充分发挥自身在碳汇和碳贸易方面积累的科研优势，成立"低碳

---

① 王昀：《低碳农业经济略论》，《中国农业信息》2008 年第 8 期。
② 李大庆：《我国农业发展可用低碳农业代替高碳农业》，中国科技网，最后访问日期：2013 年 7 月 25 日，http://www.wokeji.com/jbsj/sb/201311/t20131106_437226.shtml。
③ 翁伯琦、王义祥、黄毅斌：《应对全球气候变化的低碳农业发展战略与技术对策研究——首届海峡两岸低碳农业发展战略与技术对策研讨会综述》，《亚热带资源与环境学报》2011 年第 2 期。
④ 中华人民共和国农业部：《低碳农业——应对气候变化农业行动》，中国农业出版社，2009。

农业研究中心"以打造具有国际先进水平的综合平台,该平台融低碳农业
理论研究中心、低碳农业技术开发平台、低碳农业人才培养基地、低碳农
业发展咨询机构为一体,为全国低碳农业的发展做出卓越的贡献。江苏省
在低碳农业上的突出成就主要体现在"生态经济特色村"的建设上,其所
属的常熟蒋巷村、姜堰市沈高镇河横村被亚太环境保护协会(APEPA)授
予"低碳农业奖"。关于低碳农业的理论研究也有迅速升温之势,近两年
来,已有几十篇学术论文探讨低碳农业发展问题。主要研究低碳农业的概
念、内涵以及与生态农业、循环农业的关系,开始就涉及低碳理念的关键
技术、推广模式、政策支撑体系进行探讨[1]。目前我国低碳农业模式最具
代表性的有:北方"四位一体"生态模式、南方"猪—沼—果"生态模
式、平原农林牧复合生态模式、草地生态恢复与持续利用生态模式、生态
种植模式、生态畜牧业生产模式、生态渔业模式、丘陵山区小流域综合治
理模式、设施生态农业模式、观光生态农业模式等。

　　绿色、有机农业生产模式也是低碳农业的典型代表之一。中国从20世
纪80年代开始积极探索化肥、农药、农用薄膜的减量、替代,发展有机农
业。截至2004年底,农业系统认证的有机食品企业总数已达228家,产品
总数达到588个,实物总量37.2万吨,有机农产品基地认证面积146.5万
公顷,保持认证率82%。2006年,中国有210万公顷农田经认证成为有机
农田,有机食品出口值为3.5亿美元,占中国食品出口总值的1.2%[2]。

二　发展循环与精准农业探索积极

(1) 循环农业的发展成就

　　我国循环农业的发展也是从生态农业开始的。从20世纪80年代国家
明确提出发展生态农业起,到21世纪第一个十年,循环农业不仅在数量
上、质量上、规模上均有所提高,而且已开始进入大规模建设阶段,目
前,已经建设101个全国生态农业试点县,300多个试点乡、镇,500多个

---

① 佚名:《低碳经济的推手:农业生产的可持续发展》,《绿色视野》2008年第6期。
② 张莉侠、曹黎明:《中国低碳农业发展现状与对策探讨》,《经济问题探索》2011年第
　 11期。

试点村（场）。而且早在 1987 年，北京大兴的留民营村就被联合国环境规划署命名为"世界循环农业新村"，并被评为全球环境保护 500 佳。当前我国循环农业发展模式主要有以下几种。一是政府主导的大循环模式，如江苏吴江市政府在认真总结经验的基础上，制定全面的农业发展规划，充分利用本地资源，积极发展无污染、少污染的农产品加工业，重点发展植桑养蚕和缫丝等传统产业，逐渐形成了植桑、养蚕、缫丝、纺织、丝绸服装加工一条龙生产模式。二是农业循环经济示范园区为主体的中循环模式，如甘肃省临泽县城银光公司的"生态圈"：猪场的猪粪通过发酵后喂养鱼和河蟹；鱼池的水经过高温消毒、灭菌并加入微量元素，通过滴灌技术用于灌溉蔬菜；蔬菜的根叶茎又可喂猪。三是企业为主体的小循环模式，如山东省广饶县的畜产品加工企业，通过生产分割制品、熟肉制品、含肉食品后，将产生的废物用作饲料加工的原料，羽毛、骨骼作为蛋白饲料的原料，畜禽粪便作为有机肥厂的原料，既保护了生态环境，也提高了经济效益。四是家庭小院式的微循环模式，如河南周口市的农户采纳生态家园模式，实现住人、养猪、沼气池、养鱼的同步进行，粪便入沼气池做能源，沼液养鱼，沼渣肥地，实现了生物质能的循环利用。

（2）精准农业的发展成就

精准农业（Precision Agriculture）是利用信息技术实施的农业生产操作标准和信息管理系统，通过对作物生长环境的精确测量，对生产目标加以定位，并定时定量地调节资源，实现相同产出的成本最小化或相同成本的产出最大化。通过系统诊断、优化配方、技术组装、科学管理的生产方式充分发挥土地及各项其他农业资源的生产能力，最大程度减小对环境的损害，达到经济效益与环境效益同步实现的目的。

美国很早就实施了精准化农业，将耕地划为多个操作单元，按照每个操作单元的具体情况，精准地管理土壤和种植于其上的作物，达到最大限度减少化肥、农药、水、种子等农业投入，获取最高产量的目的[1]。目前，美国已形成实施精准农业技术的农机产品及其配套技术设备供应市场，主

---

①　NBER. Benjamin F. Jones and Benjamin A. Olken. Climate shocks and export ［J/OL］. http://e-conomics. mit. edu/files/5087，2013 – 01 – 11.

要产品有：约翰迪尔（JOHN DEERE）公司推出的"绿色之星"精准农业系统，凯斯（CASE）公司的"先进农业（AFS）"系统，天宝（Trimble）公司的 AG 系列农用 GPS 设备，ESRI 公司的 ArcGIS 地理信息系统等。据估算，美国通过精准农业技术使农作物的产量提高了 15%，化肥、农药的使用量减少了 10% ~ 20%[①]。

我国在 1994 年就有学者进行精细农业的研究。国家"十五"科技战略重点将发展精准农业技术、提高农业生产水平作为重中之重，并首次在"863"计划中支持研究机构进行精准农业技术自主创新[②]。也有学者把精准农业概括为节约型农业，即节地、节水、节肥、节药、节种、节工、节能的农业发展模式。其中"节地"是指重视土地资源的保护性利用，在不破坏土地资源的基础上充分挖掘利用潜能，提高土地的生产力和综合产出率；"节水"就是要加强现有节水技术的集成推广；"节肥"就是要通过技术手段对肥料种类进行科学搭配，对施肥的方法和时机进行优化，在最大限度实现肥效的基础上减少肥料的使用量；"节药"一是要对农药的使用进行科学规划，提高药效并显示药量，二是通过技术攻关，研发抗病抗害品种并加以大力推广。两者结合，综合防治[③]。

原国家计委和北京市政府曾共同出资在北京试点精准农业示范区，中科院也把精准农业列入知识创新工程计划。目前一些地区已经将精细农业引入生产实践中，如基于无线传感网络的滴灌自动控制系统在北京、上海、黑龙江、河南、山东、新疆等地开始试点性应用；一些猪场、奶牛场和禽场运用物联网技术进行养殖环境监控、疾病防控以及自动饲喂，一些大型奶牛场引进国外的基于物联网技术的先进挤奶机器人；江苏、山东、广东、上海、浙江、天津等省市的水产养殖企业开始利用最新的农业物联网技术，配置水产养殖实时远程监测系统，对水产养殖环境进行实时在线

---

① 赴美国精准农业及 3S 技术培训团：《美国精准农业考察培训报告》，《中国农垦》2005 年第 2 期。

② 武军、谢英丽、安丙俭：《我国精准农业的研究现状与发展对策》，《山东农业科学》2013 年第 9 期。

③ 马爱民：《气候变化的影响与我国的对策措施》，《中国科技投资》2009 年第 7 期。

监测①。这些技术的使用为我国发展并推广精细农业奠定了基础，目前已取得了可观的经济效益。

2010 年，FAO 在报告中提出，为了应对人口过多和全球变暖问题，倡导发展中国家发展气候智能型农业。作为对 FAO 提议的响应，2010 年 12 月 12 日，我国黑龙江宝山农场投资 700 多万元打造了集育秧、气象、试验、种子检测、科技培训、旅游参观等功能为一体的现代化水稻研发中心，积极快速发展气候智能型农业。宝山农场对气候智能型农业示范区已经迈出"开拓者"的步伐，其成功经验对发展气候智能型农业的借鉴意义不可低估。我国要快速发展气候智能型农业，需要进一步加强对气候智能型农业示范区建设的探索，从已有的生态农业、低碳农业、循环农业、精准农业发展实践中总结经验和汲取灵感。

第二节　中国发展气候智能型农业的劣势（W）

虽然我国低碳与生态农业发展基础良好，也取得了不少成就，尤其是 2000 年以来，随着中央政府连续颁布涉农的中央一号文件，使我国农业、农村经济得到了迅速发展，但与部分发达国家相较，我国低碳与生态农业建设仍存在很大差距，还有很艰苦的路要走，如农业发展中表现比较突出的是农村资源短缺和生态环境恶化问题，已逐步成为制约农业经济健康稳定发展的主要瓶颈。发展气候智能型农业应是解决中国农村资源短缺和生态环境恶化等问题的重要途径，因此，必须要分析形势、把握机会、克服困难、全面推进。

一　农业管理制度落后

我国农业要实现可持续发展，从根本上来讲就是要解决好"三农"问题，要进行技术创新、结构创新和制度创新。社会的发展离不开制度的保障，在生态和环境的压力、资源的约束下，要想更好地发展农业，就要有好的制度安排。从根本上说，农业生产和经营体制的改革与创新就属于制

---

① 李安渝、杨兴寿:《信息化背景下精准农业发展研究》,《宏观经济管理》2013 年第 4 期。

度安排。为了解决好"三农"问题，党和政府都进行了长时间的各种实践，在探索过程中所发现的问题几乎都与观念及制度有关。

（1）农业生产管理观念落后

我国农户对农业生产的观念相对落后，由于农民接受科技培训及教育的机会不是很多，农户从事农业生产大都是根据祖祖辈辈的耕作经验简单地重复着，对一些新品种和新技术的接受较慢，每年只有不到15%的家庭接受过培训。目前农民所购买的化肥、农药包装上约90%没有施用指导，农药施用量由1990年的73.3万吨上升到2008年的167.2万吨，增加了1.28倍，化肥施用量也由1990年2590.3万吨增加到2008年的5239万吨，增加了1.02倍[①]。在我国广大农村，由于传统的生产方式和资源开发利用模式，乱采滥挖、毁林开荒、超载放牧等行为使生态环境遭遇了前所未有的破坏。目前，已造成全国43%的水体污染，排放了全球30%左右的温室气体，广大农民的生活、生产环境也受到严重侵害，2亿多农村人口的饮用水源受到污染，因环境问题引发的群体性事件有所增加。

（2）农业生产组织落后

建设符合现代农业发展趋势的农业制度，就要建立符合我国国情的农业生产组织制度。近几年，我国在农业生产组织上有所创新，探索出农业产业化经营、农产品行业协会、农民专业合作组织、集体经济组织等多种形式，一定程度上推进了农业生产的组织化进程。但是，总体上来说我国的农业生产组织还比较落后，还不能适应现代农业发展的要求，并且相关的配套政策也不够完善。一方面，有意愿参加农业生产组织的农民知识储备不足，相关的技术支持和引导还不到位；另一方面，广大农民的认识欠缺，并没有真正地体会到农业组织的作用和好处，参加农业生产组织也不是农民的必要选择，积极性不高。问题产生的主要原因有三。第一，农户与市场没有有效对接。我国农业经营大多是以个体家庭为单位从事的，规模较小，而规模较大的农业企业和合作社带动能力也不强，农业生产组织化集约水平低，参加农业合作社和农业产业化经营的农户比例不高，分别

---

　　① 张莉侠、曹黎明：《中国低碳农业发展现状与对策探讨》，《经济问题探索》2011年第11期。

仅占 13% 和 35%[①]。大部分农民仍然游离在农业组织之外，靠单打独斗闯市场，这些分散的农户不仅生产经营能力低，在市场上的竞争能力也较差[②]。第二，农业配套的服务体系建设落后。在农业服务业内部，常规的传统配套服务的比重（如农机、农资和农技推广）依然很高，而新型的农业服务（如农业保险、金融、咨询和研发等）比重很低。第三，农业生产组织发展滞后。我国农业生产组织形式较为单一，多元化组织没有形成，而且还存在不少问题，如制度不规范、专业化程度不高、经营理念落后、资源共享的机制不完善等。

（3）家庭承包制的局限性逐步凸显

家庭承包制在中国农业生产的组织上曾经起到重要的作用，但是，随着社会的发展，越来越不能适应现代农业发展的需要。一方面，个体家庭经营规模小，限制了集约经营、规模经营和机械化生产，不利于发挥土地资源的规模经济效应，也不利于劳动生产率的提高；另一方面，单一的农户由于规模较小，应对市场和价格风险的能力较弱，不能合理地运用成本、价格和利润等因素来应对生产中的各种问题，而且对市场响应的盲目趋同会造成农产品生产的单一，不利于多元化生产的开展。从一些典型发展现代农业的国家来看，情况则不然：以美国为代表的新大陆国家都是大规模经营，我国农业劳动力的人均耕地是美国的 1/170，是加拿大的 1/350，西欧国家的农业经营规模也都比我国大得多[③]。

（4）农村土地的产权制度还不够明晰

在现行的农村土地制度中，土地所有权的界定是清晰的，是集体所有制；但是土地承包经营权的产权表述并不明晰，经营权和承包权是不是同种权利，经营权和承包权的内涵到底有没有不同，理论上并没有明确的界定，主要表现为：农民对土地的收益权和使用权是有条件的；土地所有权理论上虽然是集体所有制，但是主体到底是集体还是政府并不明确；土地制度不稳定，一些地方政府不顾土地资源效益的最大化，常常为了短期利益损害

---

① 张红宇：《我国现代农业发展面临的制度障碍》，《思想工作》2008 年第 11 期。

② 赖景生：《树立现代农业的产业系统观——对新时期农业的认识》，《重庆工商大学学报（西部论坛）》2005 年第 1 期。

③ 孔祥智、李圣军：《试论我国现代农业的发展模式》，《教学与研究》2007 年第 10 期。

农户的权益。这些都违背了产权本身的转让性、排他性和继承性特点。

二　农业科技创新不足

发展气候智能型农业的动力主要表现在科技支撑、人才储备和资金支持方面。我国在发展气候智能型农业过程中上述三个方面颇有欠缺，具体表现如下。

我国农业正处于转型时期，农业发展面临很多问题，如粮食安全与农民增收之间的矛盾、生态保护与经济增长之间的矛盾、市场与资源约束的矛盾。随着形势的发展和技术条件的日趋成熟，农业现代化的发展，尤其是气候智能型农业的发展日新月异，而我国当前的农业科技创新的方式和体系与此难以匹配。必须对我国目前存在的科技创新体系加以改革，以适应气候智能型农业的全面发展。

（1）科技创新体制僵化

首先，农业科研机构类型不一、多头管理、力量分散、合力不够。由于我国体制上的限制，科技资源都是按地区和部门配置，各部门、各地区之间的科研机构协作不紧密，不同地区、部门间科技资源的流动和共享相对困难，不能为现代农业的发展提供高效的服务和支持。其次，我国农业科技创新的主体不合理。长时间以来，我国都强调农业企业在科技创新中的作用，而忽略了科研机构和推广机构的作用，在认识上有所偏颇。农业科技属于公共产品，公益性特点突出，故而农业科技创新的主体应该是公益性农业的教学与科研。最后，由于机构设置方面的问题，管理机构工作职能定位不明确，学术界的科研成果和产业界的推广应用脱节严重，学术界的科研成果采用的是"立项—研究—结项"模式，产业界的应用推广问题并不在此范围内，造成了农业科研与农业生产、农民需要的"两张皮"现象。

（2）科研项目管理运行机制不合理

由于农业生产本身的特殊性，影响农业生产的因素很多，如地域和季节的影响，从而形成了农业科研项目局限性多、研究周期长的特点。现行的农业科研管理体制却与农业生产的特点不相适应，主要表现在以下两个方面：科研项目的实施周期较长，国家层面的科研项目的实施时间冗长，通常5到10年，但是级别较低的科研项目时间就要少很多，一般是2~3

年，有的甚至 1 年，科技项目人员的主要精力都花费在申报项目、争取经费、应付检查、总结验收上面，很难潜心致力于项目的研究和推广应用；科研立项脱离了农业生产的需求，科研立项的主要渠道是政府部门发布立项指南，农业科技人员根据指南申报项目，而立项指南与农业生产的实际需求不相吻合，导致科研和生产脱节。

（3）科技创新和服务水平不高

我国农业科技服务水平相对落后，创新能力不强，不能很好地满足现代农业发展的需要。第一，科技服务水平落后。体制上的缺陷导致我国农业科研机构与推广服务体系协作不紧密，没有很好地发挥推广服务的作用。科技支撑服务体系的建设落后，特别是农产品高附加值加工、储藏和运输技术、新型养护技术和信息保障服务等领域明显不能满足农业发展的需要。第二，经费保障缺乏，导致农业技术跟不上生产的需要。由于科研经费的限制，很多课题不能立项，特别是一些生态效益和公益效益明显而短期经济效益不突出的项目，如植保、土肥、栽培和养殖业等领域的立项很困难。第三，自主创新能力欠缺，科技的支撑和引领作用没有有效发挥。农业科技人员的学科结构不合理，传统专业如农学、畜牧业的比例较高，而新兴的产业，如农产品加工、园艺苗木等，科技人员的比例很低，在一定程度上限制了新兴农业领域的科技创新。科研领域的倾向不合理，多数科研都偏重单项技术的研究，重视农业生产过程中的环节，而忽略了产后的服务和支撑，这也一定程度上阻碍了农业科技的创新。

（4）缺乏科研经费保障

首先是农业科研经费投入方式和领域不合理。由于农业科研项目的申报和评审时间较长，有一些项目的科研经费到位的时间也较晚，会给科研项目的运行、审计和财务带来不便。多数科研经费还是投入在传统的农业领域，如增产和品种培育等。而公益性较强的领域，如资源环境保护、防灾减灾和物种保护等领域的研究经费难以争取；对农民自身利益影响很大的领域，如成本节约、增加效益、提升质量和栽培技术等方面的科研经费缺乏稳定支持。其次是各级财政的经费投入尚存在缺口。国家和各级政府部门均加大了农业科研经费的投入，但是由于农业科研的特殊性，各级财政缺乏长效机制，缺乏与农业科研相适应的经费投入机制，同时由于实施体制的限制，经费并没有完全、充分地用在科研项目上。此外，目前我国农业科研经费主要是靠政府的财政拨款，虽然政府对科研经费的财政拨款不断增长，但扣除物价因素，经费总额增长并不高。按照国际农业科研投入强度（即农业科研投资占农业国内生产总值的比重）来衡量政府对农业科研的投入水平，中国农业科研投资强度从1985年的0.4%下降到了20世纪90年代中期的0.20%～0.23%[1]，2009年农业科研投资强度仅为0.1%，不仅低于发达国家农业科研投资水平，还低于发展中国家的农业科研投资水平[2]。

相比之下，很多国家针对低碳与生态农业都制定了专门政策，甚至把支持资金列入国家财政预算，实施税收优惠减免等措施，如德国政府通过转移支付、限额支付及直接交易支付等多种财政渠道补偿生态农业，美国政府则全面实施有机农业研究和推广计划，该计划自2003年实施以来共投入9300万美元。一些国家政府还建立了技术示范推广基地，使农民真正能够掌握使用有机肥、种植绿肥、作物轮作、生物防治等技术。

第三节　中国发展气候智能型农业的机会（O）

一　政府积极应对全球气候变化

中国政府对气候变化问题高度重视，成立了共有17个部门的国家气候变化对策协调机构，在研究、制定和协调有关气候变化的政策等领域开展了多方面的工作。中国政府于2007年颁布了《中国应对气候变化国家方案》（以下简称《国家方案》），决定成立国家应对气候变化领导小组，由国务院总理温家宝担任组长，国务院副总理曾培炎、国务委员唐家璇担任副组长，要求建立地方应对气候变化管理机构，贯彻落实《国家方案》的相关内容，组织协调本地区应对气候变化的工作，协调本地区各方面的行

---

① 商五一、梅方权：《增加农业科技投入是政府公共财政的必然选择》，《中国科技论坛》2006年第3期。

② 张莉侠、曹黎明：《中国低碳农业发展现状与对策探讨》，《经济问题探索》2011年第11期。

动。方案还要求加快荒山荒地造林绿化步伐，加快丰林、碳汇林、能源林、珍贵用材林、木本油料林等基地建设；努力提高造林绿化质量，加强林木种子区划和良种基地管理，抓好区域性、示范性林木种苗基地建设，全面提高良种壮苗使用率，增加混交林和乡土树种比重，注重封山育林，强化自然恢复；加强森林病虫害防治和森林防火[①]。

根据中国政府提出的控制温室气体排放行动目标，到 2020 年，单位GDP 二氧化碳排放比 2005 年下降 40% ~ 45%，非化石能源占一次能源消费的比重为 15% 左右，森林面积比 2005 年增加 4000 万公顷，森林蓄积量增加 13 亿立方米。今后十年，我们将把应对气候变化作为重大战略纳入经济和社会发展规划，把降低单位 GDP 二氧化碳排放强度作为约束性指标，以控制温室气体排放、适应气候变化影响、增强应对气候变化综合能力为目标，以技术进步为手段优化能源机构和节约能源、增强碳汇，以制度创新为保障建立应对气候变化政策，大力发展具有中国特色的绿色低碳经济，促进社会经济的可持续发展。

2008 年以来，中国修订了《森林防火条例》，出台了《应对气候变化林业行动计划》和《国家湿地公园管理办法（试行）》，使保护森林资源、维护生态安全、促进森林资源利用管理更加科学化和法制化。推进集体林权制度改革，调动林权权利人发展林业、培育森林资源的积极性，截至2008 年底，全国已确权到户的林地面积 12.7 亿亩，占集体林地的 50%。中央政府这一系列应对气候变化的政策措施，均为气候智能型农业发展提供了良好的政策环境。

二　政府积极推动低碳农业

随着农业机械、化肥的大量使用，农田土壤受到严重的面源污染，湿地遭到严重的破坏，农业固碳的生态功能不断减弱，土壤、湿地中的碳逐渐氧化分解，农业由"碳汇"变成了"碳源"，这将大大加剧全球气候变

[①]　《中国应对气候变化国家方案》，新华网，最后访问日期：2007 年 6 月 4 日，http://news.xinhuanet.com/politics/2007 - 06/04/content_6196300_1.htm.

暖的进程①，因此农业应对气候变化问题引起了各国政府的高度重视。中国政府明确指出，要大力落实控制温室气体排放的措施，坚持实施节约资源和保护环境的基本国策，大力发展低碳经济，工业、农业均责无旁贷。尤其是在 21 世纪的第一个十年，中国在发展绿色农业方面成效显著，发展模式也被世界可持续农业协会评为"全球可持续农业发展 20 个最成功模式之一"。

我国拥有丰富的太阳能、风能、地热能、水能、煤炭、石油、天然气、核能等多种资源，各种能源都有自己的特长和用途，要根据建立资源节约型、环境友好型社会的要求，建设一个能源生态体系。如我国北方牧民使用太阳能进行生产和生活，北京平谷建设"太阳能村"，新疆有我国目前最大的风能发电厂，广东南粤县是我国最大的风能发电海岛。在我国广大农村大力发展沼气，广泛开发利用农作物秸秆资源和各种生物质资源等，这些均为我国各地农业低碳化发展提供了良好的能源条件。

我国政府推动农业低碳化发展主要体现在人才政策支持和财政政策支持方面。首先就人才政策支持来看，国家农业科技"十二五"规划强调，要积极发挥农业高等院校、中等职业院校等在农业科技创新中的作用，引导涉农院校在专业设置、课程选择、人才培养等方面与现代农业产业发展的需求紧密结合，建立并完善与现代农业发展需求相适应的农业科研立项制度等措施大力培养农业高科技人才②。

其次，就财政政策支持来看，财政部出台政策大力支持和推广微滴灌技术，支持南方地区以建设灌排两用渠系为主的田间工程，这既有科学合理性，又是适应气候变化的重要体现；支持农民用水户协会的发展，节约水资源适应气候变化；支持农业产业废弃物治理等关键环节的技术研发和工程改造③。

此外，还建立了中国清洁发展机制基金。根据《清洁发展机制项目运行管理办法》中的有关规定，中国政府对清洁发展机制项目收取一定比例

---

① 杜受祜：《环境经济学》，中国大百科全书出版社，2008，第 9 页。
② 农业部科技教育司：《农业科技发展"十二五"规划》，2011 年 12 月 26 日。
③ 韩一宾：《财政支持农业适应气候变化的思考》，《中国财政》2010 年第 15 期。

的"温室气体减排量转让额"，用于建立中国清洁发展机制基金，并通过基金管理中心支持气候变化领域的相关活动。中国清洁发展机制基金的建立，对于加强气候变化基础研究工作，提高适应与减缓气候变化的能力，保障《国家方案》的有效实施，都将起到积极的作用。农业部也积极推进农业废弃物资源综合利用技术的集成与实践，在全国实施秸秆还田工程。上海全面推行禁止秸秆焚烧措施，鼓励种植绿肥培肥地力、秸秆全量还田，以及利用稻麦秸秆生产食用菌等补贴政策，取得了很好的成效。

第四节　中国发展气候智能型农业
面临的威胁（T）

《中共中央关于推进农村改革发展若干重大问题的决定》（以下简称《决定》）中提出"要加快构建以公共服务机构为依托、合作经济组织为基础、龙头企业为骨干、其他社会力量为补充，公益性服务和经营性服务相结合、专项服务和综合服务相协调的新型农业社会化服务体系。"《决定》强调"建设覆盖全程、综合配套、便捷高效的社会化服务体系，是发展现代农业的必然要求。"这对于促进农业稳定发展、农民持续增收，加快传统农业改造、气候智能型农业发展道路的开拓具有重大意义。但在当前的农业社会化服务体系以及公益性农业服务体系中均存在不少问题和障碍，如何根据当前农村实际情况，构建气候智能型农业发展保障体系是必须解决的难题。

一　农业人才保障体系建设滞后

发展气候智能型农业，要依靠大量的高素质农民，故而要推进农业人力资本培养的规范化和制度化的发展，培养大批有文化、会经营和懂技术的新型农民。近年来，为了适应现代农业发展的需要，我国许多地区加强了对农民的教育培训工作，但是，我国目前的农业人力资本培养制度还很不健全，具体表现如下。

一是引导人力资本流向农业的制度欠缺。随着城镇化和工业化的迅速发展，城市与农村、工业与农业之间的物质效益对比矛盾比较突出，大量高素质农村青壮年劳动力都更倾向于在城市和工业部门中就业，从而导致农村从事农业生产的劳动力整体素质呈现下降趋势。文化低、素质差、年龄大成为留乡务农劳动力的主要特征，如何建立合理的制度，正确引导高素质劳动力流向农业经营领域，成为发展气候智能型农业需要解决的重要问题。

二是农业生产职业化制度欠缺。农业生产的职业化发展不足体现在"农民"并不被看作是一种职业，更多的含义只是称谓。再加上农业生产的经济利益很难获得保障，农业生产兼业化严重，由于高素质职业化农民缺失，一些地方农业生产效率低下，经营管理粗放，资源利用率不高。

三是农村人才素质低、结构分布不合理。一方面，由于大批青壮年劳动力外出打工，留下的基本上是老人、妇女；由于科技资源有限，农民接受科技培训的机会不是很多，即使在技术人员的指导下也很难完成一些新品种和新技术的实验、示范。据调查，2007 年中国农民平均受教育的年限约 7.8 年，初中、小学文化程度占 70% 以上，高中文化的约占 16.8%，文化水平较低[①]。此外，农村人才应该是具有相当专业特长的现代农民，且活跃在农业生产第一线，然而，目前这些人才大多分布在传统机械性环节，如翻耕、锄草、犁地等，导致农村简单劳动型人才较多，经营、管理型人才太少，创业技能型人才更是严重缺乏。另一方面就是直接从事农业生产的人才较多，而处在流通服务领域的人才较少，这与我国发展现代农业尤其是气候智能型农业的趋势是不相匹配的。气候智能型农业要求农村人员既懂理论，又通实践，既能生产，又能服务，还懂专门技术。在信息技术高度发达的今天，气候智能型农业发展对综合技能型人才的需求更为紧迫。

四是对农村人才的宣传推介力度不够。虽然涉农活动辛苦、烦琐，回报又低，但农村中不乏先进典范，诸如陈善平、陈亚忠和邓静的事迹不胜枚举[②]。但是，我国目前对农村人才工作的宣传力度不够，价值观引领缺

① 侯增周：《胜利油田东营区域生态农业发展问题研究》，中国海洋大学博士学位论文，2011。

② 佚名：《三农创业致富榜样揭晓，榜样精神点燃创业激情》，中国政府网，最后访问日期：2014 年 4 月 5 日，http://www.gov.cn/ztzl/2012 - 12/27/content_2299935.htm。

乏科学性，对先进典型缺少应有的表彰和奖励，对农村实用人才推介的范围和标准缺少深入的理论探讨，人才与非人才并没有什么实质性的区别，农村人才感觉不到被尊重、被崇尚、被敬仰、被学习。这就使得气候智能型农业发展缺少必要的精神驱动。

五是农村教育培训制度不完善。农村劳动力的转移（许多高素质的青壮年都去城市和工业领域就业）使农村的教育培训对象转变为以老年人和妇女为主。由于年龄结构上升和文化水平下降，他们接受新知识、新技术的能力较弱，加大了农民教育培训的难度，给农民教育培训工作带来了新的要求。

二　农业服务体系不健全

我国农业服务体系基本由政府主导，长期以来一直存在着资金匮乏、人才素质不高、设备老化、机制不健全等问题，不能有效地为农业发展提供良好的服务，农业服务体系不健全表现在以下四方面。

（1）农业生产性服务体系不健全

现代农业个性化和多元化的发展需求不能得到与之相适应的服务保障。关键技术和新技术的推广应用、优良品种和新品种的试验示范也不受重视。对农业生产性服务业的制度支撑和政策引导机制不健全，不利于农业产业体系的网络化和集群化发展，不利于农业抗风险能力的提高，不利于农村经济结构的调整，不利于农业效益和资源的有效配置以及农民增收和就业渠道的拓展，更不利于通过市场化、社会化的农业服务体系形成对政府主导型农业服务体系改革的激励效应。此外，还导致农户之间难以通过联合和协作获得规模经济效益，难以通过农业生产资料的统购分销、病虫害统防统治等降低农业生产成本。

农业生产性服务体系不健全的另一突出表现则是农业和农村结构转型的困境，近年来，中国农村经济社会结构的转型正在显著加快，这不仅表现为农村产业结构和就业结构的转型，还表现为农村精英阶层向城市的流动以及农村人口和经济布局的集中化。这一方面导致农业发展和现代农业建设迫切要求加快农业组织创新，另一方面导致农业发展对基本公共服务的要求显著增强，同时按行政体系配置资源的农业体系建设思路也面临严峻挑战。

农业生产性服务体系不健全的问题在农产品流通体制上也有体现，多数从事农产品营销的企业和组织规模小、集约化和组织化程度低，规模较大的农业组织和企业与农民联系不紧密；市场体系不完善，结构和功能单一；政策体系不健全，宏观调控不到位；市场信息网络效用不高，信息不对称，区域合作和分工不完善。

（2）农业金融体制改革滞后

经济和社会的发展离不开金融的支持，现代农业的发展也需要农村金融提供保障和服务。在环境污染严重、气候变暖和极端气候加剧的背景下，发展绿色经济、低碳经济已经成为全球经济发展的大趋势。气候智能型农业作为低碳经济的重要组成部分，是实现农业可持续发展的重要发展模式与必然选择。气候智能型农业的发展不仅具有经济效益，还具有良好的社会效益。但是，发展气候智能型农业必须要有较强的资金保障，该项目前期投入大，回收期限长，外部融资的需求也比传统农业大[①]。发展气候智能型农业，除了需要农民自身投入，还需要财政和金融投入的支持。就我国农村经济发展的实际情况看，近几年，农村的金融改革取得了一定的发展，农村的金融建设相比以前也有所突破，农村合作信用社、信贷公司、资金互助组织和银行也逐渐在农村设立，竞争机制的引入标志着农村金融机构单一的局面已经打破，农村金融体制改革的步伐已经迈出，尽管农村金融体系在形式上日臻完善，政策性金融、合作性金融、商业性金融种类齐全，但其运行机制上却存在诸多问题，主要表现在以下四点。

一是农村金融组织难以构筑农村经济发展的合力。完善的农村金融市场应该具有健全的组织机构、合理的资源配置、可靠的风险防范和稳定的货币控制等特点。但长期以来，农村金融组织体系不健全，制度建设滞后，农村金融机构运营效率不高，不能满足现代农业发展的需要；目前全国仅有几十家新型农村金融机构，相对于全国三万多个乡镇，新型农村金融机构远不能适应农业发展的需要。截至2006年末，农村每万人拥有银行从业人员数量比城市少26.4人，农村每万人拥有金融机构网点数量比城市

---

① 黄国勤、赵其国：《低碳经济、低碳农业与低碳作物生产》，《江西农业大学学报》（社会科学版）2011年第1期。

低 0.7 个，全国还有一成左右的乡镇没有金融机构网点，2007 年，在金融机构贷款中，农业贷款为 1.54 万亿元，仅占 5.88%。金融业经营的特点在事实上造成了农村金融歧视，金融产品供给城乡不均。

二是农村金融市场难以对金融资源进行有效的配置。农村金融市场发育滞后、运行不规范、运行机制不完善等问题阻碍了农村金融资源的优化配置。但实际上，在现阶段我国农民对金融机构的依赖程度较低，农村金融市场无序化和不规范现象严重，农村金融服务领域较为单一，主要局限于传统的存贷款业务，地方性资本市场与农业保险业务几近空白，农业集约化、规模化和专业化的推进往往面临启动资金不足、运营资金短缺和农业经营风险集中化的困扰；中小银行发展不足、微型金融尚未涉足，农村金融服务的供给与农村中小企业的金融需求之间存在较大的缺口；大银行与中小银行在共同支持农业和农村发展的任务中分工不明确、机制不完善，农村发展中长期资金不足问题较为严重；农村金融市场利率形成不透明和信用秩序混乱。

三是农村金融融资困难，不能有效地为农业发展提供服务。我国农业还是以家庭生产模式为主，规模小、经济差、抗风险能力低，且多数乡镇企业也都是小规模经营，实力有限，都缺乏有效、合适的抵押渠道。因而在融资过程中，还存在着种种难以解决的矛盾：农业贷款的有限发放和农业产业化经营的资金缺口之间存在矛盾；农业现代化的要求与落后的金融服务之间存在矛盾；农业生产经营与信贷资金配置之间存在矛盾；信贷资金配置与农业产业化科学运作相矛盾；信贷结构调整与农村经济结构优化之间存在矛盾等。

四是农业金融服务发展落后。近年来，农业金融服务已经有明显改善，但是农村金融依然是整个社会化服务体系中的最薄弱环节。如农村信用体系建设、农业保险、信贷抵押担保以及农村地区的金融生态环境等方面的不适应问题，这些问题的存在与农村经济对农业金融的需求不相称。农业金融服务的落后越来越成为制约现代农业发展和转型的关键因素[1]。

---

[1] 谢小荣、卢晓明：《"三位一体"新型合作体系构建实践与现代农业服务体系建设问题研究》，温州市农业信息网，最后访问日期：2013 年 7 月 25 日，http://www.wzagri.gov.cn/html/main/ncgcView/59062.html。

（3）农业社会化服务体系发展不足

现阶段，我国已经初步形成了以公益性服务机构为主导的多元化农业社会化服务体系，对农村经济和农业发展起到了一定的推动作用。但是，我国的农业服务体系建设也存在着一些发展中的问题，既有历史遗留问题，也有发展需要的问题，主要表现如下。

第一，不能满足现代农业发展的需要。现有的农村社会化服务体系机制落后，新的体系还不健全，不能适应新阶段农业发展的新要求，由于法律服务、信息服务、技术服务等尚未取得全面突破，还不能为农村和农民提供良好的服务。乡镇级别的农业服务中心管理体制不合理，其管理工作由乡镇进行，而业务工作则由县级主管局指导，农业技术人员的身兼数职导致其从事农业科技服务工作的时间无法保证。此外，乡镇的有些事业单位归县管，如广播电视站和土地管理所等，虽然在乡镇工作，但是实际的权力还是在县级的主管部门，致使乡镇难以协调其优势开展服务工作。在农业科技推广领域，农业科研人员数量少、层次不高、结构不合理，许多人员很难担当起发展气候智能型农业的农技推广重任。

第二，农业服务市场化的困扰。提供农业服务的企业多数和农户建立合同关系，虽然一定程度上促成了农业服务与市场的对接，但是公司经营的根本目的是追求利益最大化，往往容易在利益分配上与农户形成争议，甚至引发合同纠纷，不能正常履行合同是困扰企业和农户双方的最大问题。这些问题都造成各类市场化的服务组织难以形成完备的功能，也不能形成有效的社会化服务体系，更不能满足现代农业的多样化、综合化和实用化的要求，限制了农业服务企业的良性发展。

（4）公益性农业服务体系弱化

建设公益性农业服务体系是现代农业发展的保障措施，也是气候智能型农业发展的重要目标。目前，我国公益性农业服务体系还不能很好地适应气候智能型农业发展的要求，一些突出的困难和问题亟待认真解决。

首先，建设的目标不明确。气候智能型农业的发展不但需要经营性农业服务组织提供服务，而且更需要政府提供公共性服务。当前很多地区未正确地认识建设公益性农业服务体系的意义，由此公益性农业服务体系目标不明确、政策不到位，甚至出现了名存实亡的严重情况。

其次，机构设置不合理。虽然我国公益性农业服务体系改革已经落实，但公益性农业服务体系的配套机构却没有进行相应的改革，机构设置混乱，导致相关机构的作用不能有效地发挥，有些地区敷衍了事，虚设乡镇农机站、农业站和畜牧站，形成了有站无人的局面；有些地区对乡镇公益性农业服务机构的管理关系没有理顺，职责不清，管理不到位；有些地区乡镇公益性农业服务机构服务范围过大，设置较分散，不利于方便群众，提供有效服务。这些问题的存在一方面影响了乡镇农业经济发展方面职能的发挥，弱化其主导作用，另一方面也使乡镇公益性农业服务机构如农机站、农业站和畜牧站的工作难以有效地开展。

最后，基础设施建设薄弱。具体表现在办公条件缺乏和办公经费难以保障两个方面。基层公益性农业服务机构办公条件较差，不同程度地存在设施简陋、办公用房缺乏和设备缺乏等问题，有些地区甚至没有合适的集中办公用房，被迫分成几个地点办公。工作经费的缺乏更是家常便饭，据农业部门统计，有不少地区的公益性服务机构的工作经费低于平均工作经费的标准。有的地区没有专项经费开展工作，如农产品质量监管，农业综合执法和新品种、新技术的示范等工作；有的地区在推进农业服务体系改革时，往往会面对人员分流、社会保障等困境，从而也影响了改革的效果。

第五节　小结

气候智能型农业可在我国加以广泛应用，在发展气候智能型农业方面，我们可以借鉴生态农业、低碳农业、循环农业、精准农业取得的成就。生态农业有生态农业循环发展、因地制宜的生态农业、生态文明示范区等几种实践模式；低碳农业则推广了低能耗、低污染、低排放的理念；循环农业主要有政府主导的大循环模式、以农业循环经济示范园区为主体的中循环模式、以企业为主体的小循环模式和家庭小院式的微循环等四种模式；精准农业则可被概括为节地、节水、节肥、节药、节种、节工、节能的农业发展模式。

我国发展气候智能型农业仍然存在一定的不足，既存在农业生产管理观念落后、家庭承包制的局限性、农村土地的产权制度不清晰等制度方面的困境，还存在以科技创新体制僵化、科研项目管理运行机制不合理、科技创新和服务水平不高、科研经费保障不利为代表性问题的科技创新不足。

尽管我国发展气候智能型农业存在种种不足，但我国在农业生产以外的相关领域积极推行改革措施，为我国气候智能型农业的发展带来了勃勃生机，这些措施包括政府为了应对全球气候变化采取的各种措施，推动农业低碳化发展的人才政策、财政政策和发展基金等，为我国发展气候智能型农业提供了机会。

但一些农业生产以外领域的问题威胁着气候智能型农业的发展，一是人才保障体系建设滞后，缺乏引导人力资本流向农业的制度和农业生产职业化制度，同时农村人才素质低、人才结构分布不合理、农村人才的宣传推介力度不够及农村教育培训制度不完善等方面的问题依然存在；二是农业服务体系不健全，在农业生产性服务体系、农业金融体制改革、农业社会化服务和公益性农业服务方面均有不足之处。农业生产性服务体系不健全，表现在现代农业个性化和多元化的发展需求不能得到与之相适应的服务保障、农业和农村结构转型存在困境、农产品流通体制不完善等方面。农业金融体制改革滞后，表现为农村金融组织难以构筑农村经济发展的合力、农村金融市场难以对金融资源进行有效的配置、农村金融不能有效地为农业发展提供服务、农业金融服务发展落后等问题。农业社会化服务体系发展不足，表现为既不能满足现代农业发展的需要，又不能满足农业服务市场化的需要。公益性农业服务体系弱化，表现为建设的目标不明确、机构设置不合理、基础设施建设薄弱等。

本章主要参考文献

［1］侯增周：《胜利油田东营区域生态农业发展问题研究》，中国海洋大学博士学位论文，2011。

［2］李哲敏、信丽媛：《国外生态农业发展及现状分析》，《浙江农业科学》2007年第3期。

［3］刘兴、王启云：《新时期我国生态农业模式发展研究》，《经济地理》2009年第8期。

［4］丁声俊：《生态农业，主导农业生产模式（国际视野）》，人民网，最后访问日期：

2014 年 11 月 5 日，http://world. people. com. cn/n/2014/1007/c1002 – 25782028. html。

[5] 马世骏、李松华：《中国的农业生态工程》，科学出版社，1987。

[6] 叶谦吉：《生态农业》，重庆出版社，1988。

[7] 李文华、刘某承、闵庆文：《中国生态农业的发展与展望》，《资源科学》2010 年第 6 期。

[8] 王秀奎、刘振邦、吴广义：《生态文明观与中国生态农业的实践》，中国共产党新闻网，最后访问日期：2013 年 7 月 15 日，http://theory. people. com. cn/GB/49154/49369/7767133. html。

[9] 王昀：《低碳农业经济略论》，《中国农业信息》2008 年第 8 期。

[10] 李大庆：《我国农业发展可用低碳农业代替高碳农业》，中国科技网，最后访问日期：2013 年 7 月 15 日，http://www. wokeji. com/jbsj/sb/201311/t20131106_437226. shtml。

[11] 翁伯琦、王义祥、黄毅斌：《应对全球气候变化的低碳农业发展战略与技术对策研究——首届海峡两岸低碳农业发展战略与技术对策研讨会综述》，《亚热带资源与环境学报》2011 年第 2 期。

[12] 中华人民共和国农业部：《低碳农业——应对气候变化农业行动》，中国农业出版社，2009。

[13] 佚名：《低碳经济的推手：农业生产的可持续发展》，《绿色视野》2008 年第 6 期。

[14] 张莉侠、曹黎明：《中国低碳农业发展现状与对策探讨》，《经济问题探索》2011 年第 11 期。

[15] NBER. Benjamin F. Jones and Benjamin A. Olken. Climate shocks and export [J/OL]. http://economics. mit. edu/files/5087，2013 – 01 – 11.

[16] 赴美国精准农业及 3S 技术培训团：《美国精准农业考察培训报告》，《中国农垦》2005 年第 2 期。

[17] 武军、谢英丽、安丙俭：《我国精准农业的研究现状与发展对策》，《山东农业科学》2013 年第 9 期。

[18] 马爱民：《气候变化的影响与我国的对策措施》，《中国科技投资》2009 年第 7 期。

[19] 李安渝、杨兴寿：《信息化背景下精准农业发展研究》，《宏观经济管理》2013 年第 4 期。

[20] 张红宇：《我国现代农业发展面临的制度障碍》，《思想工作》2008 年第 11 期。

[21] 赖景生：《树立现代农业的产业系统观——对新时期农业的认识》，《重庆工商大学学报（西部论坛）》2005 年第 1 期。

[22] 孔祥智、李圣军：《试论我国现代农业的发展模式》，《教学与研究》2007 年第 10 期。

[23] 商五一、梅方权：《增加农业科技投入是政府公共财政的必然选择》，《中国科技论坛》2006 年第 3 期。

［24］《中国应对气候变化国家方案》，新华网，最后访问日期：2007 年 6 月 4 日，ht-
tp：//news. xinhuanet. com/politics/2007 – 06/04/content_6196300_1. htm。

［25］杜受祜：《环境经济学》，中国大百科全书出版社，2008 年第 9 期。

［26］农业部科技教育司：《农业科技发展"十二五"规划》，2011 年 12 月 26 日。

［27］韩一宾：《财政支持农业适应气候变化的思考》，《中国财政》2010 年第 15 期。

［28］佚名：《三农创业致富榜样揭晓，榜样精神点燃创业激情》，中国政府网，最后
访问日期：2014 年 4 月 5 日，http：//www. gov. cn/ztzl/2012 – 12 – 27/content_2299
935. htm。

［29］黄国勤、赵其国：《低碳经济、低碳农业与低碳作物生产》，《江西农业大学学
报》（社会科学版）2011 年第 1 期。

［30］谢小荣，卢晓明：《"三位一体"新型合作体系构建实践与现代农业服务体系建
设问题研究》，温州市农业信息网，最后访问日期：2013 年 7 月 25 日，http：//
www. wzagri. gov. cn/html/main/ncgcView/59062. html。

第七章 确立我国气候智能型
农业发展战略及目标

2010 年 10 月 28 日 FAO 发表的有关气候智能型农业发展的报告，虽然强调发展气候智能型农业必须加强农业管理，改善水、土地和森林及土壤养分等自然资源的利用，减少农业对环境的影响，降低农业温室气体排放，降低气候灾害对农业地区的危害程度，建立健全预警和保险体系，但是，FAO 的报告还仅仅是对气候智能型农业发展理念层面的概述，到底应如何发展实施气候智能型农业，目前国际国内均未有实践层面的成功模式可以借鉴。根据上文对我国气候智能型农业的基础与条件、机遇与挑战进行分析与讨论，总的判断是我国应尽快对气候智能型农业发展战略、发展目标、评价标准和要完成的任务进行全方位思考和研究，从而明确发展方向，并逐步进行实践探索。

第一节 确立并实践气候智能型农业发展战略

一 制定发展战略规划，完善法律法规和产业标准

气候智能型农业对我国来说是一个全新的领域。目前我国在法律、法规和产业发展标准方面离发展气候智能型农业还存在很大差距。为此，我国要发展、推广气候智能型农业，重点就是要对传统农业进行调整、规划和制度体系建设，为此应从以下几方面着手[①]。

---

① 李秀香、章萌：《积极应对农业气候危机》，《探索与争鸣》2012 年第 2 期。

　　一要对气候智能型农业发展进行全面的科学规划，并将其纳入国家发展总战略中。这就要求一方面要尽快对我国气候智能型农业总体发展方向和农业转型目标进行总体定位，并对气候智能型农业的制度进行安排并予以政策支持，以及对农业智能化应对气候变化的目标、重点和方法进行具体定位和部署。另一方面对气候智能型农业产品生产、抵御气候变化能力、气象灾害预警和应急等方面的技术开发进行总体和具体的规划和部署，而且应将相关农业技术的开发纳入科技攻关计划中，并逐步进行推广实施。值得注意的是，中国地域差异大，农作物品种及种植制度多样，气候变化的影响具有明显的季节性和区域差异性，因此必须遵循区域差异规律，制定应对气候变化差别化策略①。具体来说，北方高纬度地区应当增加多熟制种植面积，水稻、油菜、棉花、玉米、柑橘等作物的种植区域应适当北扩，扩大气温升高给农产品生产带来的好处②。南方应当引进耐高温干旱农作物，同时适当调整作物的播种期，使高温干旱发生的时段发生在作物抗高温干旱的生育期，减少高温给产量带来的影响，也可以通过建造农田防护林、安设遮阳网等方式，达到为作物降温的目的。

　　二要健全发展气候智能型农业的法规、制度。首先，要加快制定《中华人民共和国应对气候变化法》，把适应气候变化纳入政府的社会经济发展规划中。2011 年中央一号文件提出建立最严格的水资源管理制度，即用水总量控制、用水效率控制和水功能区限制纳污三项制度，这是我国农业应对气候变化在法规制度建设方面迈出的重要一步。我国应按照《中国应对气候变化国家方案》将农业应对气候变化工作纳入社会经济发展总体战略框架中。其次，要修改农业相关立法。应该修改《农业法》《水土保持法》《土地管理法》《水污染防治法》《农业气象灾害救济条例》等相关法律法规，增加应对气候变化的相关内容，保证农业方面应对气候变化的政策和措施得以贯彻和实施。

　　三要构建气候智能型农业产业评估标准和评价体系。该体系要软硬指

---

①　刘彦随、刘玉、郭丽英：《气候变化对中国农业生产的影响及应对策略》，《中国生态农业学报》2010 年第 4 期。

②　王向辉、雷玲：《气候变化对农业可持续发展的影响及适应对策》，《云南师范大学学报》（哲学社会科学版）2011 年第 4 期。

标并重，既要有气候智能型技术指标，又要有农业发展效率指标，还要有政策评价指标；既要建立智能化应对气候变化的预警和保险体系，又要建设相关辅助产业和服务体系，使农业既能智能化地降低对气候的影响，又能提高其智能化地应对旱涝等气候变化的能力。以此为指导，我国气候智能型农业发展应既是气候友好型的，又是气候应对型的。为此，可以借鉴美国、印度等国精准农业的发展路径。美国很早就实施了精准化农业，将耕地化为多个操作单元，按照每个操作单元的具体情况，精准地管理土壤和种植于其上的作物，最大限度地减少化肥、农药、水、种子等农业投入，达到获取最高产量的目的[1]。据估算，美国通过精准农业技术使农作物的产量提高了 15%，化肥、农药的使用量减少了 10% ~ 20%[2]。印度自2008 年开始实施可持续农业计划。按照该计划，印度要加强农业对气候变化的适应能力。为达到这一目的，要加大新型农作物，特别是抗热作物的选育和开发力度，采用轮种模式，增加农作物应对长期持续干旱、洪水和不同水气可用率的能力，增强气候变化的监控能力，为农业实践提供指导意见，并通过创新信用和保险机制对上述计划的实施提供支持[3]。

二　强固气候智能型农业发展基础

在强固气候智能型农业发展基础方面应主要在以下几方面入手[4]。

一要加强应对气候灾害的农业基础设施建设。2011 年中央一号文件提出，10 年水利建设投入 4 万亿元，力争从根本上扭转水利建设滞后局面。与此同时，地方政府、民间力量也应大幅度增加气候智能型农业科技投入，提高财政支农资源的配置效率。

二要扩大农业湿地面积。美国湿地协会确定，农田周围应按 14∶1 的

① NBER. Benjamin F. Jones and Benjamin A. Olken. Climate Shocks and Export [J/OL]. http://economics. mit. edu/files/5087，2013 - 01 - 11.

② 赴美国精准农业及 3S 技术培训团：《美国精准农业考察培训报告》，《中国农垦》2005 年第 2 期。

③ Prime Minister's Council on Climate Change, Government of India. National Action Plan on Climate Change [EB/OL]. http://pmindia. nic. in/Pg01 - 52. pdf，2013 - 01 - 08.

④ 李秀香、赵越、简如洁：《我国气候智能型农业及贸易发展研究》，《当代财经》2011 年第 7 期。

比例配置湿地，即每14公顷农田就应有1公顷湿地，这种湿地被称为"农业湿地"。农业湿地具有吸纳碳的作用，有资料显示，单位面积农业湿地的固碳作用是森林、海洋的9倍①。为此，建议我国在不影响基本农田建设以及耕地红线的前提下，不断扩大农业湿地建设范围和建设标准。可以大量利用农村农田及宅基地周围大洼小坑、水沟、小河等地形地貌，通过统一整治、通水、活水、培育植物等规划、治理，形成可大可小、功能多样的农业湿地。

三要改良农业品种，发展富碳农业。一方面，全球气候变化将会导致农作物遭受各类自然灾害以及病虫害滋生蔓延的危害，因此我国需要大量培育或引进具有对高温、洪涝和干旱等极端气候事件及对病虫害具有抵抗力的作物品种，以及扩大碳吸收和存储的农作物种植，在新的生态环境中提高农牧业产量，如可以引进国际水稻研究所开发的抗涝水稻品种，国际热带农业中心开发的抗旱菜豆品种等。

在应对全球气候变化、减缓气候变暖的速度方面，农业具有不可推卸的责任。发展富碳农业能够合理使用、储存地表 CO_2，从而达到减碳、固碳的目的。富碳农业（包括富碳林业）具体讲就是在难以利用的土地上或地下空间，利用光伏光热、气肥、发光二极管、机器人、光导纤维、建筑控温、新种子、超净无菌车间等技术，通过地热和太阳能光热相结合的方法进行控温，使植物以水和 CO_2 为原料，在光的催化下生成碳水化合物并释放氧气，促进农产品生长。所以富碳农业不仅可以将过多的 CO_2 储存，还可以减少 CO_2 的排放量，从而改善环境，减少气候变暖对农业产生的影响②。

因此，发展气候智能型农业必须鼓励发展富碳农业，对该项目的实验、推广和实施进行财政、土地和厂房等方面的支持。

四要减少化肥使用，发展绿色生态农业。要发展气候智能型农业就必须要减少化肥、农药的使用量，建立有机农业开发模式。这就要求：在全

---

① 李晓燕、王彬彬：《低碳农业：应对气候变化下的农业发展之路》，《农村经济》2010年第3期。

② 毛如柏、陈应天、袁东来：《富碳农业——为二氧化碳找出路》，《人民日报》2014年3月13日。

国范围内制定农药和化肥的严格使用标准，并取缔一些农药的使用，必要时可以检查农药残留量，使全国农作物的化肥、农药等物质使用量和使用强度逐步降下来。要让国内标准逐步与发达国家和地区（尤其欧盟、日本等）的标准接轨，从而既减少了农业温室气体排放量，又降低了土壤重金属、水体富营养化等污染程度，实现了粮食和农作物食用安全。当然，这里应该强调的是严格的检查监督和违规处罚是实现这一目标的重要保障。此外，各级政府财政还应积极支持绿色、无公害和有机农产品的生产，对生态农业生产基地建设给予税收、信贷、奖励等方面的支持，真正实现政府培育的示范和带动作用。

为了全面实现气候智能型农业的低碳、绿色化发展目标，应该试点征收化肥、农药的"环境税"，增加农民化肥和农药的使用成本，从而达到减量使用的目的。长期以来，我国往往对农业生产有关的化肥和农药的使用采取优惠政策，从而减低生产成本。但随着全球温室气体减排压力的增大，为了充分挖掘"农业碳汇功能"，限制农业排放，国家应对农药、化肥的使用征收"环境税"，并应将税收返还给农业的低碳、智能化发展，必要时可直接投入到"农业碳基金"中，然后再合理配置使用，从而达到抑制化肥和农药大量使用、促进生态农业发展的目的。有专家估算每年我国可征收碳税 700 亿～1000 亿元，可作为碳补贴返还农业 206.38 亿元。这部分碳税补贴相当于每公斤粮食可补贴 0.039 元。随着碳税率的提高，对粮食的补贴也会相应上升，比如 2020 年碳税率提高到 40 元/吨，则对粮食的补贴应相应上升至 0.16 元/公斤[①]。

五要发展循环农业。气候智能型农业，既要实现能源与二氧化碳控制排放，又要完成农业生态系统内的物质循环利用。因此，要大力推广节地、节水、节能的循环农业。一方面，应通过农作物废物和人畜排泄还田，实现"资源—产品—再生资源"的农业循环发展模式，杜绝废弃物焚烧和养殖业"面源污染"问题。另一方面，应积极鼓励发展套种农业、立体农业。既要植物间种套种，又要农田轮作；既要农作物共生混生，又要农作物废物互肥。蔬菜、桑叶、豆类以及玉米都可以套种轮作，稻田养

---

① 夏庆利：《基于碳汇功能的我国农业发展方式转变研究》，《生态经济》2010 年第 10 期。

殖、菱蟹共生已经在国内部分地区取得了一些很好的经验，比如江西万年、安义和宜丰等地的蔬菜和豆类套种，稻田养殖、菱蟹共生等均有很好的尝试，尤其江西"猪—沼—果"农业循环经济种植、养殖模式已经有近20年的发展历史，这些成功的农业循环发展模式逐步在全国范围内积极推广很有必要。

六要建立适应气候变化的种子库。有研究认为，古代种子可适应气候变化。为此，南美、中美、大洋洲以及南部非洲等地已经陆续建立了相对完善的区域性种子库和世界种子库。我国应该逐步建立适应我国气候条件、能够应对气候变化的较为完备的种子库。

七要强固气候智能型农业粮食安全体系。该体系既要构建主要粮食生产、储藏智能应对气候变化的机制，又要构建畜牧业减碳化生产、智能化发展、持续化供应的产业体系，更要构建广义的"气候智能型"食物安全体系。为此，首先要建立农业应对气候灾难的预警与应急反应机制；其次要建立应对气候变化的农产品进出口稳定增长机制；最后要大量培育或引进具有对高温、干旱等极端气候及对病虫害有抵抗性的作物品种，在新的生态环境中提高农牧业产量，增加碳吸收。

第二节　明确中国气候智能型农业发展目标

气候智能型农业发展的总体目标是提高农业发展综合能力，包括长期应对和适应全球气候变化和我国区域气候变化的能力，短期抗击气候风险、气候灾害的能力，农业综合的可持续发展能力。

一　建立气候智能型农业制度及产业发展目标

（1）气候智能型农业制度建设目标

一是建立健全气候智能型农业发展法律法规。涉及农业发展的法律法规必须包括应对气候变化的相关内容。二是建立健全完善的农业应对气候变化的应急机制。做到快速应对气温突变、粮食短缺、灾害预警和减灾防灾等重大农业受气候变化影响事件。三是建立健全完善的支持农碳金融制度。包括低碳农业基金、碳流失基金和农业碳交易机制。四是建立健全充分的农业气候保险制度。健全全覆盖的农业气候保险是农业应对气候变化的强大保护伞。五是建立灵活的气候智能型农业贸易和国际合作机制。农业低碳产品认证及标签等制度体系建设要不断完善，通过碳足迹评估与认证，加注碳标签、碳识别等制度和标准建设的完善，建立对农业低碳产品和相关企业的奖励政策，提高农产品出口能力和突破低碳壁垒的能力。

（2）气候智能型农业产业发展目标

一是以耐旱耐涝的粮食产业为主导，其他产业为辅助。在粮食种植和农业种植业中培育或引进对高温、干旱等极端气候及对病虫害具有抵抗性的作物品种。

二是农产品种植以低碳、安全为主。农业的农、林、牧、副、渔"五业"生产中种植业负担着低碳、减碳重要任务，通过对农业种植业进行精心选择和强化管理，大力发展有生态涵养功能和气候调节功能的作物，种植固碳、固氮植物，以及绿色、有机植物，并在此基础上不断筛选适应气候变化的农业种植种子，通过推广节氮、节水的绿色超级稻种植等手段实现农产品种植的低碳、安全。

三是建设农业生态体系。标准农田建设应遵照每14公顷农田搭配1公顷的标准建设"农业湿地"，使农业固碳效果达到最佳状态；不断强化森林、草原的保护和建设，在此基础上培育农业发展的生态屏障；农作物与林、草和湿地合理搭配，加强农业水土保持能力建设和防沙治沙能力建设，全面提升农业固碳、减碳功能。

四是增大生物质产业在农业生产中的比重。生物质产业主要包括生物能源、生物基产品和生物质原料等，这是农业应对气候变化的新兴产业。生物质作物种植可以利用非耕地、坡地、丘陵等荒山、荒地种植并进行综合开发利用，同时利用农作物秸秆等各种农业废弃物进行生物质能源开发和利用。

二 强固气候智能型农业发展基础及技术支持

（1）强固气候智能型农业发展基础

一是完善的"气候智能型"农田水利基础设施。高标准现代化的农田建设要全面铺开，水利设施建设要能高效运转，在大中型水库建设与运行良好的情况下，应加强小型水利工程建设，使农村应急水源分布广泛，可发挥应对气候变化的实际效果，而且需要把距离农田一公里的小水渠建设好修缮好（以往这一段水渠修建责任不清，主体不明确，往往出现断头水渠，而且维修不到位）。二是完善的气候智能型农业科技信息基础设施建设。农业科技有效运行离不开完善的农业科技信息基础设施建设。农业科技信息基础设施是指一切能够应用于主动服务模式的基础设施，包括但不限于广播设备、电视设备、通信设备和网络设备。应当以集中、统一、规范、畅通、高效为原则，建设设备兼容、资源共享、信息畅通、应用高效的气象信息服务平台和网络体系，尤其是县乡级气象信息服务基础设施建设一定要快捷通达。

（2）强固气候智能型农业技术支持

一是推广农业种植业扩大温室气体减排技术的应用。如稻田甲烷减排、施肥与灌溉、农田氧化亚氮减排技术等技术的推广和应用。二是扩大农业养殖业温室气体减排技术的应用，如推广秸秆青贮、氨化等饲料处理技术，减少饲养过程的甲烷排放，集约型生态养殖技术和畜禽粪便处理技术，以减少饲养废弃物、排泄物的甲烷排放。三是扩大农业固碳技术的应用。通过生态系统管理技术的广泛应用不断增强农、牧、林、渔业的长期固碳能力；推广旱田节水技术，包括但不限于节水栽培技术和节水灌溉技术；通过提升选种、育种和种植技术，增加农作物产量，增强固碳能力，扩大碳库。四是推广低碳、固碳作物种植耕作技术的广泛使用。此类技术包括少耕、免耕、轮耕等保护性耕作技术，套种及复合种植等种植技术，间歇灌溉、滴灌等先进灌溉技术等。五是扩大低碳施肥、施药技术的广泛应用。通过制度约束化肥、农药等传统化学品的施用量，推广精准施肥、平衡施肥和测土配方施肥等施肥技术。加强农药、除草剂等"有毒、有害"化学品使用的法制化管理。六是推广循环农业技术的广泛利用。广泛利用农业生产的"废弃物"和生活垃圾生产沼气取暖发电，利用沼液、沼渣养地。在农业生产、加工和农村生活中尽量减少化石能源的使用，并对农业废弃物、垃圾进行无害化处理。七是推广智慧农业技术的广泛应用。包括智慧耕种、智慧收割、智慧灭虫和智慧应对气候的农业技术的广泛运用。

第三节　明确中国气候智能型农业外贸发展目标

要大力发展气候智能型农业，实现农业发展方式的转型，我们在农产品出口战略方面也应该有一定的调整。这种调整不仅涉及贸易流通环节的战略建设和调整，还涉及与之相关的生产环节的建设和调整。

一　基于气候智能型农业的出口贸易目标

（1）调整出口结构，提升我国低碳农业的出口竞争力

发展气候智能型农业，积极参与国际竞争是我国农业发展的重要转变和突破。长期以来，我国农业生产和出口商品结构不尽合理，主要表现为传统和初级产品占据农产品出口的主要位置，而深加工和特色产品不足。这一农产品贸易格局无论是在数量上还是在质量上离气候智能型农业发展目标的实现均有很长的一段距离。从出口数量来看，我国深加工农产品的出口仅占全部农产品出口的20%，其余80%的农产品均为初级产品。农产品出口质量层面更无特色可言，由于国内农业加工产量仅为总产量的1/4，加工增值也仅为30%左右，用于出口的农产品无论是商品层次、产品质量，还是出口创汇率均难言突出。而发达国家的农产品加工产业则是另一番景象，农业加工产品可达90%，加工增值2~3倍。对此，我国应考虑农业产业结构的调整，大力发展具有优势的农产品和农业加工产业，对具有丰裕要素禀赋的种植业产品——如蔬菜、水果、花卉——以及畜牧产品和水产品应扩大生产规模，加快出口步伐；而对于粮食、油料、羊毛等不具有丰裕要素禀赋的农业产业则应考虑削减生产规模，减少资源投入，此类商品的市场消费缺口可通过进口加以满足。

（2）建立气候智能型农业出口基地

加强农产品出口基地建设，是我国农业跨越发展的必然要求[①]。发展气候智能型农业也是如此。因此，需要进一步加强以下一些工作。一要为低碳农产品出口基地建设提供必要的资金和资源扶持，重点扶持基地的企业出口

---

① 白国平：《农产品出口基地建设与农产品出口探析》，《山西农经》2010年第6期。

所需要的各种相关认证，以及参加国际知名农业博览会等方面资金支持。要大力鼓励和支持基地出口企业去争取 GAP、GMP、HACCP 等方面的认证，逐步达到国际农产品生产标准。二要建立基地低碳农产品质量追溯体系。要强化对基地低碳农产品生产及出口加工环节的控制和追溯制度建设。三要改善农产品基地建设的基础条件。除传统的农田排灌、大棚等基础设施，无公害技术配套设施建设以及农产品出口贸易物流中心建设外，还要提高基地建设的现代化科技水平，尤其是电子销售、电子认证和高科技检验检疫技术。

（3）加大补贴力度，促进低碳农产品出口

我国要发展气候智能型农业，就必须充分运用"绿箱"政策和"新蓝箱"政策，巧妙运用"黄箱"政策，完善农产品出口的补贴和保护机制。

一是要实施碳补贴机制。碳补贴是指政府对实施节能减排，促进低碳经济发展的企业或个人行为给予的补贴[①]。WTO 的《农业协定》对农业补贴[②]进行了具体规定，而在 2004 年 8 月多哈农业框架协议达成后对"蓝箱"政策进行了重新定义，形成了"新蓝箱"政策。与前者相比，"新蓝箱"的变更之处在于：在原规定"按限产计划作直接支付"的基础上提出了另一个选择，即"不与生产挂钩的直接支付"；原有的"蓝箱"没有对直接支付的数额作任何限制，而新规定则为"蓝箱"设定了一个硬性指标，即任何"蓝箱"不得超过该国农业生产年度总值的 5%。相对来讲，"新蓝箱"不用每年进行统计计算和核查，因此更便于操作[③]。根据"新蓝箱"政策的划分，碳补贴应被纳入其中并得以免除减让。碳补贴的领域十分广泛，涉及各行各业，农业自然也会受其影响。农产品贸易一直是国际贸易中的重要领域，是各国的"必争之地"，在不久的将来，农业必将成

---

① 李秀香、赵越、程颖：《农产品贸易的气候变化风险及其应对》，《国际贸易》2011 年第 11 期。

② 根据 WTO 的《农产品协议》，把农业补贴政策分为"绿箱"、"黄箱"和"蓝箱"。绿箱政策是指不引起贸易扭曲的政策，称"绿色"政策或称"绿箱"政策，可免予减让承诺；黄箱政策是将那些对生产和贸易产生扭曲作用的政策称为"黄箱"政策措施，要求成员方必须进行削减；蓝箱政策是指，一些与生产限制计划相联系的直接支付的"黄箱"政策支持，被称为"蓝箱"的特殊措施，可得到免除减让。但其条件是必须满足下列要求之一：（1）按固定面积或者产量提供的补贴；（2）根据基期生产水平 85% 以下所提供的补贴；（3）按牲口的固定头数所提供的补贴。

③ 韩高举：《多哈农业框架协议与"新蓝箱"政策》，《世界农业》2005 年第 7 期。

为碳补贴的"重灾区"①，目前一些苗头已经显现。如在美国，经过示范验证的先进能源技术将得到政府补贴。在欧盟，碳捕捉和储存技术的开发和应用可以得到多种渠道的补贴和各种便利措施；在加拿大，自 2007 年起，购买新能源汽车即可获得 1000～2000 加元的补贴；德国通过高碳补贴低碳的"交叉补贴"方法，也值得我们借鉴。

据多哈回合框架协议，中国执行期结束时，"新蓝箱"潜在支持量会有 145.8 亿美元②。"新蓝箱"政策为我国农业补贴从"黄箱"向"蓝箱"调整预留了合法的政策空间。然而与发达国家相比，中国财政能力有限，对 2 亿多农户进行大量碳补贴是很困难的。为此，我国应加大对低碳农业的财政补贴力度，充分运用自然灾害补贴、农业结构调整补贴、环保补贴、区域补贴等方式，创新碳补贴模式并进行改革税制，一方面增加农产品出口竞争力，另一方面进一步减轻农民负担。鉴于我国粮食生产商品化率比较低，而且粮食生产每年还可以释放 5.65 亿吨对大气质量有巨大正外部性的气体，因此，有专家建议未来 10 年，我国农产品碳补贴可以定位在 0.08～0.2 元之间，而且为了鼓励农民积极种粮，防止耕地抛荒，可在原来种粮补贴的基础上附加每亩 21.86 元的"耕地碳补贴"③。

二是要完善农产品价格保护机制。我国要用足用好"绿箱"政策，各级政府应加大对低碳农业、智能化种植以及应对气候变化农业基础设施建设的投入；加强对农业低碳技术开发、教育培训、科技推广和咨询服务的支持力度；实施全方位低碳农产品价格保护机制，在充分保障农户、农业企业稳定提高收入和利润的前提下，提升我国低碳农产品的出口竞争力，为发展气候智能型农业抢占世界制高点。

（4）积极应对国外的"低碳贸易措施"④

我国对发达国家的一些激进措施一方面要表明观点，积极磋商，另一

---

① Henning Steinfeld, Pierre Gerber, Tom Wassenaar, et al. Livestock's Long Shadow-Environmental Issues and Options［EB/OL］. ftp：//ftp. fao. org/docrep/fao/010/A0701E/A0701E00. pdf，2012 - 10 - 03.

② 程杰、武拉平：《"蓝箱"与新蓝箱：潜在影响与谈判立场》，《国际贸易问题》2008 年第 3 期。

③ 夏庆利：《基于碳汇功能的我国农业发展方式转变研究》，《生态经济》2010 年第 10 期。

④ 发达国家的碳关税等应对气候变化的措施，实际是以应对气候变化为名，阻碍发展中国家产品进入发达国家市场，可称之为"低碳贸易限制措施"。

方面也要采取措施主动应对。

首先，要积极应对"碳关税"。发达国家通过碳关税等措施的实施，制造贸易保护壁垒，形成新一轮产品出口、技术出口和投资的新优势。2009 年 6 月 26 日美国众议院通过两项法案，从 2020 年开始，对未达到其国内碳排放标准的进口排放密集型产品征收惩罚性碳关税。目前，国际上普遍认可的碳关税征收额为对每吨碳排放征收 10 ～ 70 美元关税。若以 35 美元/吨碳的征收额度来计算，2011 年中国碳关税税负在 1.61 亿美元左右[1]。为此，我国一方面要尽快建立国内的碳税机制，使欧美对我国征收"碳关税"失去合理性；另一方面应基于 WTO 的基本规则和《框架公约》"共同而有区别的责任"的原则，表达反对的观点和立场。2009 年 7 月 4 日，中国政府已明确表达了对碳关税的反对意见。

其次，要加快国内农业低碳产品认证、标签等制度体系建设，尽快使农产品生产及出口企业以及出口产品通过碳足迹评估、认证，加注碳标签、碳识别，切实减少生产经营活动中的碳排放，并提高出口竞争力。2010 年 9 月，国家发展和改革委员会、国家认证认可监督管理委员会等多部委机构参与的低碳认证制度研究正式启动，环境保护部已初步将汽车、家电和办公设备等产品列入开展低碳产品认证的优先领域，但对于农产品的低碳认证还很少，这将使农产品贸易处于被动地位。因此，可以选定一些农产品或食品行业的部分产品进行碳标签试点，尤其要加强"食物里程"标志的研究和认证试点工作，一方面促进我国食品的出口，另一方面可以有效限制国外"食物里程"较长的食品的进口。

最后，要加大对农业低碳产品、企业的奖励政策。应该给予适当的财税奖励，以激励越来越多的农业公司将评估"碳足迹"作为其履行社会责任的一部分。有研究认为我国的出口结构正在向低碳贸易发展[2]，这是非常积极的信号。

---

[1]　以 2011 年农产品出口占农产品总产值的比重，估算出 2011 年出口农产品的碳排放量，乘以碳关税征收额，得到估算结果。

[2]　闫云凤、杨来科：《金融危机条件下我国出口贸易向低碳经济转型》，《当代财经》2010 年第 1 期。

二 基于气候智能型农业的进口贸易目标

（1）调整进口商品结构

对国内急需且受气候影响生产不足的农业产品，要加大进口力度。近年来我国进口大豆和棉花较多，由于这两种产品主要产自我国纬度偏高、受气候变化正效应影响明显的地区，此类产品大量的进口严重影响了国内相同产业产品的生产和销售。为此，应该尝试实施灵活机动的农产品进口战略，从而保证进口产品结构随着气候变化的影响而及时调整。

（2）编制农产品碳关税方案，实现农产品低碳保护

我国是对农产品市场保护程度最低的国家之一。国际贸易和可持续发展中心（ICTSD）发布的《2008年12月农业模式草案对中国的影响》一文提到，中国的农产品关税可能从现在的15.76%降低至13.3%[1]。为此，适当运用低碳贸易措施加强市场保护十分必要。尤其应认真研究发达国家的各种碳关税方案，编制应对方案，并设计中国征收碳关税的相应初步方案，以备急用。我国探究"碳关税"实施的原则应参照发达国家的标准。由于欧美国家的平均减排成本在50美元/吨以上，按2010年美元对人民币平均价格6.8元折合，欧美国家减排成本约为340元/吨。按照1千克粮食吸收1.47千克CO_2标准计算，欧美发达国家粮食碳补贴标准约为499.80元/吨。我国进口欧美发达国家农产品的"碳关税"应参考此标准[2]。

（3）改善进口贸易地区结构

中国农产品的进口国/地区过于集中，一旦某一地区发生气候灾害，将直接影响我国农产品的进口质量和价格。为此，要不断培育新的农产品进口来源国和地区，构建多元化的农产品进口地区结构。一方面应继续保持与美、日、德、俄等国家的农产品进口出口贸易关系，另一方面还应加大对拉美、中东、欧洲、新兴市场、东南亚及非洲的进口出口贸易能力的培育力度，从而在出口能力不断强大的情况下，在气候复杂多变的形势

---

① 戚树霞:《中国农产品出口问题研究》，华东师范大学硕士学位论文，2010。
② 夏庆利:《基于碳汇功能的我国农业发展方式转变研究》，《生态经济》2010年第10期。

下，逐步建立和完善灵活多样的进口农产品贸易格局，改善农产品贸易逆差，保证农产品供给及粮食安全。

第四节　小结

农业是应对、减缓和适应气候变化的重要领域之一[①]。2013 年 12 月 5 日，在南非约翰内斯堡召开的第三届全球农业、粮食、营养安全和气候变化会议上，全球大国继续探讨了气候智能型农业在全球推广的问题，并提出了"从今天开始一起智能种植"的口号[②]。对于应对气候变化，我国政府是负责任的，各级政府在经济社会发展的方方面面积极推动节能减排，在农业发展方面也是如此。

所以我国在积极探索"气候智能型"发展思路、方法和路径。为此，必须要尽早确立气候智能型农业发展战略，并在规划、体制机制建设等方面进行全面部署和动员，并明确气候智能型农业的目标和任务，从而进行全面推广和实践。

当然，在确立并实践气候智能型农业发展战略方面，既要制定发展战略规划、完善法律法规和产业标准，又要强固气候智能型农业发展基础并积极实践；在明确我国气候智能型农业的发展目标方面，既要建立气候智能型农业制度及产业体系，又要强固气候智能型农业发展基础及技术；在明确我国气候智能型农业外贸发展目标方面，既要调整出口结构，提升我国低碳农业的出口竞争力，又要编制农产品碳关税方案，实现农产品的低碳保护。

本章主要参考文献

［1］李秀香、章萌：《积极应对农业气候危机》，《探索与争鸣》2012 年第 2 期。

［2］刘彦随、刘玉、郭丽英：《气候变化对中国农业生产的影响及应对策略》，《中国

---

①　张新民：《中国低碳农业发展的现状和前景》，《农业展望》2010 年第 12 期。

②　倪涛：《应对未来巨大粮食缺口，推动实现经济绿色增长——"气候智能型农业"肩负双重使命》，《人民日报》2013 年 12 月 6 日。

生态农业学报》2010 年第 4 期。

［3］王向辉、雷玲：《气候变化对农业可持续发展的影响及适应对策》，《云南师范大学学报》（哲学社会科学版）2011 年第 4 期。

［4］NBER. Benjamin F. Jones and Benjamin A. Olken. Climate shocks and export ［J/OL］. http://economics. mit. edu/files/5087，2013 - 01 - 11.

［5］赴美国精准农业及 3S 技术培训团：《美国精准农业考察培训报告》，《中国农垦》2005 年第 2 期。

［6］Prime Minister's Council on Climate Change，Government of India. National Action Plan on Climate Change ［EB/OL］. http://pmindia. nic. in/Pg01 - 52. pdf，2013 - 01 - 08.

［7］李秀香、赵越、简如洁：《我国气候智能型农业及贸易发展研究》，《当代财经》2011 年第 7 期。

［8］李晓燕、王彬彬：《低碳农业：应对气候变化下的农业发展之路》，《农村经济》2010 年第 3 期。

［9］毛如柏、陈应天、袁东来：《富碳农业——为二氧化碳找出路》，《人民日报》2014 年 3 月 13 日。

［10］夏庆利：《基于碳汇功能的我国农业发展方式转变研究》，《生态经济》2010 年第 10 期。

［11］白国平：《农产品出口基地建设与农产品出口探析》，《山西农经》2010 年第 6 期。

［12］李秀香、赵越、程颖：《农产品贸易的气候变化风险及其应对》，《国际贸易》2011 年第 11 期。

［13］韩高举：《多哈农业框架协议与"新蓝箱"政策》，《世界农业》2005 年第 7 期。

［14］Henning Steinfeld，Pierre Gerber，Tom Wassenaar，et al. Livestock's Long Shadow-Environmental Issues and Options ［EB/OL］. ftp://ftp. fao. org/docrep/fao/010/A0701E/A0701E00. pdf，2012 - 10 - 03.

［15］程杰、武拉平：《"蓝箱"与新蓝箱：潜在影响与谈判立场》，《国际贸易问题》2008 年第 3 期。

［16］闫云凤、杨来科：《金融危机条件下我国出口贸易向低碳经济转型》，《当代财经》2010 年第 1 期。

［17］戚树霞：《中国农产品出口问题研究》，华东师范大学硕士学位论文，2010。

［18］张新民：《中国低碳农业发展的现状和前景》，《农业展望》2010 年第 12 期。

［19］倪涛：《应对未来巨大粮食缺口，推动实现经济绿色增长——"气候智能型农业"肩负双重使命》，《人民日报》2013 年 12 月 6 日。

第八章　中国气候智能型农业评价指标体系构建及解读

气候智能型农业概念的提出无疑为我们智能化应对气候变化，减缓气候变化指出一条光明大道。气候智能型农业能有效提高农业生产效率，提高农业资源利用率，保护农业生产环境和农村生态环境，保障农业从业人员收入的稳定增长，化解气候变化和农业生产之间的矛盾，保证国家的粮食安全，满足当代及后代对农产品持续增加的需求。农业既是我国国民经济的基础产业又是其不可或缺的组成部分，气候智能型农业的发展为我国农业的循环发展、经济的可持续增长提供了重要保障。对气候智能型农业的发展内容、发展目标、发展方法等方面的定性研究为气候智能型农业的积极推进起到了重要的作用，而对气候智能型农业的定量研究则具有实践意义，即在农业生产实践中对气候智能型农业进行量化的评价和控制，能够确保气候智能型农业的可持续发展。但 FAO 的报告还仅仅是对气候智能型农业发展理念层面的概述，到底应如何发展实施气候智能型农业，目前国际国内均未有实践层面的成功模式可以借鉴。我国要建设气候智能型农业需要对其发展目标、评价标准和要完成的任务进行全方位的思考和研究，从而明确发展方向，并逐步进行实施、完成。

第一节　中国气候智能型农业评价指标体系构建的目标、原则及方法

一　指标体系构建的目标

为了能够准确地度量气候智能型农业的发展状态，评估气候智能型农

业的发展目标，必须建立气候智能型农业评价指标体系，该指标体系的建设应当围绕气候智能型农业的目标与特点展开。联合国粮农组织（FAO）发布的《气候智能型农业：有关粮食安全、适应和减缓问题的政策、规范和融资》报告指出：气候智能型农业……既能够可持续地提高工作效率、适应性，减少温室气体排放，又可更高目标实现基于国家粮食生产和安全的农业发展[①]。而气候智能型农业重点突出了气候智能型农业发展技术的推广，粮食安全体系效率及低碳、智能发展的农业保障体系建设。因此，该指标体系的构建应全面、正确、科学、完整地评价气候智能型农业的发展水平。

从评价目标来看，该指标体系应包含以下几个方面。一是对气候智能型农业与农业可利用资源之间的平衡关系。农业可利用资源包括支撑农业发展的自然资源、劳动力要素、社会资本等生产要素。气候智能型农业对农业资源的利用要充分考虑利用效率问题和代际公平问题，气候智能型农业的发展应充分挖掘农业可利用资源的生产潜力，发挥其对气候变化的适应能力，提高农业生产水平。二是气候智能型农业可持续发展能力的评价。气候智能型农业除了满足当代的需求，亦应满足后代的需求，农业生产力应当与社会发展的需求持续、稳定、同步增长，使农业生产具有应对气候变化的灵活性和稳定性，避免气候变化带来的灾难性后果，实现农业的稳态发展[②]。三是气候智能型农业管理协调能力的评价。气候智能型农业是一个多方面结合的有机整体，从气候智能型农业发展的要求来看，高效的政策体系能与农业生产体系形成功能互补的有机系统，协调农业与其他各方面的发展水平，是改善农业生产系统的整体经济效益的基础[③]，对气候智能型农业的发展起着决定性作用。四是气候智能型农业与环境协调能力的评价。气候智能型农业的发展离不开生态环境，优良的生态环境基础是气候智能型农业发展和经济可持续发展的先决条件，农业与生态环境存在相互的影响，农业生产和生态环境之间的协调发展是一个评价气候智能型农业

---

① FAO. "Climate-Smart" Agriculture Policies, Practices and Financing for Food Security, Adaptation and Mitigation. [R]. 2010.

② 张淑焕：《中国农业生态经济与可持续发展》，中国社会科学出版社，2000。

③ 程序、曾晓光、王尔大：《可持续农业导论》，中国农业出版社，1997。

体系的重要方面①。

二　指标体系构建的原则

气候智能型农业是新型的农业发展模式，目前没有成熟的经验可以借鉴。因此建立一套科学的评价指标十分必要。该指标体系的构建应以世界粮农组织推行的气候智能型农业为理论基础，以中国第十二个五年规划纲要及历年中央一号文件为指导思想，以我国农业及农村的历史和现状为根本出发点，借鉴生态农业、有机农业、循环农业、低碳农业、旅游农业、文化农业、都市农业以及农业与气候等方面的研究成果及实践经验，同时遵守以下六大基本原则。

一是科学性原则。气候智能型农业评价指标体系必须建立在农业生产的自然规律和经济规律之上，指标体系应客观、全面、准确地反映农业生产系统的实际情况。同时，气候智能型农业指标体系的设计应充分体现气候智能型农业的内涵，把握气候智能型农业的基本特征，从科学和系统的角度准确理解和把握气候智能型农业发展的实质。

二是可操作性原则。建立气候智能型农业评价指标体系目的是用于实际评价工作。考虑到我国气候智能型农业理论发展伊始，在设计评价指标时要软硬指标并重，既要有气候智能型技术指标，又要有农业发展效率指标。另外，评价结果依赖于有效的统计数据，在指标体系的设计中要考虑到数据的可得性和评价、评估的可操作性。

三是综合性原则。气候智能型农业是一项复杂的系统工程，既存在自然系统和地理要素，又存在社会要素，指标体系应遵循农业发展的整体效果，综合全面地覆盖相关项目，反映气候适应、低碳、保险、灾害应对、服务体系等各个方面，使指标体系在时间和空间两个维度综合反映气候智能型农业的发展状况。

四是层次性原则。气候智能型农业评价指标体系是一个复杂的系统，应包括若干个子系统，在不同层次上分别选取指标，使应用者对各个层次的信息有清晰的了解，进而为自然资源、生态环境、社会文化等方面提供

---

① 严力蛟、朱顺富：《农业可持续发展概论》，中国环境科学出版社，2000。

准确的信息。

五是主导性原则。气候智能型农业是一个复杂的生态经济系统，结构和功能体现在众多方面。一个指标体系不可能完全覆盖农业经济的全部，指标的选择要有代表性，要能体现气候智能型农业发展的主要方面。

六是动态调整性原则。气候智能型农业在我国尚在探索，该农业模式具有动态变化的特点，相应的指标体系也应该随系统的发展演化作出适当的滚动式调整，指标体系应具备一定的可更新性，使指标体系针对性更强，评价结果可信度更高。

三　指标体系构建的方法

气候智能型农业构成体系复杂，涉及面广，指标体系的构建应对气候智能型农业所涉及的可利用资源的生产潜力、可持续发展能力、管理协调能力和环境协调能力等要素充分协调①。该指标体系的建立一方面对气候智能型农业发展信息的搜集与提炼起到了指导作用，另一方面还可以在信息不足的情况下指导问题的研究，并引导气候智能型农业在技术体系方面得以发展。指标体系由评价对象、评价目标、体系框架、指标选择、指标计算等方面构成。评价对象可划分为全球、区域、作物、农场及农户等不同的层次②。而体系框架的构建有范围法、目标法及复合法③。指标的选取建立在理论分析、专家咨询和实地调查等研究方法之上，通过对指标体系中的指标值进行标准化处理和指标权重赋值等方法获得评价结果并加以分析，为气候智能型农业的发展提供政策及建议④。

目前关于气候智能型农业的评价指标体系的文献很少，学术界和业务部门对气候智能型农业的研究多属于介绍性内容，尚未有量化的指标体系

---

① 李响、邢清华、王小光等：《指标体系的构建原理与评价方法研究》，《数学的实践与认识》2012年第20期。

② DANTSIS T, DOUMA C, GIOURGA C, et al. A methodological approach to assess and compare the sustainability level of agricultural plant production systems [J]. Ecological Indicators, 2010, 10 (2): 256 - 263.

③ 杨凌、元方、李国平：《可持续发展指标体系综述》，《统计与决策》2007年第10期。

④ 曹斌、林剑艺、崔胜辉：《可持续发展评价指标体系研究综述》，《环境科学与技术》2010年第3期。

对气候智能型农业进行评估。科学地构建气候智能型农业评价指标体系，评估气候智能型农业的发展水平，对我国农业由传统模式向气候智能型这一新型模式转变意义重大。基于气候智能型农业的特点和内涵及我国农业发展的现状，借鉴当前研究成熟的低碳农业、生态农业、有机农业、循环农业的指标体系，运用德尔菲法、频度分析法与加成混合合成法，尝试建立气候智能型农业的评价指标体系，以实现对气候智能型农业由定性分析转向定量研究的转变。

国外关于农业发展体系的研究具有指标数量少、研究原则和方法缜密的特征，有代表性的是联合国粮农组织（FAO）、美国环境保护署（EPA）、欧盟（EU）所建立的可持续发展农业指标体系，经济—社会—生态三维度农业可持续发展评价指标体系，以生态系统输入输出平衡为理论基础的生态农业评价指标体系，爱尔兰畜牧业的环境影响评估指标体系等，在指标权重上经济类指标占 35% 左右，社会类指标占 5% 左右，生态类指标占 60% 左右。国内关于农业指标体系的建立主要是基于实证评价的研究，受土地分配所有制的影响，研究的区域性特别明显，如 30 个省市建立了农业的可持续发展指标体系。评价以范围法为主，方法相对单一，经济类指标、社会类指标和生态类指标各占 1/3 左右。经济类指标主要集中在农业从业人员收入和保障程度，社会类指标主要集中在农业从业比例、从业人员生活状况和水平、从业人员学历文化程度和农业技术水平等方面，生态类指标则主要集中在农业生产资源的投入和生态环境方面，前者有化肥农药、耕地灌溉、能源利用等，后者主要是三废的排放和处理问题[1]。

第二节　中国气候智能型农业评价指标体系
构建的内容、解读及权重确定

一　指标体系构建的内容

气候智能型农业评价指标体系的构建应包括指标层次的构建和评价指

---

[1]　孟素英、崔建升、张瑞华：《农业可持续发展评价指标体系分析评价》，《河北科技大学学报》2014 年第 5 期。

标的选取两个方面。根据评价指标体系建设的一般原则，气候智能型农业评价指标体系应当按照由抽象到具体的思维方式分为目标层、领域层和指标层三个层次。目标层描述的是气候智能型农业评价指标体系的总目标。领域层是目标层下面的子系统，反映目标层应该考虑的各个领域。领域层指标的选择，不仅要考虑目标层所涵盖的各个子系统的状况，而且要充分考虑各组成子系统之间的协调性和相互制约关系。指标层是对领域层各指标的具体化[①]。

指标体系的建立中，指标数量的选取、代表性指标的选择和指标层次的设计等关系到该指标体系能否对评价对象作出正确评估，因此在选择指标时，应对每一个指标进行准确定义，使其具有明显的特征信息。指标数量不能太多，也不能太少。指标数量太多会使评价指标体系过于烦琐且缺少重点，指标数量太少则难以全面地描述气候智能型农业发展水平。

基于以上众多因素的考虑，气候智能型农业评价指标体系构建可以确定三个层级，70 项指标。第一级指标（目标层）就是气候智能型农业的发展目标。第二级指标（领域层）包括智能应对与适应气候变化的农业生产指标、农业基础设施智能应对与适应气候变化指标、农业生产资源节约指标、智能应对与适应气候变化的生产资源投入指标、低碳智能农业技术发展指标、气候智能型农业发展政策指标、气候智能型农业生态环境指标，这些指标反映了"气候智能型"经济发展绩效的各个方面。第三级指标（指标层）是对第二级指标的再分解，这样就构成一个金字塔式的评价指标体系。指标体系的具体内容见表 8 - 1。

表 8 - 1　气候智能型农业评估指标体系

目标层	一级层	指标含义	二级层	主要影响因素	指标编号
气候智能型农业评价指标体系（R）	智能应对与适应气候变化的农业生产指标（R_1）	智能应对与适应气候变化的农业生产指标	农业生产低碳高效智能化发展水平（R_{11}）	单位农业产出能源消耗强度	1
				农业产出能源消耗弹性系数	2
				单位农业产出水资源消耗量	3
				单位农业产出建设用地占地面积	4

---

① 郭铖：《农业循环经济绩效评价研究》，山西财经大学硕士学位论文，2010。

目标层	一级层	指标含义	二级层	主要影响因素	指标编号
气候智能型农业评价指标体系（R）	智能应对与适应气候变化的农业生产指标（R_1）	智能应对与适应气候变化的农业生产指标	农业生产低碳高效智能化发展水平（R_{11}）	单位播种面积化肥施用量	5
				农业生产碳排放强度	6
				碳生产率	7
				智能农业产出占农业总产出比重	8
		评估农业发展的低碳高效智能化发展水平	农业产业结构低碳高效智能化发展水平（R_{12}）	农、林、牧、副、渔产业增加值占农业产出总值的比重	9
				智能科技农业比重	10
				农业产业结构高度化	11
				农、林、牧、副、渔业智能化发展的比重	12
				智能化农产品综合商品率	13
				智能化农副产品加工率	14
				智能化农副产品出口创汇能力	15
	农业基础设施智能应对与适应气候变化指标（R_2）	评估农业基础设施建设的低碳高效智能化发展能力	低碳智能化农业基础设施建筑水平（R_{21}）	农业生产节能智能建筑开发比重	16
				农业生产建筑节能智能改造比重	17
				农业生产水利设施智能建设	18
				农业生产水利设施智能改造比重	19
				太阳能农业生产建筑应用比重	20
				农业生产建筑地热供暖应用比重	21
				农业生产智能建筑比重	22
	农业生产资源节约指标（R_3）	评估农业生产资源集约化发展水平	生产资源低碳智能利用率（R_{31}）	非化石能源农业生产使用比例	23
				新能源（清洁能源）农业生产使用比例	24
				农业生产资源回收利用率	25
				农业固体废弃物综合利用率	26
			水资源低碳智能利用率（R_{32}）	农业生产单位平均用水量	27
				农业用水重复利用率	28
				农田灌溉水有效利用系数	29
				雨水收集利用比例	30
				自然灌溉面积	31

续表

目标层	一级层	指标含义	二级层	主要影响因素	指标编号
气候智能型农业评价指标体系（R）	智能应对与适应气候变化的生产资源投入指标（R_4）	评估农业生产应对与适应气候变化的资源投入情况及发展内生动力的指标	低碳智能资源投入水平（R_{41}）	单位农业产品平均水气电用量	32
				一次性物品在农业生产中使用率	33
				农业生产中节能资源投入比例	34
				农业生产中智能资源投入比例	35
			低碳智能农业的投入结构（R_{42}）	农业生产教育培训支出比重	36
				农业生产从业人员服务支出比重	37
				农业生产低碳智能资源支出比重	38
	低碳智能农业技术发展指标（R_5）	评估低碳智能农业发展的技术支持体系	低碳智能农业技术研发资金指标（R_{51}）	低碳智能农业技术研发投入占财政支出比重	39
				气候智能研发占总研发投入比重	40
			低碳智能农业技术研发人员指标（R_{52}）	农业气象、智能高科技人员比重	41
				农业生产从业人员技术工比重	42
				年度培训农业科技人员比重	43
				农业生产从业人员中千人低碳智能普通农业科技人员数量	44
			低碳智能农业技术研究水平（R_{53}）	千名农业科技人员低碳智能论文发表数	45
				万人低碳智能农业专利授权量	46
			低碳智能农业技术应用水平（R_{54}）	农业生产新能源技术运用比例	47
				农业生产热电联产技术运用比例	48
				农业生产智能化资源开发比重	49
				农业生产中智能化资源综合回收与利用比重	50
				农业生产低碳智能建筑技术运用比重	51
				农业生产低碳智能交通技术运用比重	52
	气候智能型农业发展政策指标（R_6）	评估气候智能型农业发展的政策支持体系	政策完善（R_{61}）	涉农产业碳税政策完善度	53
				低碳智能农业支持政策完善度	54
			机制建设（R_{62}）	碳交易制度建设	55
				低碳智能农业发展激励机制	56
				碳市场规模	57
				碳配额交易量及碳项目交易量	58
				农业生产智能应对气候灾害机制	59

续表

目标层	一级层	指标含义	二级层	主要影响因素	指标编号
气候智能型农业评价指标体系（R）	气候智能型农业发展政策指标（R₆）	评估气候智能型农业发展的政策支持体系	机制建设（R₆₂）	低碳智能农业发展监督惩罚机制	60
				低碳融资	61
				气象灾害保险产品数量	62
				气象灾害保险产品覆盖率	63
	气候智能型农业生态环境指标（R₇）	评估农业生产碳汇能力	碳汇能力（R₇₁）	森林覆盖率	64
				森林林相情况	65
				湿地面积	66
		评估农业生产低碳智能发展的环境保护水平	农业生产的三废处理率（R₇₂）	农业生产废弃物无害化处理率	67
				农业生产污水处理率	68
				农业生产废气处理率	69
				生物智能化处理农业生产废弃物比例	70

因这个指标体系是以中国农业发展为模板，因而带有中国特色，当然也很粗糙，难免会挂一漏万，但这是一个简单的尝试、一个简单的标杆，对今后气候智能型农业到底怎么建设、怎么评估提供一个简单的抓手，各地可以根据实际情况进行一些适当调整。

二 指标体系解读

关于领域层一：智能应对与适应气候变化的农业生产指标。智能应对与适应气候变化的农业生产指标是指实现农业生产资源、能源成本的最小化或是产出的最大化，最大限度提升农业生产的低碳智能化发展水平和经济效率。

农业生产的高效和智能化离不开产业结构的优化，在农业生产低碳、高效和智能化发展水平方面，主要选取了①单位农业产出能源消耗强度、②农业产出能源消耗弹性系数、③单位农业产出水资源消耗量、④单位农业产出建设用地占地面积、⑤单位播种面积化肥施用量、⑥农业生产碳排放强度、⑦碳生产率、⑧智能农业产出占农业总产出比重等指标来评估。其中，指标①~②反映能源的利用效率；③~⑤反映水资源、土地资源及化肥的利用效率；⑥~⑦反映经济增长过程中 CO_2 的排放情况；⑧反映智能化应对气候变化的经济发展情况。

在农业产业结构低碳高效智能化发展水平方面，主要选取了⑨农、林、牧、副、渔产业增加值占农业产出总值的比重、⑩智能科技农业比重、⑪农业产业结构高度化、⑫农、林、牧、副、渔业智能化发展的比重、⑬智能化农产品综合商品率、⑭智能化农副产品加工率、⑮智能化农副产品出口创汇能力等指标，其中⑨~⑪反映农业产业结构的低碳化、合理化、高效程度；⑫~⑮反映农业各产业中智能化发展的程度和效果。

关于领域层二：农业基础设施智能应对与适应气候变化指标。农业生产基础设施是智能化农业的存在前提、运行基础和发展载体。农业生产基础设施低碳智能化是指将低碳智能的理念贯穿于农业生产基础设施建设之中，通过科学智能技术发展低碳智能的农业生产基础设施，使农业生产智能化应对气候变化。

低碳智能化农业基础设施建筑水平方面，选取了⑯农业生产节能智能建筑开发比重、⑰农业生产建筑节能智能改造比重、⑱农业生产水利设施智能建设、⑲农业生产水利设施智能改造比重、⑳太阳能农业生产建筑应用比重、㉑农业生产建筑地热供暖应用比重、㉒农业生产智能建筑比重等指标，其中，⑯~⑲反映农业生产建筑低碳化发展水平；⑳~㉑反映农业基础设施建筑在低碳能源运用方面的贡献；㉒反映高效智能农业基础设施的建设情况，智能建筑将大大节约能源、资源。

关于领域层三：农业生产资源节约指标。自然资源是农业竞争力提高的支柱，能否对自然资源低碳、节能、高效利用是提升农业生产竞争力的关键。

资源低碳智能利用率方面，选取了㉓非化石能源农业生产使用比例、㉔新能源（清洁能源）农业生产使用比例、㉕农业生产资源回收利用率、㉖农业固体废弃物综合利用率、㉗农业生产单位平均用水量、㉘农业用水重复利用率、㉙农田灌溉水有效利用系数、㉚雨水收集利用比例、㉛自然灌溉面积等指标，其中，㉓~㉔反映低碳能源的使用情况；㉕~㉖反映生产资源的循环使用情况；㉗~㉛反映水资源的节约使用情况。

关于领域层四：智能应对与适应气候变化的生产资源投入指标。农业生产资源的选用对能源的需求有重要影响。采用低碳资源来替代消耗性资源能降低农业生产中的能源消耗。

在低碳智能资源投入水平方面，选取了㉜单位农业产品平均水气电用量、㉝一次性物品在农业生产中使用率、㉞农业生产中节能资源投入比例、㉟农业生产中智能资源投入比例等指标，其中，㉜是一般性评估指标，㉝为低碳消耗评估指标，㉞～㉟为具体资源投入方面的指标。

在低碳智能农业的投入结构方面，选取了㊱农业生产教育培训支出比重、㊲农业生产从业人员服务支出比重、㊳农业生产低碳智能资源支出比重等3个指标，㊱～㊳反映农业生产低碳化、智能化投入的结构和层次。

关于领域层五：低碳智能农业技术发展指标。低碳智能农业技术发展指标是评估低碳智能农业技术研发资金指标、低碳智能农业技术研发人员指标、低碳智能农业技术研究水平、低碳智能农业技术应用水平四个方面。

在低碳智能农业技术研发资金指标方面，选取的是㊴低碳智能农业技术研发投入占财政支出比重及㊵气候智能研发占总研发投入比重这两个指标反映农业低碳智能技术发展的资金保障力度情况。

在低碳智能农业技术研发人员指标方面，选取了㊶农业气象、智能高科技人员比重、㊷农业生产从业人员技术工比重、㊸年度培训农业科技人员比重和农业生产从业人员中千人低碳智能普通农业科技人员数量㊹来反映科技力量保障水平。

低碳智能农业技术研究水平指标方面，选取了㊺千名农业科技人员低碳智能论文发表数和㊻万人低碳智能农业专利授权量两个指标来反映低碳智能农业技术研究的基本状态和研究成效。

低碳智能农业技术应用水平方面，选取了㊼农业生产新能源技术运用比例、㊽农业生产热电联产技术运用比例、㊾农业生产智能化资源开发比重、㊿农业生产中智能化资源综合回收与利用比重、51农业生产低碳智能建筑技术运用比重和农业生产低碳智能交通技术运用比重52等指标，其中㊼～㊿反映智能化低碳技术在农业生产资源开发、利用以及资源综合回收与利用中的比重；51是反映农业生产中低碳智能建筑技术运用情况；52反映农业生产中低碳智能交通技术运用的情况。

关于领域层六：气候智能型农业发展政策指标。这一政策指标是用来评估气候智能型农业发展的政策支持体系的。

在政策完善方面，选取了㊶涉农产业碳税政策完善度和㊷低碳智能农业支持政策完善度两个指标，反映了政府对气候智能型农业在税收和产业政策方面的支持度。

在机制建设方面，选取了㊸碳交易制度建设、㊹低碳智能农业发展激励机制、㊺碳市场规模、㊻碳配额交易量及碳项目交易量、㊼农业生产智能应对气候灾害机制、㊽低碳智能农业发展监督惩罚机制、㊾低碳融资、㊿气象灾害保险产品数量、⑥气象灾害保险产品覆盖率等指标，其中㊸~㊻2个指标反映了气候智能型农业发展与激励机制建设情况；㊼~㊽反映与气候智能型农业相关的碳交易量和碳市场规模情况，反映的是气候智能型农业低碳经济的发育程度；㊾反映应急机制建设情况；㊿反映监督惩罚机制建设情况；⑥~⑥反映的是发展气候智能型农业金融层面的支持情况。

关于领域层七：气候智能型农业生态环境指标。气候智能型农业通过减少温室气体排放量这一途径达到农业生产对气候变化智能适应的目的。一方面，生态环境的优化可提升自然碳汇能力，强化草地、森林等生态系统的固碳功能，减缓气候变暖的步伐；另一方面，农业生产环境的美化及良好的生态环境对大气候的变化起到心理适应和环境适应的积极作用。

在评估农业生产碳汇能力及农业生产低碳智能发展的环境保护水平方面，选取了㊽森林覆盖率、㊾森林林相情况、⑥湿地面积、⑥农业生产废弃物无害化处理率、⑥农业生产污水处理率、⑥农业生产废气处理率和生物智能化处理农业生产废弃物比例⑦等指标，其中⑦~⑦3个指标来反映碳汇能力；⑥~⑦4个指标反映农业生产低碳智能发展的环境保护水平。

上述指标体系是气候智能型农业建设的框架型建议，在建设气候智能型农业的过程当中需要进一步细化指标的落实方案，对于合格性指标可参照国家标准、行业标准或地方标准；对于评比性指标则可采用实施评分细则的方式给出具体的评估分数，并在此基础上进行评比。由于气候智能型农业在我国尚未成熟，故而评估指标应当根据国家法律法规的不断完善而进行动态调整，使之适应农业生产的现状和发展。

三 指标权重的确定

层次分析法（AHP）是美国运筹学家、匹兹堡大学 T. L. Satyr 教授提出的，是一种定量与定性相结合的多目标决策分析方法。本书借助 AHP 对指标权重予以量化。

（一）AHP 基本原理

（1）判断矩阵的建立

$$R = \begin{bmatrix} r_{11} & r_{12} & \cdots & r_{1j} & \cdots & r_{1n} \\ r_{21} & r_{22} & \cdots & r_{2j} & \cdots & r_{2n} \\ \vdots & \vdots & \vdots & \vdots & & \vdots \\ r_{i1} & r_{i2} & \cdots & r_{ij} & \cdots & r_{in} \\ \vdots & \vdots & \vdots & \vdots & & \vdots \\ r_{n1} & r_{n2} & \cdots & r_{nj} & \cdots & r_{nn} \end{bmatrix}$$

矩阵 R 中的因素 r_{ij} 反应针对准则 C_k，因素 r_i 相对于 r_j 的重要程度。矩阵 R 是一个互反矩阵 r_{ij} 有如下性质：$r_{ij} > 0$；$r_{ij} = 1/r_{ji}$；$r_{ii} = 1$。

（2）用几何平均法进行权重向量及判断矩阵最大特征根的确定

计算判断矩阵 R 各行各个因素的乘积

$$m_1 = \prod_{j=1}^{n} R_{ij} \qquad i = 1,2,\cdots,n \tag{8-1}$$

计算结果的 n 次方根

$$\overline{w_i} = m_i^{1/n} \tag{8-2}$$

对向量 $\overline{W} = (\overline{w_1}, \overline{w_2}, \cdots, \overline{w_n})^T$ 进行归一化处理

$$w_i = \frac{\left(\prod_{j=1}^{n} r_{ij}\right)^{\frac{1}{n}}}{\sum_{k=1}^{n}\left(\prod_{j=1}^{n} r_{kj}\right)^{\frac{1}{n}}} \tag{8-3}$$

向量 $\overline{W} = (\overline{w_1}, \overline{w_2}, \cdots, \overline{w_n})^T$ 即为所求权重向量。

计算矩阵 R 的最大特征值 λ_{max}

$$\lambda_{\max} = \frac{1}{n} \sum_{i=1}^{n} \frac{\sum_{j=1}^{n} r_{ij} w_j}{w_i} \tag{8-4}$$

（3）判断矩阵一致性检验

$$CR = \frac{CI}{RI} \tag{8-5}$$

式中 $CI = \frac{\lambda_{\max} - n}{n - 1}$，其中 n 为判断矩阵阶数，RI 为平均随机一致性指标，是足够多个根据随即发生的判断矩阵计算的一致性指标的平均值。$1 \sim 10$ 阶矩阵的 RI 取值见表 8-2。

表 8-2　平均随机一致性指标

矩阵阶数 n	1	2	3	4	5	6	7	8	9
RI	0	0	0.58	0.90	1.12	1.24	1.32	1.41	1.45

一般而言 CR 越小，判断矩阵的一致性越好，通常认为 $CR \leqslant 0.1$ 时判断矩阵具有满意的一致性，求得的特征向量即为各指标权重。各层指标的权重均按以上步骤求取，然后用下一层指标的权重逐一乘以对应的上层指标权重，最终得到各个 2 级指标的权重系数。

（二）确定指标权重

以上文建立的指标体系（见表 8-1）为基础，结合矩阵标度及其含义（见表 8-3），通过专家问卷调研，运用层次分析法，得到一级指标判断矩阵结果如下（见表 8-4）。

表 8-3　标度及其含义

标度	含义
1	两个因素相比，具有同等重要性
3	两个因素相比，前者比后者稍微重要
5	两个因素相比，前者比后者明显重要
7	两个因素相比，前者比后者强烈重要
9	两个因素相比，前者比后者极端重要
1/3	两个因素相比，后者比前者稍微重要

续表

标度	含义
1/5	两个因素相比，后者比前者明显重要
1/7	两个因素相比，后者比前者强烈重要
1/9	两个因素相比，后者比前者极端重要

注：2，4，6，8，1/2，1/4，1/6，1/8 表示重要性介于上述相邻判断之间

表 8 - 4　一级指标判断矩阵结果

R	R_1	R_2	R_3	R_4	R_5	R_6	R_7	权重值
R_1	1	5	3	3	1	2	6	0.272442
R_2	1/5	1	1/3	1/3	1/5	1/5	2	0.04488
R_3	1/3	3	1	1	1/3	1/3	4	0.098769
R_4	1/3	3	1	1	1/3	3	4	0.135189
R_5	1	5	3	3	1	2	6	0.272442
R_6	1/2	5	3	1/3	1/2	1	5	0.144088
R_7	1/6	1/2	1/4	1/4	1/6	1/5	1	0.032191
一致性检验指标	$\lambda_{max} = 7.4744$，$CI = 0.0790$，$CR = 0.0560 < 0.1$							

按照以上方法和思路，分别得出二级指标的判断矩阵结果（见表 8 - 5、表 8 - 6、表 8 - 7、表 8 - 8、表 8 - 9、表 8 - 10，其中 R_2 的二级指标只有一个不做计算）。

表 8 - 5　二级指标 R_1 判断矩阵结果

R_1	R_{11}	R_{12}	局部权重值
R_{11}	1	5	0.833333
R_{12}	1/5	1	0.166667
一致性检验指标	$\lambda_{max} = 2$，$CI = 0$，$CR = 0 < 0.1$		

表 8 - 6　二级指标 R_3 判断矩阵结果

R_3	R_{31}	R_{32}	局部权重值
R_{31}	1	5	0.833333
R_{32}	1/5	1	0.166667
一致性检验指标	$\lambda_{max} = 2$，$CI = 0$，$CR = 0 < 0.1$		

表 8 – 7　二级指标 R_4 判断矩阵结果

R_4	R_{41}	R_{42}	局部权重值
R_{41}	1	3	0.75
R_{42}	1/3	1	0.25
一致性检验指标	$\lambda_{max}=2$，$CI=0$，$CR=0<0.1$		

表 8 – 8　二级指标 R_5 判断矩阵结果

R_5	R_{51}	R_{52}	R_{53}	R_{54}	局部权重值
R_{51}	1	1	1	1	0.25
R_{52}	1	1	1	1	0.25
R_{53}	1	1	1	1	0.25
R_{54}	1	1	1	1	0.25
一致性检验指标	$\lambda_{max}=4$，$CI=0$，$CR=0<0.1$				

表 8 – 9　二级指标 R_6 判断矩阵结果

R_6	R_{61}	R_{62}	局部权重值
R_{61}	1	1/7	0.125
R_{62}	7	1	0.875
一致性检验指标	$\lambda_{max}=2$，$CI=0$，$CR=0<0.1$		

表 8 – 10　二级指标 R_7 判断矩阵结果

R_7	R_{71}	R_{72}	局部权重值
R_{71}	1	1/7	0.125
R_{72}	7	1	0.875
一致性检验指标	$\lambda_{max}=2$，$CI=0$，$CR=0<0.1$		

由上面计算的结果可以得出表 8 – 11 的结果。

表 8 – 11　各项指标权重

一级指标	权重	二级指标	局部权重	全局权重
智能应对与适应气候变化的农业生产指标（R_1）	0.272442	农业生产低碳高效智能化发展水平（R_{11}）	0.833333	0.227035
		农业产业结构低碳高效智能化发展水平（R_{12}）	0.166667	0.045407

一级指标	权重	二级指标	局部权重	全局权重
农业基础设施智能应对与适应气候变化指标（R₂）	0.04488	低碳智能化农业基础设施建筑水平（R₂₁）	1	0.04488
农业生产资源节约指标（R₃）	0.098769	生产资源低碳智能利用率（R₃₁）	0.833333	0.082307
		水资源资源低碳智能利用率（R₃₂）	0.166667	0.016462
智能应对与适应气候变化的生产资源投入指标（R₄）	0.135189	低碳智能资源投入水平（R₄₁）	0.75	0.101392
		低碳智能农业的投入结构（R₄₂）	0.25	0.033797
低碳智能农业技术发展指标（R₅）	0.272442	低碳智能农业技术研发资金指标（R₅₁）	0.25	0.068111
		低碳智能农业技术研发人员指标（R₅₂）	0.25	0.068111
		低碳智能农业技术研究水平（R₅₃）	0.25	0.068111
		低碳智能农业技术应用水平（R₅₄）	0.25	0.068111
气候智能型农业发展政策指标（R₆）	0.144088	政策完善（R₆₁）	0.125	0.018011
		机制建设（R₆₂）	0.875	0.126077
气候智能型农业生态环境指标（R₇）	0.032191	碳汇能力（R₇₁）	0.125	0.004024
		农业生产的三废处理率（R₇₂）	0.875	0.028167

根据上述评价结果可知，农业生态环境指标综合评价值最小，而农业生产指标和技术发展指标占较大份额。在二级指标中，农业生产发展水平和相关机制建设是最大的影响因素。所以在发展和推进气候智能型农业时应有所侧重。

第三节　小结

气候智能型农业为我们智能化应对气候变化、减缓气候变化指明了方向。气候智能型农业对化解气候变化和农业生产之间的矛盾、保证国家的粮食安全、满足当代及后代对农产品持续增加的需求具有重要的实际意义。对气候智能型农业进行量化的评价和控制是确保气候智能型农业可持续发展的重要保障。本章建立了气候智能型农业的评价标准，明确了气候智能型农业的发展目标和要完成的任务。气候智能型农业的评价指标体系应包含气候智能型农业与农业可利用资源之间的平衡关系、气候智能型农业可持续发展能力、气候智能型农业管理协调能力与气候智能型农业与环境协调能力。指标体系的简历还应掌握科学性、操作性、综合性、层次性、主导性和动态调整性这六项原则，借鉴生态农业、有机农业、循环农业、低碳农业、旅游农业、文化农业、都市农业，以及农业与气候等方面的研究成果及实践经验，构建科学的评价指标体系。本指标体系确定三个层级，70 项指标。第一级指标（目标层）就是气候智能型农业的发展目标。第二级指标（领域层）包括智能应对与适应气候变化的农业生产指标、农业基础设施智能应对与适应气候变化指标、农业生产资源节约指标、智能应对与适应气候变化的生产资源投入指标、低碳智能农业技术发展指标、气候智能型农业发展政策指标、气候智能型农业生态环境指标，这些指标反映了"气候智能型"经济发展绩效的各个方面。第三级指标（指标层）是对第二级指标的再分解；在指标权重确定方面采用的是层次分析法。金字塔式的评价指标体系对气候智能型农业进了科学的评估。

本章主要参考文献

［1］ FAO. "Climate-Smart" Agriculture Policies, Practices and Financing for Food Security, Adaptation and Mitigation. ［R］. 2010.

［2］ 张淑焕：《中国农业生态经济与可持续发展》，中国社会科学出版社，2000。

［3］ 程序、曾晓光、干尔大：《可持续农业导论》，中国农业出版社，1997。

［4］ 严力蛟、朱顺富：《农业可持续发展概论》，中国环境科学出版社，2000。

［5］ 李响、邢清华、王小光等《指标体系的构建原理与评价方法研究》，《数学的实践与认识》2012 年第 20 期。

［6］ DANTSIS T, DOUMA C, GIOURGA C, et al. A methodological approach to assess and compare the sustainability level of agricultural plant production systems ［J］. Ecological Indicators, 2010, 10（2）: 256 – 263.

［7］ 杨凌、元方、李国平：《可持续发展指标体系综述》，《统计与决策》2007 年第 10 期。

［8］ 曹斌、林剑艺、崔胜辉：《可持续发展评价指标体系研究综述》，《环境科学与技术》2010 年第 3 期。

［9］ 孟素英、崔建升、张瑞华：《农业可持续发展评价指标体系分析评价》，《河北科技大学学报》2014 年第 10 期。

［10］ 郭铖：《农业循环经济绩效评价研究》，山西财经大学硕士学位论文，2010。

第九章　我国气候智能型农业的建设内容

　　我国发展气候智能型农业已经有了明确的目标和完整的评价体系，由于需要完成及实施的任务纷繁复杂，十分艰巨，为了使问题简单化，便于把握，我们把发展气候智能型农业需要完成的主要任务概括为气候智能型"农业产业体系、气候智能型农业粮食安全体系、气候智能型农业技术体系三大体系建设，虽只涉及问题的九牛一毛，但仍可起到提纲挈领之功效。这三大体系建设需要 5~10 年逐步实施并完成。

第一节　气候智能型农业试点及产业体系建设

一　气候智能型农业实验区建设

　　在国际上，气候智能型农业项目已经在非洲国家（如喀麦隆、赞比亚等）和东南亚国家——如越南等——进行了实践，并取得初步成效。在我国要加快气候智能型农业发展，也就必须要加强示范区（点）的建设。

　　气候智能型农业先行实验、示范和试点建设应注意以下几点。一是应以气候智能型农业发展理念为指导，科学规划新型农业示范区（点）。应围绕发展气候智能型农业的目标，在国内设计若干先行先试示范区，待试验成功后再进行进一步推广。二是要夯实基础，完善气候智能型农业示范区（点）发展的配套条件。要加强示范区（点）的道路、水电等配套基础设施建设，加大国家和地方政府投入，提高农业应对气候变化的规模化、精准化、智能化发展能力。三是应把对农业龙头企业和农民专业合作社的支持与气候智能型农业示范区（点）的建设组织起来。在示范区（点）发展的基础上，授予与之紧密联系的农业龙头企业和农民专业合作社为气候智能型农业"示范企业"和"示范组织"的称号，从而推进龙头企业和专业合作社的发展，延长农业产业链，强化品牌建设，促进气候智能型农业快速健康发展。

当然，更为重要的是应该建立气候智能型农业示范区（点）的推广机制。通过对示范区（点）的技术和管理的宣传以及发展模式的推广，使气候智能型农业真正起到示范效应，从而加快农业应对气候变化科技成果的转化应用速度，提升农业产业结构优化和组织管理创新能力，使我国农业气候智能型农业发展模式由点到面再到区域型发展，最终实现全面推广，步入良性稳步发展。

可喜可贺的是，目前我国基础试点、实验和承接国际相关项目已经取得了初步成效。我国黑龙江宝山农场已经在气候智能型农业发展方面进行了大胆的尝试。2010 年 12 月 12 日，黑龙江宝山农场投资 700 多万元打造了集育秧、气象、试验、种子检测、科技培训、旅游参观等功能为一体的现代化水稻研发中心，积极快速发展气候智能型农业。为确保粮食安全，该农场以"一提两增"为目标，加强农业管理，在提高农产品产量的同时，设法减少对环境的影响。尤其是该农场的综合气象服务体系和机械化耕作服务体系建设务实而卓有成效，农场还将创建农户田间学校系统，为促进知识传播和气候智能型农业技术的应用搭建平台。宝山农场对气候智能型农业示范区的探索对加快我国发展"'气候智能性'农业"具有重要作用[①]，其经验应该得到推广。

我国所承接的国际相关实验项目也取得了重大突破。2013 年 2 月，由农业部与世界银行共同实施、由全球环境基金资助的"气候智慧型主要粮食作物生产项目"在我国获得批准。中部地区的两个产粮大县——河南省叶县和安徽省怀远县成为该项目的两个示范区。该项目利用世界环境基金的 510 万美元，按项目县 1∶5 配套，总资金为 3143 万美元。该项目从

---

① 张大武：《宝山发展气候智能型农业北大荒网．资讯频道》，最后访问日期：2014 年 4 月 17 日，http://www.chinabdh.com/bdhzx/bdhsx/articleshow.aspx? id = 195725。

2015 年年初正式实施，为期 5 年。2014 年 9 月该项目在北京举行了启动仪式①。

2012 年 7 月 26 日～8 月 4 日，本书调研组专程来到我国生态农业发展成绩突出的黑龙江省进行实地调研。7 月 26 日，来到国内第一个提出建设智能型农业的黑龙江宝山农场进行实地调研，建议该农场建立气候智能型农业试验区。目前该农场已经接受建议，建立了国内第一个气候智能型农业试验区。

二　气候智能型农业的产业体系建设

建设气候智能型农业产业体系，既要注重实现农业智能化应对干旱、洪水、台风等自然灾害带来的负面影响，又要强调智能化降低农业生产自身对气候的负面影响。除此之外，与气候智能型农业相配套的产业和服务也应当同时建立。

（1）高标准水利及气象基础设施建设

建设气候智能型农业产业体系，必须要有与之相匹配的较健全的农业基础设施为基础，主要包括农田水利基础设施、气象信息基础设施及相关数据库建设等。

从加强农田水利基础设施建设方面看，一要进行全国农田水利基础设施科学规划，加大新修水利基础设施建设的力度，同时应当对现有的水利设施进行维护和改造，从而彻底改变很多地方水利设施规划不科学、建设标准落后的现象。二要在山区或丘陵地带借势修建大中小水库，将降水充沛季节的水资源储存起来以备干旱季节使用，这些地区的水利设施建设一定要注意水库到田地"最后一公里"的渠道建设与维护；在地下水源充沛的地区应有效利用地下水资源进行灌溉，这些地区必须大规模建设喷灌、滴灌以及定时灌溉等基础设施；在西北地区等干旱及半干旱地区，可以建设集雨节灌工程以及井渠灌溉基础设施。

① 胡璐子：《中国气候智慧型农业的未来》，《农村·农业·农民》（B 版）2014 年第 11 期。

　　从加强农业科技和气象信息基础设施建设方面看，目前，农业气象信息服务的有效运行离不开农业科技信息体系的基础设施建设。"三农"问题是历年中央一号文件关注的焦点，解决三农问题的关键因素之一便是加强农村与农业的基础设施建设，以往对基础设施的建设主要集中在农业生产及有关的设施上，对农村信息化建设的关注程度不够。2010 年的中央一号文件提出"推进农村信息化，积极支持农村电信和互联网基础设施建设，健全农村综合信息服务体系"，为农村信息化建设及围绕农村信息化建设产生的农业科技信息服务提供了政策保障。农业科技信息服务基础设施是指一切能够应用于主动服务模式的基础设施，包括但不限于广播设备、电视设备、通信设备、网络设备等。建设过程中应当以"集中、统一、规范、畅通、高效"为原则，实现设备兼容、资源共享、信息畅通、应用高效的主动服务平台和网络体系。在具体实施过程中，应当按照国家、省（自治区、直辖市）、市（地级市）、县（区、县级市）、乡镇、村组的顺序自上而下分步骤有序进行，依托现有的公共通信设施，以中国农业信息网为核心，以兼容高效的软件为工具，建立畅通的农业信息传输网络。做到以本地农业生产特点为核心，以本地财政实力为保障，强化农业科技信息基础设施建设，提供优质农业科技信息。

　　从开发建设农业经济及农业气象信息数据库方面看，其主要任务就是要以农业数据为基础，以农业图像影响为方法、以农业系统模拟为手段、以农业专家系统为保障、以农业计算机系统为渠道、以农业信息实时处理系统为核心、以当地农业生产状况为立足点，全面铺开、重点突出、逐层推进地建立农业信息数据库。这些数据库建设应该以大数据为基础，注重实用性和可操作性，如可以建设作物生产与病虫害防治信息数据库，该数据库应该以特定地区农作物为研究对象，采用文字、图片、音频、视频等方式，收集和提供栽培技术、品种选择、肥水管理等农作物生产的信息；针对农作物生产过程中的病虫害问题，可在模块中加入病虫害知识库，收录该地区常见的农作物病虫害的名称、危害对象、发病特点、传播途径、危害后果、防治方法等。针对信息受众的特点，做到重点突出、难点易懂、图文并茂、形象生动，最终达到对病虫害有效防治的目的。

（2）大力发展碳减排农业

首先，要大力改造我国目前农业的种植结构，加大农作物中抗病、耐寒和耐旱产品的种植，多方面共同实施绿色农业发展之路。

其次，必须科学施肥和使用农药。推广使用高效肥料、有机肥料和生物肥料提高土地的有机物含量和生产力；使用生物农药取代高度、高残留农药，利用物种之间相生相克的关系替代传统施药方法。

再次，科学合理处理禽畜排泄物，减少碳排放并将其变废为宝。我国畜牧业逐渐由小规模零星生产的落后、低效的生产方式走向大规模集约化生产模式，但畜禽粪便处理不好既危害环境又增加温室气体排放。应本着低碳化、资源化原则，运用先进的技术，如沼气技术，对集中饲养区域的畜禽粪便及饲养垃圾进行集中、综合处理和管理。

最后，应提倡广泛使用清洁能源。农村特定的自然条件为太阳能、风能的利用提供了良好的物质基础。应在农村、农业发展中大力推广清洁能源的开发和使用，包括农村废弃物综合利用的沼气工程，从而逐步降低或者替代煤炭、电力、天然气等资源的消耗和使用，达到低碳、减碳的目的。

（3）积极培育气候应对型农业

一是推广节水灌溉和旱作节水农业。全球气候变暖导致我国北方多地水资源日益紧缺，干旱危害不断加重。节水灌溉和旱作节水农业是我国气候智能型农业发展中的一项重要战略。推广节水灌溉农业，一是要从水利工程方面加强管理，关注引水、提水、输水、配水等过程，减少跑冒滴漏造成的损失；二是要从灌溉制度、灌溉方法、用水管理和农艺措施入手，多方面力争节水，保证农作物正常生长。发展旱作节水农业，则要在灌溉水源严重不足、无法利用水利设施应对旱灾的部分地区，进行生物、化学、工程等高科技综合改造，使农业生产智能化适应干旱气候。

二是不断提高林业碳汇功能。林业碳汇是指通过扩大森林范围、增加湿地面积的方法和措施增加碳汇，其实施涉及林权制度改革、退耕还林推广、现有湿地保护等各层面的举措，必须通过综合制度改革全面落实国家政策和措施的渠道，使森林、湿地面积不断增大，质量不断提高，碳汇功能不断增强。

第二节　气候智能型农业粮食安全体系建设

我国粮食需求量很大,占全球粮食总需求的 18.5%。虽然中国未受到国际粮荒的影响,但由于我国现阶段粮食供需不平衡,粮食缺口大,过去的十年,粮食缺口占总需求的 0.9%,比世界同期高了 0.7%[①]。有资深财经人士评论认为:"对 13 亿人口的中国来说,一点点缺口都可能导致对进口的巨大需求,即中国整体粮食收成减少 5%,就可能需要目前全球粮食出口的 20% 才能满足其一年的需求"[②]。

制约我国粮食安全的因素有很多,我国地理条件复杂、自然灾害频发是重要原因之一。由于气候变化对农业生产的影响很大,目前我国粮食生产对自然灾害的抵御能力比较弱,到目前为止,我国粮食产量尚不稳定,农业生产依然未能彻底摆脱"靠天吃饭"的落后生产方式。近年来,温室效应增强,气候变暖趋势明显,导致我国极端天气增加,降雨、降水的不确定性增强,旱涝灾害发生的概率大,部分地区水资源匮乏形势日趋严重。据有关资料显示,21 世纪我国转入相对的枯水期,旱涝灾害、特别是干旱缺水状况呈加重趋势,粮食生产将严重受到水资源匮乏的制约。此外,由此带来的农业病虫害影响也增大。这些极具不确定性的气候事件和极端天气都会对我国的粮食安全造成极大的威胁。

一　构建智能化的粮食生产体系

粮食生产是粮食安全的重要基础和前提,必须把健全粮食生产保障体系、促进粮食生产稳定发展,作为构建国家粮食安全保障体系的中心环节。

一是切实保护好耕地。保护耕地在现实当中不是一个单纯的问题,它牵涉各方面的力量和利益,它的实施需要社会各子系统的支持和参与。从总体战略来看,要始终坚持两大战略重点:土地的可持续利用和保护耕地的基本国策。坚决守住 18 亿亩耕地保护的"红线",但又不仅仅停留在数

---

① 刘文元:《无粮食危机中国也要提高自给率》,《上海证券报》2008 年 4 月 10 日。

② 郑风田:《低粮价战略挑战我国粮食安全》,《西部论丛》2010 年第 12 期。

量方面，更应该从耕地质量以及整个生态的角度来保护耕地，保护耕地资源的数量、质量和生态环境，保障我国的粮食安全、食物安全、生态安全。

二是要保护水资源。总体而言，我国水资源比较贫乏。我国是农业大国，粮食生产是耗水量最大的产业之一，因而保护好水资源才能保障粮食生产。

三是要加强农业基础设施建设。我国农业基础设施建设应该从以下几个方面进行。第一，加大对农业基础设施的资金投入，尤其是要大幅度增加气候智能型农业科技投入。第二，要树立农业基础设施建设先行的意识：一方面，政府在制定相关农业发展政策的时候要充分认识到农业基础设施的重要性，从更长远的角度加强农业基础设施建设的投资；另一方面，要加大对农民的宣传教育，提高农民保护现有农业基础设施和进一步建设农业基础设施的意识。第三，加强对农业基础设施的统筹管理工作，对经营性、竞争性、非竞争性，可独立化和单位化的基础设施实行差别化管理，逐步构筑农业基础设施的法律保障体系[1]。

四是全面推行气候智能型农业的示范建设。不仅要加强气候智能型农业政策体系建设，还要注重气候智能型农业的技术研发和专业人才的培养，完善农业应对气候变化的应急机制，提高农业应对气候变化的反应速度和预警能力，积极推行农业的气候保险。

二　构建智能化的粮食生产保障体系

水、土、空气三者是粮食生产的保障系统，管理和监控好三者才能从源头确保粮食生产安全。

（1）保护水源

一是提倡生产合理用水，生活节约用水。在农业生产中，优化各种作物配置，提高灌溉效益。在工业生产中，研发和推广新型节水工艺、技术和设备，并探索更有效的循环利用水资源。在生活中，对居民做好宣传和引导工作，提倡节水器具的使用，并在措施上保证居民节水的经济效益。二是对污水的处理和监管，各相关部门必须加强对工业企业的污水处理监

---

[1]　龙方：《新世纪中国粮食安全问题研究》，湖南农业大学博士学位论文，2007。

管以及居民生活用水监管，禁止污水流入任何食品生产领域，禁止流入农田以及畜牧业饮用水等。

（2）防止土壤退化

人为诱导土壤退化问题是全球性的，土壤退化对食物生产力有重要影响，有学者研究显示：亚洲的南部和东南部人为诱导的土壤退化严重，人为诱导的土壤退化相当于其总土壤面积的46%，而这些受到影响的土壤仅有18%显示对食物生产力的影响是可以忽视，45%显示对食物生产力有轻微的影响，13%对食物的生产有中度的影响，13%对食物生产力有严重的影响，1%对食物的生产力有极大的影响。尽管研究仅停留在定性分析，但结果显示，人为诱导的土壤退化是一个非常严重的问题，并且对食物生产力的影响非常显著[1]。在我国，人为诱导土壤退化发生广，发展快，后果严重，严重影响粮食生产，因此解决土壤退化问题，迫在眉睫[2]。

（3）重视空气监测和预警机制建设

空气污染对整个社会的危害表现在方方面面。危害人体健康，影响农业、工业生产，近几年，由于CO_2排放增加，温室效应越来越严重，由温室效应造成的热带旋风频发、水平面上升。更加可怕的是"城市热岛"效应和空气污染的重叠影响和逐步加重，这为细菌、病毒的繁衍提供了温床，病菌的繁殖直接危害到农业、畜牧业，有些禽畜纵使没有发病，但细菌直接隐藏在其体内，人类因为食用其产品而导致健康受到威胁。因而加强空气质量的检测和预警对食物安全的体系建立尤为重要，加强环保的法制建设，政府部门适时公布空气质量状况，加大对公众的宣传力度，增强群众环保意识，全民共同保护大气。

三　构建智能化的粮食流通体系

粮食流通体制是当前我国粮食安全面临的一项重大难题，构建智能化的粮食流通体系，提高粮食运输效率，促使合理的粮食价格形成，是智能

---

[1] Oldeman. L. R, 1998. Soil Degradation：A Threat to Food Security? Report 98/01，International Soil Reference and Information Centre，Wageningen.

[2] 杨占华、刘玉杰、李俊峰等：《保护地生产条件下的土壤退化问题及其防治对策》，《吉林农业》2011年第5期。

化粮食流通体系能解决的重大问题。在市场经济条件下如何正确处理粮食生产者、经营者和消费者这三者之间的关系，是能否建立完善的粮食流通体系的关键。

首先，要建设完善的粮食流通基础设施。创建全国性的、管理高效的粮食领导机构，以便统一制定有关粮食发展的政策与规划，与其他关系到粮食发展的政府部门协调好关系，突出解决当前最为迫切的物流运输问题。制定相关支持政策重视物流业的发展，改变"重生产，轻流通"的传统观念。完善物流路网建设，理顺产区与消区的关系，扶植一批有实力的大型物流企业。大力支持和鼓励农民在自愿基础上自发建立粮食流通中介服务组织，或者由政府以及行业协会出面亲自成立具有中介性质的机构。在一定的条件下，允许其代表广大农户进入粮食流通市场。有效解决我国农户个人力量薄弱、信息不通、市场意识不强的弊病，有效地维护农民的相关经济利益，解决分散生产与统一市场之间的矛盾①。

其次，要建设先进的粮食物流信息系统。建设先进的粮食物流信息系统能有效地解决粮食物流参与方的信息沟通问题，帮助其形成一定的规模。粮食物流信息系统主要包括粮食物流采集系统和粮食物流公共信息平台两大部分。粮食物流信息采集系统综合利用全球定位技术、地理信息系统、RFID 技术、电子封条技术、移动通信技术等，及时准确地采集、处理与传输粮食装车、运输、卸车等作业过程的数据，为粮食物流监管和物流调度提供准确依据。区域粮食物流公共信息平台，包括粮食物流监管与物流调度系统，即在粮食物流信息采集系统获得数据的基础上，进行粮食物流监管和物流调度，监管车辆超速行驶情况、车辆位置和行驶路线等，降低车辆的空返率，提高粮食物流效率；区域粮食物流信息交换系统，即构建数据交换集成平台，实现与农业发展银行系统、商业银行系统、运输系统（请车）、保险系统、税务系统的集成，以及与相关行业部门信息系统的数据交换②。

---

① 佟舟：《中国粮食流通体制研究》，首都经济贸易大学硕士学位论文，2009。
② 臧传真、刘博、魏国等：《现代粮食流通体系与技术支撑系统研究》，《物流技术》2010年第 1 期。

最后，要完善智能化的粮食储备体系，保障粮食安全。完善粮食储备体系可从三个方面着手[①]：第一，调整粮食储备结构，建立相应规模的省（自治区、直辖市）、市、县（区）粮食实物储备，重点掌握或指定一部分粮食加工和批发、零售企业，适当增加成品粮油应急储备数量，服从粮食安全应急调控需要，建立粮食应急加工系统、应急供应系统和应急储蓄系统，加强粮食系统应急储备保障能力；第二，提高储粮技术，建立现代型粮库，重点推进机械通风低温（温控）科学储粮关键技术、仓房气密性规范检测技术、磷化氢浓度规范检测分析技术的应用。同时，努力掌握关键技术加强对地下仓均温储粮技术、缺氧储粮技术、机械通风储粮散湿降温技术等的运用，形成科技储粮能力，减少不必要的损失；第三，完善储粮方式，坚持将中央储备作为宏观调控的主要力量，对地方储备必须加强扶持，增加"无形粮田"，抓紧充实地方储备，提高农户储粮能力。

第三节　气候智能型农业技术体系建设

一　气候智能型农业生产技术体系建设

（1）大力推广农业种植业固碳、减碳技术

一要研究与开发固碳农产品品种，选择现有低碳、固碳农业品种进行种植。可以通过改变土地利用方式，通过选种、育种和种植技术，增强植物的生产力，从而增强固碳能力。如，不同水稻品种可产生 1.5～3.5 倍不等的甲烷排放量。一般情况下，稻田甲烷排放和水稻的生物总量呈反比关系，生物量大的水稻品种可以把更多的碳固定在水稻植株中，从而有效减少甲烷排放。因此，选择生物量大的水稻品种进行种植是水稻种植业减少甲烷排放的重要方法。

二要提高生态系统管理和保护性耕作技术。首先是通过生态系统管理技术，加强对农、牧、林、渔业的管理，从而保持生态系统的长期固碳能力。如应大力发展旱田节水技术，有针对性地推行旱田节水农业栽培技

---

① 刘晶：《基于世界粮食危机的我国粮食安全问题研究》，江苏大学硕士学位论文，2010。

术，推广耐旱性强、产量高的农作物品种，提高自然降水的利用率，从而提高旱地综合生产能力。其次是发展立体农业及低耗能高产出的设施农业，通过推广应用保护性耕作技术充分挖掘土、水、光、热等资源的利用潜力，提高耕地的综合产出效率。2004 年，欧盟有机农业的耕作面积为 540 万公顷，生物能源作物耕作面积达 140 万公顷，并有 60 万公顷农地长期休耕[1]。最后是发展稻田甲烷减排技术。土壤性质、灌溉方法、施肥量和水分状况等因素左右着稻田甲烷排放，因此，施肥与灌溉等技术手段和管理方法是减少稻田甲烷排放的重要手段。就施肥方面看，对稻田 CH_4 排放有明显抑制作用的施肥方式是只施化肥，但长期使用化肥或过量使用化肥都会严重影响土壤和水稻生长质量。为此，很多国家实验了化肥和沼渣肥混施的方法，不仅效果良好，还可有效地使甲烷排放减少 50% 以上[2]。为此，要大力研究和推广利用沼渣与化肥替代单施化肥的生产技术，从而逐步减少稻田甲烷的排放。就灌溉方面看，有实验证明，稻田中水分状况是影响稻田甲烷排放的决定性因素，改变灌溉方法可以改变甲烷菌生存的厌氧环境，从而控制甲烷的产生和排放。因此，要加强研究和推广滴灌、雾灌以及间歇灌等农业灌溉方法，促进减碳、低碳农业生产。

三要大力发展农田 N_2O 减排技术。土壤中 N_2O 的产生主要是在微生物的参与下，通过硝化和反硝化作用完成的。而影响农田 N_2O 排放的因素主要有土壤类型、作物类型、施肥及灌溉等农业措施和温度、降水、光照等气候因素。各国的实践证明：测土配方施肥是种植业由通用型复合肥向专用型配方肥转变的重要手段，是当今世界抑制农田 N_2O 排放的科学施肥方法之一；与施用普通碳酸氢铵和尿素相比，长效碳酸氢铵与长效尿素能显著减少 N_2O 排放；硝化抑制剂与氮肥一起应用于农业，也可以减少土壤 N_2O 释放[3]。因此，为减少农田 N_2O 排放，要加大推广测土配方施肥，提高氮肥利用率、避免过量施肥；要多施缓释肥和长效肥料，控制短期 N_2O 排放浓度；要施用硝化抑制剂来减少农田土壤 N_2O 排放。此外，还要利用

① 郑恒、李跃：《低碳农业发展模式探析》，《农业经济问题》2011 年第 6 期。
② 李晶、王明星等：《水稻田甲烷的减排方法研究及评价》，《大气科学》1998 年第 3 期。
③ 董红敏、李玉娥等：《中国农业源温室气体排放与减排技术对策》，《农业工程学报》2008 年第 10 期。

集成太阳能光伏发电实现农业节能和可持续发展的技术。

四要进一步研究和推广可再生资源循环利用技术。通过农村沼气、太阳能、风能、生物能源等技术，实现可再生资源的开发与利用。综合开发农村作物秸秆产业，减少直燃；通过沼气的开发利用，进行废弃农业副产品的生物循环再生综合利用；改进温室生产技术，更充分和有效地利用光能；加快畜牧业废弃物综合治理和生活垃圾的净化处理，提高农村生产生活副产品的资源循环利用水平①。

（2）大力推广农业养殖业减少温室气体排放技术

动物排放甲烷的是由动物采食的饲料在其消化道内正常发酵所产生的。动物肠道发酵导致的甲烷排放量与动物类型、动物年龄、动物体重，饲料质量和采食水平有关。反刍动物（如牛、羊）和一些非反刍动物（如猪、马）均排放甲烷，但因反刍动物消化道中的特殊微生物能分解纤维素，从而使反刍动物成为最大的甲烷排放源。因而，减少动物甲烷排放可以通过改善饲料质量、提高动物生产力以及合理处理动物粪便的方法来实现。

一要研究与推广新的动物饲养技术和方法。秸秆纤维素含量高、能量含量低，是反刍动物的主要草料，但也因在胃里停留时间过长，容易排放甲烷。而通过青贮和氨化等措施处理秸秆，可以有效提高秸秆的适口性和消化率，提高饲料利用率，减少动物甲烷排放。因此，要加快研究和推广秸秆青贮、氨化等养殖业饲养技术，不断降低单个动物的甲烷排放量。一些国家成功制成了多功能舔砖或营养添加剂，这是一种全新的减少甲烷排放的方法。为此，我国应该加大对该类技术推广的力度，并在此基础上进行更多技术创新，提高低碳饲养技术。

二要积极推广绿色复合生态养殖技术，实现绿色高效生态立体养殖，循环合理利用资源，降低饲料和能源消耗。在内地和沿海滩涂合理利用水面资源，开发和推广高效的生态水产养殖技术。

三要加大对畜禽粪便的处理技术的研究与推广。动物废弃物的厌氧储存和处理均可排放甲烷，因此，减少粪便甲烷排放的主要措施应该是减少粪便液体贮存时间和过程，并通过厌氧发酵回收甲烷，这就是沼气工程的

---

① 姜洪军、潘国才：《我国循环农业发展研究》，《农业科技与装备》2012 年第 2 期。

贡献。沼气工程是指通过畜禽粪便和污水的厌氧消化、制取沼气和治理污染的全套工程设施。回收的沼气可作燃料使用，替代化石燃料等常规能源用于炊事、采暖、照明，也可用做发电和动力燃料。此外，国外试验研究提出改湿清粪为干清粪，以及通过覆盖等改变粪便贮存方式来减少甲烷排放量。厌氧环境是粪便甲烷产生的先决条件，通过干清粪和固体液体分离改变清粪方式，不仅可以减少污水产生量，而且能提高粪便收集率，减少进入厌氧环境的有机物总量，从而减少甲烷排放。在粪浆贮存过程中添加覆盖物也被证明是减少温室气体排放经济有效的方式之一[①]。

该类技术我国已经有较好的实践，如 2009 年江西省汇得能生态科技发展有限公司（以下简称"汇得能公司"）在江西进贤的养猪基地建设了大型粪污综合利用及清洁生产项目，该项目作为 CDM（清洁发展机制）列入联合国开发计划署千年发展合作项目。该项目年处理猪场粪污 27.7 万吨，年产沼气 1160 万立方米，年产沼液 64.5 万吨，年发电量 2148 万千瓦时，年产固态有机复合肥 2.8 万吨，年产液态有机浓缩肥 8 万吨。该项目真正实现了生猪养殖场粪污的减量化、资源化、无害化和生态利用，年减 CO_2 排放量 23.8 万吨，对减缓全球气候变暖做出了积极贡献[②]。

二 气候智能型农业生产保障技术体系建设

（1）大力发展农业气象智能技术

要加强农业气象智能技术建设就要大力发展以下一些技术：农业气象和灾害卫星遥感技术，农业气象灾害动态评估及监测预报技术，农业气象风险控制技术，无线气象和土壤水分传感技术，现代农业气象监测技术，降雨量、温度和风速等气象遥感技术，使用高分辨率辐射仪（AVHRR）的大气监测技术，气候变化背景下的作物模拟生长技术等。

（2）大力发展农业生产与管理智能技术

农业生产与管理智能技术是指通过计算机、传感以及通讯与网络技

[①] Søren O. P., Amon B, Andreas Gattinger. Methane Oxidation in Slurry Storage Surface Crusts [J]. J Environ Qual, 2005, 34: 455 – 461.

[②] 案例来源：江西省汇得能生态科技发展有限公司官方网站，以及 2015 年 6 月 15 日实地调研获得的数据。http://jxshdn.com/detail.asp? nid = 15。

术，对农业生产、储存、加工和销售以及农业生产条件进行智能化监测与控制的技术，旨在提高农业生产率、土地产出率和资源利用率等。因此要大力发展以下四方面的技术：农业信号远程传输技术，即运用互联网技术、移动通信技术与传感器技术等进行农业信息远程传送与处理，可以集合触屏搜索、LED 显示等智能技术快速获取产品、生产商、配送、经销点等信息，并可基于地理信息系统（GIS）进行实时监控；太阳能光伏发电技术、智能精量灌溉施肥技术；农业传感技术，实时感知畜禽养殖环境及气候等信息，智能化调控畜禽养殖场饲喂、饮水、温控、换气、湿控等技术，以及精准农业中种、肥、药、水、土壤成分等要素的自动抓取和精细调控、农作物病虫害自动识别与远程诊断等技术；中高分辨率成像光谱仪（MODIS）[①] 的农业管理技术；农业物联网云计算与云存储平台、农业物联网垂直搜索引擎、农业物联网数字地图等应用技术，以及基础海量数据、动态即时数据获取和智能处理技术；智能化控制温室大棚湿帘风机、喷淋滴灌、内外遮阳、加温补光等技术。

总之，集中应用的农业感应技术、数据存储和模块管理技术，会使传统农业实现一次智能性的、革命性的飞跃。如通过实时采集温湿度、土壤水分、土壤温度、CO_2 浓度、信号以及光照、叶面湿度、露点温度等环境参数，可以减少化肥施用量一成半，节水两成，蔬菜亩增产三成。再如，农业遥感技术可以很方便地获得空间分辨率和时间分辨率数据，从而实现农作物生长、收割、储存、运输和加工等环节的智能化监控和管理。此外，智能化饲养技术能够减少畜禽养殖场三成以上的用工量，使畜禽成活率提高近一成、温室大棚节能三成、劳动力成本节省五成以上。因此，气候智能型农业建设必须要大力发展智能农业通信系统、数据收集和传感器技术，以及模块化集成技术等。

三　气候智能型农业技术服务体系建设

（1）健全农业科技信息服务体系

一要建立功能强大、覆盖全国的农业科技信息服务平台。在科技信息

---

① 详见其官方网站 http://modis-land.gsfc.nasa.gov。

服务的过程中，动态信息和静态信息的收集与分析具有同等的重要性。科学、准确和及时的科技信息服务对发展气候智能型农业至关重要。在这方面日本的经验值得借鉴，日本农业技术信息服务网络功能强大，在全日本范围内实施 DRESS 管理系统来收集、处理、存储、传递涉农信息，使农业科技信息化服务快捷、高效。虽然中央一号文件向来重视农业信息的收集、处理、发布和应用工作，并在此基础上大力推进相关的数据采集和处理规范，以求打造标准化工程，但到目前为止，农业的科技信息服务平台建设仍然相对滞后。正因如此，我国要大力发展气候智能型农业，就一定要加快农业科技信息化服务平台建设，其中包括但不限于涉农气象、作物栽培、作物病虫害防治、农业技术等信息服务项目。同时该平台还应当承担气候智能型农业理念宣传、技能推广、产品生产、农业清洁能源开发、农业灾害与疾病防治、涉农生产资料销售等新科技、新理念和新服务的功能。目前国家推进的"金农""三电合一"等农村信息服务工程，均具有良好的示范效应。

二要广泛建立最接地气的农村信息网站。农业科技信息服务要满足农民对于农业科技信息的需求，必须通过基层调查和统计，分析农民的需求信息和创新要求，要充分利用最基层的网络平台，不断进行农业科技信息和资源的整合配置，以开放形式推送给农民。基层网络平台建设必须注重纵向与横向信息交流，纵向是指"上联省部、下联县乡村"，横向是指"县与县、镇与镇、村与村"，包括农业产业单位、农产品市场等的信息互换。基层信息平台担负着信息采集与信息终端的对接功能，直接承担气候智能型农业的基层宣传、引导和推动工作。

（2）完善农业技术人才培育体系

农民是农业科技技术的使用者。在气候智能型农业建设中，"农民"这一关键因素决定了该农业发展模式的实施效果。我国农业劳动力的整体文化水平不高，技术能力偏弱，而发展气候智能型农业要求基层农民不仅能够掌握高科技技术，而且能够对气象知识有相当的了解和分析把握能力。因此农业技术人才的培育是发展气候智能型农业的重大挑战。仍以日本为例，日本的教育体系完善，农民的继续教育亦是如此，除了农林水产省农业大学校、就农准备校等"职业"培训机构之外，民间研修教育机构对农民信息技能的提高和素质的培养亦有卓越的贡献，我国在这方面还有很大的提升空间。要全方位、多层次地对我国农民进行培养、培训，首先要加大涉农教育资源的投入，把农业大中专院校办出特色，办出水平来；其次要加强针对农民的信息技术培训，充分利用当地的教育资源，如成教中心、农业学校等，培养农业从业人员的信息利用意识和能力；最后要对基层农民进行信息管理、农业科技、市场营销等知识的培训，从而不断造就一支具有较强业务素质、掌握多方面技能的农业技术和管理人才队伍，使气候智能型农业理念能够得到较好的理解和实施。

第四节　小结

我国气候智能型农业的建设内容应该主要从实验区及产业体系建设、粮食安全体系建设以及农业技术体系建设等方面入手。

首先，从气候智能型农业试点及产业体系建设方面看，我国气候智能型农业实验区和国际相关项目已经在紧锣密鼓地进行，在此基础上，需要强调的是，建设气候智能型农业的产业体系，既要注重实现农业智能化应对干旱、洪水、台风等自然灾害带来的负面影响，又要强调智能化降低农业生产自身对气候的负面影响，因此难度很大。建设气候智能型农业试点及产业体系，主要应从以下几方面着手。一要促进"气候智能型"政策体系建设，搭建农业服务平台。一方面必须健全气候智能型农业发展法律法规，另一方面鼓励农业"气候智能型"技术创新，既要加大职能气候变化产品的研究与开发，又要加大对气候变化抵御能力技术研发的支持，并要完善农业气象灾害预警和应急技术的研发。二要加大农业应对旱涝灾害的基础投入，尤其是大幅度增加气候智能型农业科技投入，提高财政支农资源的配置效率；三要扩大固碳农业湿地的面积。利用农村农田、宅基地周围大洼小坑、水沟、小河等地形地貌，通过统一整治、通水、活水、培育植物等规划治理，形成可大可小、功能多样的农业湿地，以达到固碳的目的。四要改良固碳型农业品种。为了加强碳吸收能力，要大量培育或引进对病虫害和对高温、干旱等极端气候有强抵抗性的品种，提高产量。五要建立能够更好地适应气候变化农作物的种子库①。

其次，从气候智能型农业粮食安全体系建设方面看，一要从抓农业基础设施建设、土壤和水资源保护等方面入手，构建智能化的粮食生产体系；二要从智能化构建粮食生产体系、保障体系等方面，来构建气候智能型农业的粮食安全体系；三要建设完善的粮食流通基础设施，建立先进的粮食物流信息系统，以及完善智能化的粮食储备体系。

最后，应该从农业生产技术体系、技术保障体系及技术服务体系等方面，构建气候智能型农业技术体系。

本章主要参考文献

［1］张大武：《宝山发展气候智能型农业北大荒网·资讯频道》，最后访问日期：2014 年 4 月 17 日，http://www.chinabdh.com/bdhzx/bdhsx/articleshow.aspx? id = 195725。

［2］胡璇子：《中国气候智慧型农业的未来》，《农村·农业·农民》（B 版）2014 年第 11 期。

［3］郑风田：《低粮价战略挑战我国粮食安全》，《西部论丛》2010 年第 12 期。

［4］龙方：《新世纪中国粮食安全问题研究》，湖南农业大学博士学位论文，2007。

［5］Oldeman. L. R, 1998. Soil Degradation：A Threat to Food Security? Report 98/01, International Soil Reference and Information Centre, Wageningen.

［6］杨占华、刘玉杰、李俊峰等：《保护地生产条件下的土壤退化问题及其防治对策》，《吉林农业》2011 年第 5 期。

［7］佟舟：《中国粮食流通体制研究》，首都经济贸易大学硕士学位论文，2009。

［8］臧传真、刘博、魏国等：《现代粮食流通体系与技术支撑系统研究》，《物流技术》2010 年第 1 期。

［9］刘晶：《基于世界粮食危机的我国粮食安全问题研究》，江苏大学硕士学位论文，2010。

［10］郑恒、李跃：《低碳农业发展模式探析》，《农业经济问题》2011 年第 6 期。

［11］李晶、王明星等：《水稻田甲烷的减排方法研究及评价》，《大气科学》1998 年第 3 期。

［12］董红敏、李玉娥等：《中国农业源温室气体排放与减排技术对策》，《农业工程学

① 李秀香、赵越、简如洁：《我国气候智能型农业及贸易发展研究》，《当代财经》2011 年第 7 期。

报》2008 年第 10 期。

[13] 姜洪军、潘国才:《我国循环农业发展研究》,《农业科技与装备》2012 年第
　　　2 期。

[14] Leng, R A. Improving ruminant production and reducing methane emissions from rumi-
　　　nants by strategic supplementation [R]. Washington, DC, EPA, 1991, 105

[15] Søren O P, Amon B, Andreas Gattinger. Methane oxidation in slurry storage surface
　　　crusts [J]. J Environ Qual, 2005, 34: 455 – 461

[16] 李秀香、赵越、简如洁:《我国气候智能型农业及贸易发展研究》,《当代财经》
　　　2011 年第 7 期。

第十章 中国发展气候智能型农业的保障措施

建设气候智能型农业是一项系统工程，需要强有力的领导和各部门的通力合作，必要时相关政府必须成立相应的工作小组或领导小组，制定相关制度和配套的政策措施，只有形成资源共享、科学分工、总体协调的运作机制，才能顺利实施和推进气候智能型农业的建设。各级党委、政府要高度重视气候智能型农业发展工作，要逐步形成主要领导亲自抓、分管领导积极落实和基层领导全力开拓创新的工作推进局面，必要时可以设立相应的气候智能型农业工作管理或推进机构。制定气候智能型农业发展的扶持政策，通过优先给予人力、物力和资金等方面的支持，实现气候智能型农业发展的预期目标和规划。此外，各级农业部门要高度重视农业应对气候变化、节能减排等工作的推进，确保气候智能型农业规划、实验和全面推广工作顺利实施。

第一节 发展气候智能型农业的政策及技术保障

一 完善气候智能型农业促进政策

气候智能型农业是人类应对气候变化必须走的可持续发展之路，其政策的高效性是灵魂也是核心。

一要针对固碳、低碳农产品实行价格补贴。我国大力发展气候智能型农业，应该实行合适的价格补贴政策，即要根据我国的现实情况及 WTO 对于农业补贴的约束性规定，对固碳、低碳农产品进行价格补贴，又要根据农民实际耕种的低碳产品的产量来评估，并根据国际与国内市场同类产品的价格差来确定补贴额，使补贴既不违规又可以提高我国产品的竞争能力。值得强调的是，这类补贴应该延伸到低碳高效节能的牲畜饲养业，使致力于减少温室气体排放的养殖业获得应有的重视和鼓励。此外，为了引导固碳、低碳的农作物生产和低碳养殖，应当定期公布补贴原则，要结合年度和地区差异确定补贴水平。

从财政支持来看，应该充分调动地方政府的作用，补贴应该由中央和地方财政共同承担，基本补贴由中央承担，地区的差异则由地方承担；也要借鉴国际经验，如美国采用的差额补贴政策，欧盟采用的直接收入补贴政策等①。合理、合规、高效的农业补贴政策，不仅可以大力促进气候智能型农业体制机制建设，而且可以保障国民经济的健康可持续发展。

二要推行针对气候灾害的生产救助政策。由于农业生产受气候变化影响较大，一旦发生自然灾害造成减产减收，对于相对落后的农村来说要抗灾赈灾会相当困难。因此，政府应当推行农业生产自然灾害救助补贴，以保障灾害发生后农民自救和恢复生产的能力；也可以借鉴国际先进经验，如日本实行的新粮食法（其中就有稻作安定经营政策和自然灾害补贴）、加拿大等国实行的生产救助政策等。同时，要积极探索农作物自然灾害保险办法，利用社会力量保障受灾农民的收入。为鼓励农民参加农作物保险，政府应给予农民一定的投保金补助②。

三要加强应对气候变化的农业信息化平台建设。该平台建设既要整合农村气象和农业技术资源，又要解决农业信息散乱、实效性不强问题；既要构建科学性强、能为领导决策服务的优质信息与高技术服务体系，又要能解决信息与服务进村入户问题。这就要求该信息化平台建设必须实现资源共享，实现农业主管部门、示范区、行业协会和农业龙头企业分工合作联动。与此同时，应该加强对国际农产品生产、需求动态及政策动态的搜集整理、分析研究和及时发布工作，为企业和农户应对气候变化提供实际帮助。此外，还应强化国内外粮食供求的分析预测，关注粮食市场价格，

---

① 龙方：《新世纪中国粮食安全问题研究》，湖南农业大学博士学位论文，2007。
② 娄丽：《简论新形势下的粮食安全问题》，吉林大学硕士学位论文，2004。

建立完善的粮食安全预警系统，制定科学的预警指标，实施先兆预警，增强粮食宏观调控的预见性，强化调控措施的有效性，确保国家粮食安全目标的实现①。

四要加大对农业智能化建设的投入，发展支农碳金融。一是加大财政对有关气候智能型农业的投入和支持，金融部门要对低碳农业大户提供信贷支持并简化手续，提高和优化服务。同时，要加大政策性银行对气候智能型农业实验和科技创新的支持力度。二是鼓励设立气候智能型农业发展基金。倡导专注于农业碳管理技术和低碳技术开发的低碳农业基金，支持农业中节能减排、高效智能的发展项目。三是支持发展农业固碳基金，鼓励发展针对农村土地流转、轮作和休耕，以及维护湿地、森林和植被固碳功能的专项基金。四是扶持并规范农业碳交易机制。探索并研究与农业相关的排放配额制度和排放配额交易市场、农业与气候变化相关的金融衍生产品等。涉农碳基金可先在国内能源大企业中销售，一旦培育成熟就可进入国际碳交易市场。

二　强化气候智能型农业技术保障措施

（1）加强气候智能型农业科技创新与服务

加强气候智能型农业的科技创新，既要加大智能应对气候变化产品的研究与开发力度，又要加快对农业气象灾害预警和灾害应急技术的研发速度。具体应该包括如下几点。

一是太阳能等新能源和储能技术的应用。可以利用太阳能技术应对恶劣天气，建立室内栽培蔬菜的"蔬菜工厂"和靠太阳能电池板发电的"水产工厂"，并逐步试验冬天利用太阳能获取热量的"太阳能农田"。在农村要不断推行由风能、太阳能、电能和大型蓄电池组成的能源组合系统，综合服务于农村、农业生产和农产品加工。

二是在农业生产和生活的各个方面充分利用 IT 技术，包括电能控制系统、智能生产系统和碳排放预测系统等。

三是利用大数据技术，配合信息和通信技术，对于农业育种、生产、

---

① 胡锋、黎建飞：《打工难，种粮更难》，《南风窗》2008 年第 8 期。

管理、加工和销售进行感测、分析和整合，使农业生产智能应对气候变化的形势并高效运行。

四是利用传感技术、物联网技术对农业生产各个环节进行智能化控制。通过传感器技术和物联网技术的广泛运用来控制系统的智能化操作，使气候变化以及土壤变化任何微小信息都可以被捕捉和有效利用，从而建立强大的智能化农业生产控制系统。这就要求农业生产技术与低碳技术、智能化技术进行结合并加以创新，推动气候智能型农业的快速发展。

（2）完善气候智能型农业技术人才培育

在气候智能型农业建设中，农民是农业科技技术的使用者，"农民"这一关键因素决定了该农业发展模式的实施效果。我国农业劳动力的整体文化水平不高，技术能力偏弱，而发展气候智能型农业要求基层农民不仅能够掌握高科技技术，而且能够对气象知识有相当的了解和分析把握能力。因此农业技术人才的培育是发展气候智能型农业的重大挑战。仍以日本为例，日本的教育体系完善，农民的继续教育亦是如此，除了农林水产省农业大学校、就农准备校等"职业"培训机构之外，民间研修教育机构对农民信息技能的提高和素质的培养亦有卓越的贡献，我国在这方面还有很大的提升空间。要全方位、多层次地对我国农民进行培养、培训，首先要加大涉农教育资源的投入，把农业大中专院校办出特色，办出水平来；其次要加强针对农民的信息技术培训，充分利用当地的教育资源，如成教中心、农业学校等，培养农业从业人员的信息利用意识和能力；最后要对基层农民进行信息管理、农业科技、市场营销等知识的培训，从而不断造就一支具有较强业务素质、掌握多方面技能的农业技术和管理人才队伍，使气候智能型农业理念能够得到较好的理解和实施。

但是长期以来，我国科技进步对经济增长的贡献率为30%左右，其中高新技术对经济增长的贡献率仅为20%，远远低于发达国家60%的贡献率。智能技术在农业发展中的推广与应用存在相当大的难度。因此，目前最为重要的还是"气候智能型"农业生产技术在农村基层的宣传和推广，为此，基层科技服务体系建设至关重要。实践表明，没有一支长期稳定的基层农业科技服务队伍，高科技农业发展就将如空中楼阁。因此各级政府应把农业科技服务体系——尤其是智能化应对气候变化的科技服务体系——建设到最基层的乡镇和村，稳步推进基层农业技术服务及推广体系改革。鼓励科研院所科技人员到农村基层工作；激励面向农村的公共技术平台建设，在此基础上不断完善农技推广服务体系，使广大农业生产者不断获得优质的低碳、智能及高效的农业技术服务，从而不断获得低成本高效率的技术培训和指导，确保在气候形势不断恶化的情况下，我国基层农业生产依然能够智能应对，快速发展。

第二节　健全农业气候灾害的应对机制

目前，气候变化对农业影响的预测与科学研究还有待于进一步强化，农村的气象服务还比较简单，一般仅仅起到预报作用，智能化服务还很欠缺，尤其是农村气象灾害防御仍然存在很多"短板"，制约着农业现代化的发展步伐。为此，2010年中央一号文件明确提出，要建立健全农业气象服务体系和农村气象灾害防御体系（简称"两个服务体系"），该项规定无疑具有重要的历史意义。发展农业"气候智能型"是稳定农业生产和保障国家粮食安全的必由之路，而加大"两个服务体系"建设的投入则是发展气候智能型农业的"及时雨"和"保护伞"。

一　加强农业气象与灾害服务体系建设

（1）加强农业气象服务体系建设

一要加强农村气象服务基础设施建设，攻克农村气象服务盲点，提高服务效率。要加密自动气象站网建设，加强气象卫星遥感、天气雷达监测、自动气象观测站网等基础设施的建设，实现自动气象监测网覆盖所有乡镇及重点部位。加强与信息产业部等相关部门的合作，科学规划天气预报和极端天气预警信息发布渠道，努力解决农村"最后一公里"预警信息发布的瓶颈问题，使气象预警信息准确快捷地送达村村户户，特别是偏远地区、农区、山区等。为此，应该加大气象科技开发力度，提高气象预报、监测的自动化水平，提高气象服务效率。

二要加大农业气象技术的科研开发力度，提高预报精准度和实效性。目前我国天气预报和精细化气象服务的技术还有待进一步提高，必须加快大气探测设备更新，推进气象卫星探测和新一代多普勒天气雷达网建设，提高监测密度，加快发展定时、定点滚动的精细天气预报；加快地理信息、人工增雨高炮火箭、防雷检测等现代气象业务系统的建设步伐，提高重大灾害性天气和短期气候预测的准确率和实效性。

三要大力发展具有地方特色的农业气象服务。要根据当地农业气候资源的实际情况和农业生产的特点，因地制宜地提供重点突出的气象服务，为当地农业生产的科学布局和合理规划提供结构合理、品种齐全的服务，并应逐步建立面向农村种植大户、农业生产企业的新型气象服务模式。此外，还应开展针对不同季节的农用天气预报，指导农业生产走"天人合一"的"气候智能型"发展道路。

（2）加强气象灾害预防与预警能力建设

一要加强农业气象减灾的科学研究。要实现气象灾害快速预警和救助，就需要加强对农业气象灾害发生规律以及农业气象灾害影响机理的科学研究，从而为正确防范农业气象灾害提供科学依据。两方面的工作必须突出和加强。其一，不断完善农业气象灾害预警信息发布标准。农业气象灾害与气象灾害有许多不同点，如干热风等农业气象灾害并不完全是极端天气事件造成的，但我国以往天气预警不会专门针对农业，也未公布和实施农业气象灾害预警发布标准，这就严重影响了我国农业灾害防御体系建设。因此，目前我国亟待建立基于农业气象灾害特点的特殊预警信息制定和发布机制。其二，加强农业气象灾害预警技术和防灾减灾技术研究。一方面，必须要加大对农业全覆盖的气象观测、监测、影响评估和预测技术基础研究的支持力度。由于气象灾害对农业影响的评估十分复杂，至今我国对此动态的定量评估方法不多，现有的评估方法快捷性、实用性较差。为此，必须通过对气象、土壤等环境条件的综合评估和植物生长的模拟，全方位地进行对农业气候影响的预测和动态评估，因而加大这方面科研的投入力度刻不容缓。另一方面，需要不断加大对建立在大数据基础上的农业、气象等多学科、多领域的科研创新、合作攻关和成果推广等综合研究与试验项目的资金投入和税收、贷款等方面的政策扶植力度，从而提高农业气象灾害监测评估水平，强化农业气象灾害的灾前预警和灾后跟踪服务及影响评估能力。

二要加强农业气象灾害的预防能力建设。我国地域辽阔，各地气象条件差异大，农业生产的区域性、特色性较强。同时，我国又是典型的季风性气候国家，气象灾害种类多、分布广、影响重，由此造成的粮食减产幅度可高达 10%～20%。因此，增强农业对各种气象灾害的抵御能力刻不容缓，这就要求我国农业生产灾害预防体系要由应急型向防护型转变。要加强农业气象实用技术的应用，推进适应气候变化的品种改良和耕作方式变革，提高农业趋利避害的能力；应建立气象灾害早期防范应对的联动机制，使农村在农业生产重大环节——播种、收割、储藏和运输——上应对突发性气象灾害的防御能力不断提高；通过多种形式普及农村气象防灾减灾知识，通过对农户气象技术的培训，增强农民群众的防灾减灾意识和自救互救能力，提高农技人员气象预报和灾害防范的能力[1]。

三要加强农业气象灾害的预警能力建设，提高气象灾害预警的效率。农业气象灾害预警对时效性有着非常高的要求，据此，各级政府和气象部门要加强气象灾害监测设施建设，加强气象灾害分析能力建设，加大对信息发布能力建设的投入，确保气象灾害预警信息及时顺利地传到农户，帮助农民及时有效地采取应急措施降低损失；要建立农业对极端天气和气候事件的监测预警机制，包括建立农业气候灾害预警工作机构，明确职能范围，配备专门人员，建立同农产品协会及企业的互动机制等，提高农业应对气候变化的快速反应能力；要深入开展农村气象灾害的风险调查、区划和评估工作，推进面向农村的重大气象灾害风险评估，从而提高预警能力；要完善气候灾害与农业损害监测数据的采集、分析、报送和发布制度，加强对农业气候损害的跟踪监测，达到预警的目的；要建立产业损害分级预警制度，实施农业气象灾害重点地区预警报告定时发布制度。

四要强化粮食安全预警体系。粮食的产地选择、原料选用、培育生产、运输监控、储藏管理等各个环节都是安全预警体系建设的重点，政府职能部门应分工明确、各司其职、协调联动，保障粮食安全预警体系的稳定运行与有效作用。为此，各级地方政府应首先做好组织机构建设，成立专门的机构负责粮食安全工作，具体负责粮食工作形势的分析和总结、粮

---

[1]　矫梅燕：《健全农业气象服务和农村气象灾害防御体系》，《求是》2010 年第 6 期。

食安全政策的制定与落实、粮食供需矛盾的协调与解决，将粮食安全作为头等大事，确保人民生命安全。同时需要对粮食安全预警体系做好保障，成立由工商物价、食药监等部门联合组建的粮食执法队伍，强化执法能力并保证人力、物力和财力的支持。建立健全最低周转库存制度并督促粮食主要经销商加以落实，确保粮食储备充足，同时给予粮食企业费用补贴、信贷资金和提供仓储条件等优惠政策。培育粮食经营大户，引导他们进行规模经营，这样可以让这些粮食经营大户有足够的实力来应对粮价波动和突发事件。同时在政策和资金等方面，要争取各方面的支持，以保障粮食安全。

五要拓宽气象灾害预警的服务领域。在全球气候变暖的环境下，气象灾害预警的主要目的是研究各种农业气象灾害，如干旱、高温、洪涝、霜冻的特点，并据此形成气象灾害评估指标体系和预警监测系统，提高农业对气象灾害的预测、评估和风险抵御能力。因此，农业部门应联合水利、气象等部门建立全方位预警平台，针对当地农业生产布局的实际情况和生产现状提供实时信息服务，组织气象、农业、水利专家深入农业生产一线指导气象灾害的预防工作和救灾工作，并从建立气候智能型农业的角度出发，拓宽气象灾害预警的服务领域，以农业生态监测为依托，以卫星遥感技术的开发应用为手段，以气候变化对生态环境和农业生产的影响为研究对象，以极端天气现象对农业生产的影响为预测目标，形成多领域的服务系统。

（3）加强气象灾害救灾能力建设

有些自然灾害无法避免且不可抗拒，因而建设救灾体系十分有必要。一般农业灾害具有突发性，但有些农业灾害如旱灾、涝灾、冻害、病虫害等则具有累积性和渐进性，且发生的周期较长，故而预防和补救的余地较大，此类灾害应作为农业灾害防范和救治的重点。要建立灾后重建农用物资——如苗木、化肥、种子、地膜等——及时供应体系；建立信息传达体系，及时发布重建信息，掌握重建动态，推进灾后的重建工作稳步进行。要建立以预防为主的气象灾害风险管理机制，提高风险防范意识，加强应对气象灾害的组织体系，一方面要健全农村基层气象灾害应急组织体系，保障从镇到村、从支书到农村气象信息员的信息畅通，建立快速反应和反馈机制，不断完善乡镇领导、气象信息服务站工作人员和气象预报员联合工作和应急反应机制；另一方面要建立"政府主导、部门联动、社会参与"的决策协调机制和联动反应机制，共同提高气候灾害的应急处理与快速反应能力，从而降低、减少灾害损失；要建立应对气候变化的农产品进出口稳定增长机制，在重大恶劣气候事件影响下，确保国内粮食、肉类、蔬菜等食品价格的稳定。

二　完善农业气象灾害保险体系建设

（1）农业气象灾害保险应重点完成的几项工作

农业种植业和养殖业在生产过程中面对极端天气状况时遭受灾害的可能性较大，这使农业生产经营者面临一定的风险，客观上阻碍了农业生产经营者的从业积极性。引入农业气象灾害保险对于减少农业经营损失、稳定农村经济社会秩序和维护农民收入稳定有着重大的意义。为此，要完善我国农业气象灾害保险体系，需要重点完成几项工作。

一要建立农业气象灾害保险标准体系。由于农业气象保险涉及的风险类型和保险对象众多，科学统一的气象灾害保险标准可以对该体系的建设起到基础的保障作用，所以，应加快气象灾害保险的国家标准和行业标准的出台，并在此基础之上根据各地的实际情况出台地方标准，并确保农业气象灾害保险标准的科学化和规范化。

二要建立因地制宜的气象灾害保险制度。从政策制定层面来看，应充分发挥政府的引导作用，充分协调农业生产部门、气象服务部门、保险及其他金融机构的工作，为气象灾害保险体系的市场化工作群策群力。从保险的特点来看，应突出气象灾害保险的救助而非辅助补偿特征，对农业基础产业——如种植业、养殖业、畜牧业、渔业——受重大自然灾害造成的损失，应建立巨灾保险机制，增强投保人和被保险人对气象灾害保险的认可程度。从保险品种来看，应将经济发展水平、农业产品种类、气候与地理条件等区域性差异进行综合考虑，对经济发展水平较低的地区重点考虑气象灾害保险的参保成本问题，对从事不同生产项目的农业种植区、林区和养殖区则应考虑保险险种设置和承保责任范围的全面性和适应的问题。从保险便利的层面看，应考虑气象灾害保险的优先投保、优先查勘和优先赔付问题。从保险的可持续发展层面考虑，应建立有效的资本投资盈利机制，保证持续滚动地增加巨灾保险基金，通过多措并举、因地制宜的方式，推进气象灾害保险的市场化进程。

三要推动天气衍生品交易。由于我国财政政策对宏观经济的稳定运行有着举足轻重的作用，而对农业产业的资助和扶持并非财政支出的唯一用途，故而完全依靠政府的财政投入不能从根本上填补农业气象灾害保险面临的资金缺口，应加强金融制度和金融产品的创新以缓解压力，充分发挥金融衍生品的作用，推出与天气有关的期货、期权、互换以及套保期权（Collar）等，将金融工具应用于农业气象灾害的预防。考虑当前资本市场的特点，应加快农业气象灾害保险衍生品的推进步伐，适度引入期权交易机制，取得市场交易的突破点并加以推广。

四要突出农业气象灾害保险的公益性特点。保险公司以利润最大化作为经营目标本身无可厚非，但农业气象灾害保险事关国民经济的基础，在广义程度上应该具有公益性特征。营利性和公益性并存的特点使农业气象灾害保险不能完全按照商业保险的模式进行运作，但一味强调公益性、要求该保险的利润低于其他险种，对保险公司自身的生存又会产生负面影响。让保险公司在承担社会服务责任的同时保证一定的合理利润，需要发挥政府的作用，强化农业气象保险的公益性，出资建立农业气象灾害保险基金，发行农业气象灾害债券，建立一套农业气象灾害巨灾再保险体系，推进农业气象灾害保险的适度利润保障机制，这对于农民利益、保险公司利益和国家利益都有积极的正面作用。

（2）推广农业气候指数保险制度[①]

我国要实施气候智能型农业，就必须要为此建立保障制度。由于气候变化导致自然灾害频繁发生，世界上许多国家都对农业进行保险来保障农业的利益。从全球的范围来看，自然灾害造成的经济损失中的保险金额比例可达30%，其中，部分发达国家的保险金额比例达到60%以上，中国的保险业虽然经过数十年的发展，已逐步走向规范化的道路，但农业气候灾害保险体系建设尚不健全，巨灾险仅在一些试点地区实行，且这种灾害险的赔付范围低、险种单一。2008年中国的雪灾事件中，全国经济损失

---

① 李秀香：《尽快建立农业气候指数保险制度》，《探索与争鸣》2013年第12期。

1516.5 亿元，但是农业保险赔付仅为 6629.6 万元。而美国、澳大利亚等发达国家的农业灾害保险系统非常完善，在相同情况下，损失方可获得 80% ~ 90% 的赔付。在气候变化的背景下，我国农业气象灾害发生的频度和强度都有加剧的趋势，对农业生产造成了很大的损失，严重影响了农民的收入和农业生产积极性。由于农业灾害对农业生产的影响巨大，因此，科学有效的农业自然灾害保障机制，尤其是气象灾害保险制度建设刻不容缓。

农业保险属于公共产品，完全的市场化运作不能发挥农业保险应有的作用。但是现实中，国家政策性农业保险却总是陷入"农民保不起，政府赔不起"的怪圈，所以我国农业自然灾害保障仍然以政府财政救济为主[①]，其他能发挥积极作用的保险产品较少。因此，政策性农业保险创新必须从增加农业生产者和提高农业保险公司积极性入手，并确保在此基础上不加重政府财政负担。

此外，虽然如台风、洪水等灾害性气候造成的损失比较大，但其发生的概率也比较低，而气候变化是一个日积月累的持续性现象，尤其是诸如温度、降水、日照、霜冻等非灾害性气候的温和或隐蔽变化很容易被忽视，以致给农业生产带来持续性的损失而并未被发现和重视。更为严重的是，我国在农业保险中很少考虑这类农业灾害。为此，根据国际经验，大力发展"农业气候指数保险"可以很好地解决农业保险遇到的上述问题。

农业气候指数保险制度建设是高效应对气候变化的政策之一。农业气候指数保险是农业保险的一种创新，农业气候指数保险是将气候衍生品应用到农业保险领域，把直接影响农作物产量的气候条件造成的损害程度指数化，用以签订合同、确定赔付标准，并提供赔偿的一种农业保险创新产品。因此，农业气候指数保险制度建设的主体应涵盖农民、针对农民的存贷款机构、保险公司、全球再保险公司及高效的资本衍生品市场等，仅凭保险公司商业运作是难以承担的，更何况农业自然灾害因其风险的突发性、集中性、破坏性和损失的巨大性等需要政府的积极参与，因此政府应当是农业气候指数保险制度规则的制定者和推动者。

---

① 陈怀亮、张红卫等：《中国极端天气事件与农业气象服务》，《气象与环境科学》2010 年第 8 期。

国际农业发展基金与 FAO 等国际组织已在发展中国家陆续进行了气候指数保险试点，我国也在其中。但我国农业气候指数保险产品的创新和应用与印度等发展中国家比较而言相对薄弱和滞后。2007 年，中国保险监督管理委员会正式下发文件，要求做好极端天气气候事件防范应对工作，尽快开发新产品填补国内天气保险空白。2007 年 12 月，中国农业部、国际农业发展基金（IFAD）与联合国世界粮食计划署（WFP）共同出资设立"农村脆弱地区天气指数农业保险国际合作"项目。2008 年 4 月 18 日，三方正式启动该项目，计划在未来两年内以安徽省为试点，为当地农民定做天气指数农业保险产品，即安徽水稻种植天气指数农业保险产品，该项试点最终得到了成功的实施。安徽水稻种植天气指数保险的高温指数风险发生概率约为 80%，而干旱指数风险发生概率为 33% ~ 50%[①]。这是我国首次将农业气候指数保险作为新型农业保险模式正式引入气象灾害风险管理领域。目前，除了安徽省水稻种植天气指数农业保险产品以外，还有浙江省柑橘气象指数保险、水稻暴雨灾害保险以及陕西果区苹果花期冻害指数保险。2011 年，江西南丰蜜橘冻害气象指数保险产品也已进行论证，并在江西省逐步推广。

尽管我国已经开发应用了相关农业气候指数保险产品，但由主管部门和农险企业按合法程序和方案进行系统研究和推动的局面尚未形成，而气候指数保险产品的研发和推广远非个别地区、个别企业能够完成的，它需要联合众多力量和资源，从完善气象基础设施入手，突出政府支持，加以逐步实施和完善。正因如此，我国应加快全面推进政府主导的农业气候指数保险制度建设，并使之高效运作。

第一，完善的法律法规是农业气候指数保险制度发展的规范和约束。2012 年底国务院颁布了《农业保险条例》，这在农业保险立法进程上是一个跨越性进步，但是相对于其他商业保险法而言，农业保险相关的立法还有漫长的道路要走。针对专门气候指数保险的条款应该从以下两方面加以明确和加强。一是基础性法规体系建设，包括从农户到农村金融机构，从

---

① 陈盛伟：《农业气象指数保险在发展中国家的应用及在我国的探索》，《保险研究》2010年第 3 期。

保险公司到全球再保险机构以及资本衍生品市场的相关法律责任义务的规范和确定，最好能适当明确保险和金融机构的技术和产品的创新方向；二是专业性法规体系的建设，包括市场的进入、退出及行为规则，保险公司的业务品种、经营范围、服务对象、财务监管及风险控制等具体法律规范，这其中对气候指数保险的实施和推广应该有具体规定。

第二，相关气象设施建设是实施气候指数保险的重要抓手。气候指数保险产品的设计主要依靠的是相关气候数据资料。虽然我国气象观测站的设施比较完备，具备利用卫星云图进行天气、海浪预报的技术，能够搜集形成准确、可靠、连续的历史数据，但要进一步在全国范围内大面积设计并推广农业气候指数保险产品，已有的条件还远远不够。不管是为了降低气候指数保险产品的"基差风险"，还是为了激励保险公司加大开发新产品的创新力度，政府都应该加强气象设施和信息搜集技术的建设，为保险公司设计气候指数保险产品提供较为充分的数据积累。

第三，成立专业保险公司并与农村金融机构合作是推动气候指数保险发展的重要主体。目前，我国还很缺乏专业的农业保险供给主体。总结国外气候指数保险发展的成功经验，我们发现成立专业性的保险公司有利于气候指数保险产品的创新和开发，这也能为全国各个地区提供更加合适的个性化农业保险产品。此外，要建立专业性保险公司与各类农村金融机构之间的伙伴关系，这对扩大农业保险产品的覆盖面和规模效应也至关重要。农村金融机构是销售保险产品的主要力量。政府应推动保险公司与农村金融机构开展战略合作，发展农村银保模式，由农村信贷机构结合生产贷款代销气候指数保险产品，从而扩大其销售渠道，加快气候指数保险模式在我国普及推广。

第四，做好农业气候指数保险的再保险工作是推行气候指数保险的重要保障。保险公司在气候指数保险中面临的风险可通过再保险的形式加以分解，再保险的形式多样，可通过巨灾基金的方式进行，也可以利用农业气候指数保险的标准化特征设计巨灾风险债券，通过资本市场实现农业气候指数保险的再保险，让更多的社会资金可以参与其中，从而分散农业气候风险。农业天气指数保险的购买人将不再局限于农民，任何因农业天气指数变化而可能遭受风险的个人或单位——包括政府、银行、企业等——

都可以通过购买农业气象指数保险来转移风险，这有利于通过购买者的非同质风险来分散巨灾损失。

第五，推广气候指数保险实现的重要途径是将农业气候指数保险纳入政策性农业保险。农业气候指数保险模式推广的关键在于政府的推动。农业气候指数保险模式的推广，除了需要政策上的保障，还需要财政上的支持。初期开发需要政府投入大量的资金，政府还要对农业保险公司及其服务对象提供适度的管理费用补贴、保费补贴、巨灾赔偿和优惠政策，从而鼓励农民积极投保，鼓励商业性保险公司经营农业气候指数保险，使政府、农民和保险公司之间的利益共同体现。

此外，还要建立健全相关监管体系。为了保障农业气候指数保险政策的落实，除了对实施过程实行有效的监管外，更要充分调动农民投保积极性。受传统农业的影响，我国农民的保险意识淡薄，加上农业气候指数保险进入我国市场时间较短，农户对此产品的认识还需要一个过程。政府要充分调动电视、广播、报纸、网络等各种媒介的力量，加深大众对农业气候指数保险的了解，并支持农业保险公司或农村金融机构对农民提供相关指导以及培训等服务，从而提高农民参保积极性。

除了大力推广气候指数保险项目之外，还应该创新更多的涉农气候保险项目，并由此建立起财政支持的巨灾风险分散机制[1]。可以积极利用世界银行的商品风险管理组织（CRMG）和瑞士、荷兰政府联合建立信托基金，实施农业气候指数保险以帮助中小农户进行商品市场的风险管理[2]。

第三节　建立气候智能型农业国际合作与贸易保障机制

一　建立有效互惠的国际合作机制

气候智能型农业所涵盖的内容不仅仅涉及农业的高效性和适应性，还

---

[1]　曲如晓、马建平：《贸易与气候变化：国际贸易的新热点》，《国际商务》2009 年第 7 期。

[2]　张宪强、潘勇辉：《农业气候指数保险在发展中国家的实践与启示》，《社会科学》2010 年第 1 期。

必须是智能的、低排放的农业发展模式。由于农业发展的智能系统和温室减排需要全球各国的共同参与才能实现和完成，所以，我国发展气候智能型农业就一定要在国际友好、多方合作的前提下进行。为此，我国应在应对气候变化的国际行动中，严格遵循《联合国气候变化框架公约》规定的"共同但有区别的责任"的原则，承担社会责任，并熟练掌握、灵活运用国际气候规则（以"京都规则"和"后京都规则"为代表）来解决我国农业面临的生存和发展问题①。

（1）加强低碳农业国际合作

我国积极参与国际交流与合作，共同发展气候智能型农业，除了可以吸引世界优秀人才进行高科技农业、气候应对型农业、高效农业的技术创新与突破外，更为重要的是可以借鉴一些农业发达国家的经验，改善和优化我国农业资源，促进人类气候智能型农业的共同发展。

首先，应搭建农产品贸易国际合作平台。我国已经签署了《中美农业合作战略规划》《中新渔业合作安排》《中德关于进一步加强农业合作的共同声明》《中俄关于加强农业合作的谅解备忘录》等双边合作文件，除此之外，还应巩固和加强中美、中新、中德等经济贸易委员之类的合作平台建设，全面提升我国气候智能型农业发展水平。此外，还应强化农业信息统计等国际合作，强化国际合作信息平台建设，加强谈判和磋商。

其次，应积极参与部分国际组织涉及应对气候变化的农业支持项目。如联合国粮农组织（FAO）、世界银行（WB）、国际农业磋商小组（CGIAR）等均十分重视气候变化对农业的影响，我国应努力参与、合作和承接农业应对、适应气候变化的研究、援助和实验。

FAO 在灾害风险管理方面的研究项目很多，如加强农业部门灾害防范能力和气候风险管理能力的尼泊尔项目，适应气候变化、提升制度能力的菲律宾项目以及牧区风险管理的中国青海省项目等，这些项目关注的都是对气候变化比较敏感的地区，同时也是气候变化容易引发自然灾害并受到影响的地区。目前我国与 FAO 的合作成就显著，如合作研发的全球首个草

---

① 李秀香、赵越、简如洁：《我国气候智能型农业及贸易发展研究》，《当代财经》2011 年第 7 期。

原碳汇方法学为全球草原碳汇交易奠定了科学基础①。在此基础上，还应争取与 FAO 就气候智能型农业进一步深入合作，争取得到 FAO 的大力支持，总之，我们一要加强与 FAO 农业技术合作，扩大农业应对气候变化技术合作研究项目；二要通过 FAO 把我国气候智能型农业实验区向全世界，尤其是发展中国家推广；三要更多引入气候风险管理援助项目及试验示范项目，从而提升我国气候智能型农业发展的水平和能力。

世界银行（WB）是全球最早引领气候变化研究的国际性组织之一。该机构着力于基础研究，十分重视气候变化对水、土壤等农业生产资源的影响以及农业适应气候变化能力等。在此基础上，世界银行实施了大量援助发展中国家农业应对气候变暖的项目，如 2008 年在中国以及 2003～2009 年在拉美和加勒比地区实施的气候变化应对项目。这些举措为发展中国家抵御自然灾害能力的提升及降低气候变化风险带来的损失提供了强有力的帮助和支撑。联合国开发计划署（UNDP）设立的"气候变化特别基金"已经资助了很多项目，如在秘鲁实施的应对自然灾害援助项目，在坦桑尼亚实施的加强国家灾害应急准备项目，在莫桑比克实施的气候变化适应性项目等。此外，还有国际农业发展基金会（IFAD）、亚洲开发银行（ADB）、国际农业磋商小组（CGIAR）等组织也提供了多项技术和资金支持，帮助发展中国家应对气候变化。

当然，这仅仅是国际组织扶持农业应对气候变化项目的一小部分，近年来国际社会无论在技术层面，还是在资金扶持方面都加大了对应对气候项目的扶持力度，所以我国各级政府应积极组织力量研究与国际组织的农业合作战略、策略和方法，尤其是加强农业应对气候变化、适应气候变化的技术和管理方面的合作，并努力培育扶持一些重点项目，向国际组织推荐。这里需要强调的是，加强气候变化对农业影响的数据采集工作以及农业应对气候变化的数据收集工作十分重要，数据库的建立是进行国际合作的基础。

目前，针对农业应对气候变化，我国已经有一些国际合作项目取得成

---

① 佚名：《国际交流合作助力现代农业发展》，农博网，最后访问日期：2001 年 7 月 15 日，http://news. aweb. com. cn/20111219/470887812. shtml。

功，相关经验值得继续推广。如 2001 年，科技部"引进泰国野生莲杂交育种培育抗病白莲新品种"这一中泰政府合作项目，为江西省广昌县白莲科学研究所承担的气候智能型农业国际合作起到了实际的示范效应，提供了经验借鉴和方法参考。再如我国向埃及援助的优秀农业节能减排项目——"工业化秸秆气化"技术，该项目一是节省了能源，二是解决了农民焚烧秸秆的环境污染问题①。

最后，应积极参与涉及碳减排、低碳农业的国际立法及国际谈判等。尤其要积极参与 WTO、FAO 等国际组织的多双边政府间农产品贸易谈判，包括农业遗传资源和新品种知识产权、农产品气候认证技术标准和农业碳关税等，确保在涉农谈判中充分体现我国气候智能型农业发展意图，推进农业国际化、现代化、智能化和市场化发展进程。

（2）加强涉农碳交易国际合作

《京都议定书》创造的减排三机制——联合履行机制（JI）、清洁发展机制（CDM）和排放贸易机制（简称 ET），又被称为"京都三机制"，成为全球节能减排、应对气候变化的重要合作模式和交易机制。以欧美、日本为代表的发达国家在京都三机制运行方面进行了卓有成效的实践，产生的减排效果良好。印度、巴西和泰国等发展中国家和地区也主动加入全球碳交易市场，捕捉"碳"商机。CDM 在全球迅速发展，一级 CDM 市场（专指发达经济体购买发展中经济体碳减排量的直接交易市场）和二级 CDM 市场（碳减排量交易的衍生品市场）的发展很快，但农业 CDM 却不尽如人意。根据 UNFCCC 的数据，截至 2010 年 4 月，在 CDM 执行理事会注册的 CDM 项目共 3014 个，正在申请注册的项目有 74 个，但已注册的农业项目仅有 139 个，占已注册项目总数的 4.6%，正在申请的仅 2 项②。

我国参与全球碳交易机制还不够活跃。2009 年 12 月，我国自主确立的自愿减排量的检测标准和原则——"熊猫标准"正式公布，该标准规定了自愿减排流程、评定机构、规则限定等内容，完善了我国碳排放交易市

① 张群生：《中国和埃及农业合作研究》，西南大学硕士学位论文，2008。
② 李秀香、赵越、程颖：《农产品贸易的气候变化风险及其应对》，《国际贸易》2011 年第 11 期。

场机制。但我国目前的标准和规定仍有许多不足，全面参与国际碳交易活动，尤其是涉农碳交易活动还有很多困难①。截至 2013 年 1 月 5 日，中国已批准的 CDM 项目有 4782 项，其中甲烷回收项目 370 项，一氧化二氮分解消除项目 43 项，造林项目 4 项，生物质能发电项目 188 项，这些涉农 CDM 项目总共占比还不到 13%②。

为此，我国在参与涉农碳交易国际合作过程中必须加强以下两方面的工作。一是要充分利用国际低碳资金。当前国际社会已经创建了一些低碳农业发展基金。1999 年，WB 成立了首款针对 CDM 的原型碳基金，此后，很多国家开始纷纷建立主权碳基金、政府多边合作碳基金等，一些金融机构也相继设立营利性碳基金，各种私募碳基金也大量涌现，此外各类非政府组织也纷纷设立和参与管理碳基金。与此同时，碳担保和碳保理等碳保险市场也应运而生。这说明，当今服务于限制温室气体排放的"碳金融"活动十分活跃，其中涉农"碳金融"的则是重要的组成部分。如清洁发展机制（CDM）、全球环境信托基金（GEF）和国际自愿性的市场机制等均设立了不同规模的低碳农业发展支持基金、全球环境信托基金（GEF）、WMO 等机构针对农业及农业贸易应对气候的变化也设立了支持资金。因此，要发展气候智能型农业，就必须要加大对国际涉农资金的引进力度，尤其要加大对涉农 CDM 项目的引导和申请补贴力度，同时还要运用好引进的国际资金，使气候智能型农业实验和推广进入快车道。

二是要扶持并规范农业碳交易机制。随着我国"熊猫标准"的颁布和施行，我国农业温室气体排放权上市交易将不断完善。我国于 2006 年成立的碳基金已经签署购买的潜在减排量约为 1000 万吨。但是农林的"碳汇功能"的价值被忽视，我国农业保守估计每年可以吸收 CO_2 约 20 亿吨，这还不包括免耕、机灌、农村沼气和秸秆还田等专门的农业减排项目的贡献。即使按照 9.5 美元/吨的 CDM 价格计算，我国农业减排量的总价值大

① 夏庆利：《基于碳汇功能的我国农业发展方式转变研究》，《生态经济》2010 年第 10 期。
② 中国清洁发展机制网［EB/OL］. CDM 项目数据库 http://cdm.ccchina.gov.cn/web/item_new.asp? ColumnId=62，2013－01－05.

约 190 亿美元①。因此，我国要尽快建立并规范农业碳交易机制，做好培育市场和实战训练工作，为进一步参与国际涉农碳交易积极地准备。

二　建立贸易保障机制

首先，为了有效应对发达国家的低碳贸易壁垒，应加快低碳农产品贸易立法。一要在国内不断完善贸易与环境立法，如要完善、健全动植物检验检测、农药与化肥使用等的管理标准和法律法规。二要建立在 WTO 制度之下的政策法规，并积极采用国际标准，实现农产品国内标准与国际标准的接轨，如积极实施农产品的碳标签、低碳认证，尤其是 ISO14064 的相关认证，建立与国际制度相适合的农产品贸易管理体系。

其次，应建立农产品低碳贸易评价指标体系。该指标体系建立的目的是对一定时期内中国农产品贸易的低碳与生态经济效益进行评估，从而提高农业贸易抵抗气候风险的能力和效率。

最后，要完善低碳农产品贸易预警机制。一方面，要建立应对气候变化的进口预警机制，确保在受到重大恶劣气候事件影响下，国内粮食、肉类、蔬菜等食品价格能维持稳定。为了减少进口的盲目性，必须及时跟踪和评估重大气候灾害，密切关注全球气候变化对市场产生的影响，及时提供预警信息。此外，要在我国农业产业受到损害或损害威胁时推动反倾销、反补贴、保障措施等限制进口。另一方面，要加强重点农产品出口监测预警。要加强对低碳农产品出口风险的评估，为涉及我国低碳农产品出口的诉讼做好积极准备。必要时可建立低碳贸易壁垒信息中心、气候专家咨询委员会等服务机构来应对出口气候风险。

第四节　小结

我国气候智能型农业建设任务复杂而艰巨，需要强有力的政策和机制，以及积极的国际合作精神和灵活的贸易措施来保障。在政策保障方

---

① 尹敬东、周兵：《碳交易机制与中国碳交易模式建设的思考》，《南京财经大学学报》2010年第 2 期。

面：一要针对固碳、低碳农产品实行价格补贴；二要推行气候灾害的生产救助政策；三要加强应对气候变化的农业信息化平台建设；四要加大对农业智能化建设的投入，发展支农碳金融。在机制保障方面，应在加强气候智能型农业科技创新与服务，以及完善气候智能型农业技术人才培育等方面入手，强化气候智能型农业技术保障措施。

在健全农业气候灾害的应对机制方面，首先应加强农业气象与灾害服务体系建设。一方面，应从加强农村气象服务基础设施建设、加大农业气象技术的科研开发力度、大力发展具有地方特色的农业气象服务等方面入手，加强农业气象服务体系建设；另一方面，应从加强农业气象减灾的科学研究、强化农业气象灾害的预警能力、加强农业气象灾害的预防能力、加强气象灾害预防与预警能力建设。其次，应完善农业气象灾害保险体系建设。一方面应从建立农业气象灾害保险标准体系，建立因地制宜的气象灾害保险制度等方面入手，把工作抓牢；另一方面，应实实在在地推广农业气候指数保险制度。目前国际上已有一些先进经验可以借鉴，我国也已经启动了一些试点工作。应在此基础上大力推广实施农业气候指数保险制度。

在建立气候智能型农业国际合作与贸易保障机制方面，一方面，要从加强低碳农业和涉农碳交易等方面入手，建立高效互惠的国际合作机制；另一方面，要从加强低碳农产品贸易立法、建立农产品低碳贸易评价指标体系以及完善低碳农产品贸易预警机制等方面入手，建立气候智能型农业的贸易保障机制。

此外，气候智能型农业概念引入我国时间不长，相关知识的普及宣传有限，因此，在采取相应措施之前，必须加强宣传力度，充分利用各种媒体通讯手段对气候智能型农业相关知识进行普及、宣传；各级政府要对气候智能型农业的发展模式进行研究和探讨，从而逐步转变公众和社会观念，提高认识水平。

本章主要参考文献

［1］龙方：《新世纪中国粮食安全问题研究》，湖南农业大学博士学位论文，2007。

［2］娄丽：《简论新形势下的粮食安全问题》，吉林大学硕士学位论文，2004。

［3］胡锋、黎建飞：《打工难，种粮更难》，《南风窗》2008 年第 8 期。

［4］矫梅燕：《健全农业气象服务和农村气象灾害防御体系》，《求是》2010 年第 6 期。

［5］李秀香：《尽快建立农业气候指数保险制度》，《探索与争鸣》2013 年第 12 期。

［6］陈怀亮、张红卫等：《中国极端天气事件与农业气象服务》，《气象与环境科学》2010 年第 8 期。

［7］陈盛伟：《农业气象指数保险在发展中国家的应用及在我国的探索》，《保险研究》2010 年第 3 期。

［8］曲如晓、马建平：《贸易与气候变化：国际贸易的新热点》，《国际商务》2009 年第 7 期。

［9］张宪强、潘勇辉：《农业气候指数保险在发展中国家的实践与启示》，《社会科学》2010 年第 1 期。

［10］李秀香、赵越、简如洁：《我国气候智能型农业及贸易发展研究》，《当代财经》2011 年第 7 期。

［11］佚名：《国际交流合作助力现代农业发展》，农博网，最后访问日期：201 - 07 - 15，http://news.aweb.com.cn/20111219/470887812.shtml。

［12］张群生：《中国和埃及农业合作研究》，西南大学硕士学位论文，2008。

［13］李秀香、赵越、程颖：《农产品贸易的气候变化风险及其应对》，《国际贸易》2011 年第 11 期。

［14］夏庆利：《基于碳汇功能的我国农业发展方式转变研究》，《生态经济》2010 年第 10 期。

［15］中国清洁发展机制网［EB/OL］. CDM 项目数据库 http://cdm.ccchina.gov.cn/web/item_new.asp? ColumnId = 62，2013 - 01 - 05.

［16］尹敬东、周兵：《碳交易机制与中国碳交易模式建设的思考》，《南京财经大学学报》2010 年第 2 期。

附录一　相关数据表

附表 I　全国各省、自治区、直辖市农产品净出口额占农业总产出比重（%）

地区	1998 年	1999 年	2000 年	2001 年	2002 年	2003 年	2004 年
甘肃	0.345	0.387	0.333	0.529	0.945	1.136	1.908
青海	1.498	1.403	1.307	0.654	0.632	0.646	0.478
宁夏	1.786	0.531	0.851	0.971	1.074	0.881	0.660
广东	2.508	− 0.025	− 0.616	− 1.879	− 2.313	− 6.208	− 7.708
广西	− 0.044	0.011	0.012	0.005	− 0.008	− 0.011	− 0.020
云南	4.608	2.990	2.286	2.978	2.975	3.346	3.226
河南	1.001	0.988	0.820	0.794	0.596	0.507	0.069
河北	0.880	0.721	0.927	0.932	0.963	0.876	0.664
山东	3.023	4.307	4.605	4.683	4.704	2.342	0.755
黑龙江	2.047	2.846	4.000	3.051	3.411	5.142	1.894
吉林	1.500	3.860	4.230	5.650	8.310	10.300	11.150
辽宁	3.219	3.652	2.354	0.602	2.193	1.179	− 0.159
湖南	1.001	0.988	0.820	0.794	0.596	0.507	0.069
湖北	0.880	0.721	0.927	0.932	0.963	0.876	0.664
安徽	1.116	1.469	1.608	1.316	1.262	1.408	0.841
江苏	0.264	0.239	0.018	− 1.300	− 2.210	− 3.923	− 6.822
江西	1.904	1.611	2.200	1.362	0.733	0.679	0.549
山西	1.019	1.427	1.532	1.798	1.659	1.811	1.907
内蒙古	0.976	1.493	5.762	1.028	− 2.412	3.280	1.080

续表

地区	1998 年	1999 年	2000 年	2001 年	2002 年	2003 年	2004 年
西藏	0.587	0.344	0.323	0.314	0.296	1.413	3.566
上海	-4.364	-7.644	-15.336	-16.625	-14.993	-39.709	-49.201
北京	-16.738	-35.941	-76.013	-72.706	-38.813	-62.335	-156.435
天津	-0.901	4.192	1.589	3.224	-1.829	-12.039	-17.007
四川	-0.802	1.227	1.312	1.507	1.179	0.817	1.143
贵州	-0.700	0.264	0.120	0.791	1.056	0.958	1.089
陕西	1.019	1.427	1.532	1.798	1.659	1.811	1.907
新疆	0.731	2.765	4.317	1.617	5.394	2.911	1.732
浙江	3.787	3.468	2.462	1.913	2.485	1.182	0.143
福建	6.550	6.561	7.072	4.773	4.373	2.625	1.194
海南	1.024	0.563	7.699	-0.229	0.207	0.022	-0.226

附表 I （续）

地区	2005 年	2006 年	2007 年	2008 年	2009 年	2010 年
甘肃	2.434	2.300	2.481	2.400	1.738	1.697
青海	0.523	0.634	0.439	0.317	0.478	0.605
宁夏	0.772	1.204	1.454	1.071	0.813	1.505
广东	-1.017	-2.663	-5.671	-7.675	-6.411	-7.432
广西	-0.020	-0.027	-0.027	-0.031	-0.025	-0.023
云南	3.081	3.103	2.911	2.014	1.949	0.819
河南	1.040	0.202	0.586	0.551	0.448	0.633
河北	0.978	1.295	1.069	1.131	1.235	1.645
山东	4.108	4.079	4.154	1.411	1.567	0.345
黑龙江	2.740	2.602	2.172	1.625	-1.043	-1.495
吉林	2.460	3.830	3.030	-1.800	1.680	1.270
辽宁	3.204	4.666	5.196	3.868	2.598	1.227
湖南	1.040	0.202	0.586	0.551	0.448	0.633
湖北	0.978	1.295	1.069	1.131	1.235	1.645
安徽	0.836	0.672	0.154	0.266	0.327	0.298
江苏	-6.563	-7.169	-9.823	-7.973	-8.394	-10.398

续表

地区	2005 年	2006 年	2007 年	2008 年	2009 年	2010 年
江西	0.824	0.889	− 0.357	0.608	0.981	0.848
山西	2.701	3.349	5.668	3.753	2.518	1.820
内蒙古	1.913	1.255	1.852	0.711	0.626	0.224
西藏	3.629	4.896	5.429	2.434	2.486	3.895
上海	− 69.022	− 76.203	− 114.000	− 123.261	− 137.613	− 117.307
北京	− 121.052	− 89.766	− 67.822	− 186.866	− 88.248	− 149.601
天津	− 18.795	− 20.469	− 39.531	14.698	− 40.466	− 53.554
四川	1.146	1.170	0.911	0.751	0.665	0.650
贵州	0.974	0.822	0.785	0.865	1.124	1.255
陕西	2.701	3.349	5.668	3.753	2.518	1.820
新疆	2.631	2.066	3.180	3.816	3.269	1.382
浙江	5.413	4.789	1.689	− 0.656	1.137	− 1.583
福建	4.388	6.034	4.833	2.150	2.768	4.921
海南	1.996	3.194	3.881	4.045	3.100	3.207

数据来源：①各省、自治区、直辖市农产品净出口额根据历年《中国农业年鉴》计算得来；②农业总产值来源于历年《中国统计年鉴》；③占比根据以上数据计算得来。

附表 II　农产品与非农产品价格之比

年份	RPAM	年份	RPAM	年份	RPAM
1998	1.059	2003	0.971	2008	1.205
1999	0.952	2004	1.035	2009	1.244
2000	0.893	2005	1.000	2010	1.307
2001	0.933	2006	0.983		
2002	0.951	2007	1.129		

数据来源：根据历年《中国统计年鉴》及《中国农村统计年鉴》相关数据计算所得。

附表 III　全国省、自治区、直辖市农产品产出占总产出百分比（%）

地区	1998 年	1999 年	2000 年	2001 年	2002 年	2003 年	2004 年
甘肃	0.345	0.387	0.333	0.529	0.945	1.136	1.908

续表

地区	1998 年	1999 年	2000 年	2001 年	2002 年	2003 年	2004 年
青海	27.521	24.647	21.617	21.091	19.228	19.708	18.580
宁夏	32.106	29.481	26.371	25.279	24.525	23.215	23.366
广东	18.927	17.873	15.275	14.021	13.070	12.046	11.422
广西	45.304	42.853	39.855	38.296	36.315	36.542	37.702
云南	33.555	33.819	33.856	32.900	31.887	31.272	31.318
河南	42.314	42.205	39.214	38.005	36.365	31.934	34.650
河北	35.383	34.110	30.625	30.462	28.732	28.274	28.026
山东	30.970	29.397	27.518	26.688	24.583	24.031	22.993
黑龙江	2.047	2.846	4.000	3.051	3.411	5.142	1.894
吉林	42.262	40.366	31.227	31.094	28.890	29.755	30.131
辽宁	3.219	3.652	2.354	0.602	2.193	1.179	-0.159
湖南	40.747	36.500	34.400	33.485	31.793	31.180	40.747
湖北	36.849	34.871	31.748	30.223	28.563	28.210	36.849
安徽	47.280	45.507	42.039	38.750	37.094	33.275	47.280
江苏	25.684	23.869	21.858	20.685	18.964	15.689	16.113
江西	10.207	9.747	8.889	8.357	7.773	6.764	7.032
山西	22.296	18.313	17.467	14.856	15.124	14.136	13.491
内蒙古	42.327	38.592	35.293	32.437	30.243	27.902	27.993
西藏	46.230	45.480	43.463	37.942	34.498	31.659	28.461
上海	5.441	4.939	4.538	4.368	4.069	3.694	3.083
北京	7.433	6.883	6.175	5.770	5.321	4.913	4.343
天津	11.363	10.000	9.184	8.832	8.420	8.297	7.747
四川	40.128	37.732	35.978	34.163	33.875	33.461	35.305
贵州	46.867	43.424	40.100	36.937	34.694	32.721	31.267
陕西	32.872	28.412	25.771	23.814	22.593	20.675	20.506
新疆	45.025	39.650	35.730	33.307	32.555	36.487	33.982
浙江	19.865	18.465	17.308	16.062	14.197	12.200	11.437
福建	30.805	29.606	27.554	26.065	24.369	23.099	22.856
海南	54.848	58.573	59.204	58.219	57.913	54.818	54.913

附表Ⅲ（续）

地区	2005 年	2006 年	2007 年	2008 年	2009 年	2010 年
甘肃	2.434	2.300	2.481	2.400	1.738	1.697
青海	17.301	15.513	15.213	15.060	14.548	14.906
宁夏	22.527	20.967	19.900	18.872	17.993	18.104
广东	10.851	10.073	8.878	8.963	8.453	8.161
广西	36.355	34.725	34.794	34.038	30.637	28.433
云南	30.869	30.335	27.903	28.012	27.654	25.062
河南	31.261	29.036	25.845	25.915	25.007	24.832
河北	25.977	24.171	22.604	21.891	21.124	21.130
山东	20.373	18.523	18.490	18.146	17.710	16.980
黑龙江	2.740	2.602	2.172	1.625	-1.043	-1.495
吉林	29.017	27.028	25.731	25.129	23.827	21.347
辽宁	3.204	4.666	5.196	3.868	2.598	1.227
湖南	31.173	27.728	27.885	28.771	24.563	23.616
湖北	26.943	24.562	24.608	25.956	23.032	21.932
安徽	31.143	29.119	28.123	27.639	25.535	23.912
江苏	13.856	12.451	11.779	11.589	11.075	10.373
江西	6.146	5.649	5.484	5.424	5.032	4.588
山西	11.436	10.503	8.273	8.146	12.349	11.388
内蒙古	25.101	21.963	19.872	17.957	16.125	15.795
西藏	27.211	24.075	23.372	22.414	21.162	19.864
上海	2.524	2.242	2.049	1.993	1.882	1.672
北京	3.857	3.326	2.765	2.734	2.592	2.324
天津	6.616	6.073	4.582	3.990	3.745	3.440
四川	33.276	29.943	31.972	30.976	26.074	23.751
贵州	28.513	26.105	24.167	23.692	22.368	21.681
陕西	18.575	17.259	17.420	17.471	16.368	16.458
新疆	31.914	29.012	30.186	28.129	30.339	33.953
浙江	10.645	9.636	8.517	8.293	8.149	7.838
福建	21.299	19.731	18.297	18.156	16.354	15.655
海南	52.996	52.052	43.718	44.243	42.619	39.782

数据来源：历年《中国统计年鉴》相关数据计算所得。

附表Ⅳ 全国各省、自治区、直辖市年均气温（℃）

地区	1999 年	2000 年	2001 年	2002 年	2003 年	2004 年
甘肃	11.10	11.00	11.00	11.00	10.80	10.90
青海	6.30	6.10	5.80	6.00	6.10	6.00
宁夏	9.50	9.60	10.10	10.00	9.70	10.30
广东	22.80	22.40	22.50	22.50	22.90	22.90
广西	23.00	21.70	21.50	21.30	21.70	22.00
云南	16.50	16.30	15.60	16.00	16.10	16.40
河南	15.50	15.40	15.00	15.10	15.40	14.40
河北	15.00	14.70	12.70	14.40	14.40	13.60
山东	16.00	15.10	14.50	14.60	15.00	13.80
黑龙江	5.50	4.80	4.60	4.90	5.40	5.90
吉林	7.40	6.00	5.60	6.10	6.80	7.00
辽宁	9.70	8.90	8.30	8.40	9.20	9.00
湖南	17.20	17.10	17.60	17.70	17.60	18.30
湖北	17.50	19.20	18.00	17.90	17.40	18.30
安徽	16.30	16.70	16.80	17.20	16.30	16.60
江苏	15.70	16.40	16.60	16.60	16.00	16.90
江西	18.00	17.90	18.20	18.30	18.50	18.80
山西	11.50	10.70	11.00	10.90	10.10	10.90
内蒙古	8.40	7.50	8.20	8.00	7.10	8.00
西藏	9.00	8.40	8.80	8.50	8.70	8.60
上海	16.60	17.20	17.20	17.50	17.00	17.50
北京	13.10	12.80	12.90	13.10	12.80	13.50
天津	13.10	12.90	13.00	13.20	12.70	13.20
四川	16.70	16.60	17.30	17.40	17.20	16.20
贵州	15.90	13.80	14.50	14.60	14.80	14.60
陕西	15.00	14.50	15.00	15.40	14.30	15.40
新疆	8.00	7.30	7.70	8.00	6.70	8.00
浙江	16.70	17.20	17.30	17.40	17.40	17.80
福建	20.40	20.50	20.60	20.90	20.90	20.80
海南	24.50	24.50	24.90	25.00	25.20	24.70

附表Ⅳ（续）

地区	2005 年	2006 年	2007 年	2008 年	2009 年	2010 年
甘肃	7.20	8.50	11.10	10.60	8.00	7.90
青海	5.80	6.40	6.10	5.70	6.20	6.40
宁夏	10.10	10.90	10.40	9.90	10.50	10.30
广东	22.80	23.20	23.20	22.40	23.00	22.50
广西	21.40	22.00	21.70	20.80	22.20	21.80
云南	16.70	16.40	15.80	15.40	16.60	16.70
河南	14.90	15.80	16.00	15.60	15.50	15.60
河北	14.30	14.60	14.90	14.60	14.40	14.00
山东	14.40	15.30	15.00	14.60	14.80	14.30
黑龙江	4.70	5.30	6.60	6.60	5.00	4.50
吉林	5.60	6.60	7.70	7.20	6.10	5.20
辽宁	8.10	8.30	9.00	8.60	7.70	7.20
湖南	17.70	18.50	18.80	18.30	18.50	18.20
湖北	17.80	18.30	18.60	17.60	17.90	16.60
安徽	16.20	17.00	17.40	16.40	16.70	16.40
江苏	16.30	16.90	17.40	16.10	16.40	16.20
江西	18.20	18.60	19.20	18.50	18.80	18.50
山西	10.90	11.80	11.40	10.90	11.10	11.30
内蒙古	7.70	8.60	9.00	7.40	8.00	7.80
西藏	9 30	9 70	9 80	8.90	10.30	10.00
上海	17.10	17.90	18.20	17.20	17.40	17.20
北京	13.20	13.40	14.00	13.40	13.30	12.60
天津	12.90	13.20	13.60	13.30	12.90	12.20
四川	16.20	16.90	16.80	16.30	16.80	16.00
贵州	14.10	14.80	14.90	14.10	14.90	14.60
陕西	15.00	15.20	15.60	14.90	15.10	14.60
新疆	7.50	8.60	8.50	8.70	8.00	7.40
浙江	17.50	18.20	18.40	17.50	17.80	17.40
福建	20.30	20.80	21.00	20.40	20.70	20.40
海南	25.10	25.40	24.10	23.40	24.30	24.60

数据来源：用历年《中国农业年鉴》/主要城市平均气温数据代表该省气温。

附表Ⅴ　全国各省、自治区、直辖市受灾面积

单位：十万公顷

地区	1998 年	1999 年	2000 年	2001 年	2002 年	2003 年	2004 年
甘肃	9.29	18.10	23.19	22.14	12.16	10.51	21.47
青海	1.22	4.20	4.44	3.07	3.37	1.74	1.57
宁夏	1.49	3.47	5.26	3.60	3.52	2.45	5.45
广东	7.01	15.80	6.88	10.94	19.78	11.94	10.71
广西	12.94	22.00	15.23	11.55	11.70	18.31	19.95
云南	11.38	14.10	9.41	11.37	14.46	14.93	11.33
河南	31.20	36.70	46.10	28.50	28.10	50.00	22.30
河北	24.70	36.20	27.10	29.60	30.00	30.00	17.60
山东	15.40	30.00	37.00	36.00	49.40	26.30	21.20
黑龙江	31.60	14.40	34.80	42.40	41.50	66.60	37.90
吉林	17.40	11.20	32.50	29.20	14.30	19.10	25.50
辽宁	3.80	12.80	28.30	26.70	15.90	11.70	12.50
湖南	36.10	15.30	15.50	17.50	28.10	27.40	11.30
湖北	32.40	28.30	31.90	28.90	26.70	31.00	15.50
安徽	59.00	28.60	35.00	27.90	11.60	37.50	7.20
江苏	36.10	31.90	31.80	11.80	7.70	28.60	9.60
江西	33.20	7.50	14.20	6.30	10.40	18.20	11.20
山西	16.75	30.00	24.55	25.53	16.03	8.29	9.47
内蒙古	22.95	38.40	33.97	35.95	23.88	32.27	32.16
西藏	1.50	0.67	0.32	0.35	0.70	0.04	0.43
上海	0.00	2.59	0.18	0.00	0.63	0.01	0.06
北京	0.78	1.23	2.04	0.96	1.95	0.59	0.28
天津	1.41	2.26	3.10	1.82	2.35	1.43	0.75
四川	26.65	9.76	23.15	37.17	25.64	27.43	14.76
贵州	7.80	12.30	10.20	10.70	11.59	10.60	6.98
陕西	15.53	25.20	19.08	24.75	18.77	21.36	11.21
新疆	5.75	8.65	6.40	11.00	6.93	7.68	7.42
浙江	12.28	7.57	7.87	3.70	7.63	6.13	7.96
福建	10.30	8.76	5.02	2.53	8.94	10.97	6.71
海南	1.51	3.63	5.41	1.82	2.89	2.77	1.58

附表 V （续）

地区	2005 年	2006 年	2007 年	2008 年	2009 年	2010 年
甘肃	13.33	20.39	22.84	13.34	18.81	13.04
青海	1.07	3.24	1.52	1.22	1.60	1.11
宁夏	4.83	6.22	6.11	6.67	3.66	1.45
广东	8.69	12.72	7.46	16.00	6.43	7.24
广西	15.24	15.46	11.26	23.06	11.10	16.65
云南	25.85	15.35	14.48	14.60	16.68	32.15
河南	21.10	15.90	21.20	9.70	30.00	15.70
河北	11.30	22.60	23.40	11.50	26.30	15.30
山东	17.80	18.80	18.70	6.70	23.40	25.80
黑龙江	21.00	33.30	66.50	23.70	73.90	14.30
吉林	10.20	10.50	30.20	5.80	26.70	9.00
辽宁	9.90	11.20	23.90	5.40	21.70	7.60
湖南	20.70	22.40	21.80	44.80	18.30	28.40
湖北	25.80	21.70	27.90	40.30	18.30	24.70
安徽	28.80	14.70	19.90	12.80	21.00	17.50
江苏	16.80	17.10	16.40	5.00	12.00	6.50
江西	14.30	12.60	13.20	23.80	13.50	20.80
山西	17.65	10.40	24.04	21.64	17.87	13.96
内蒙古	18.14	35.60	33.99	24.97	47.70	20.33
西藏	0.43	0.25	0.28	0.54	0.53	0.51
上海	0.85	0.00	0.21	0.21	0.16	0.24
北京	0.69	0.74	0.76	0.31	0.15	0.03
天津	1.22	0.61	1.06	0.80	0.59	0.33
四川	15.94	29.30	24.90	14.12	15.99	23.24
贵州	7.58	10.18	5.24	17.60	7.80	16.81
陕西	17.48	13.99	19.46	10.47	12.21	11.22
新疆	5.17	7.35	9.50	21.73	12.44	13.07
浙江	11.81	3.79	9.01	10.75	4.63	2.83
福建	9.46	9.39	3.29	2.31	2.66	6.05
海南	7.28	0.46	2.88	3.66	1.20	3.06

数据来源：历年《中国统计年鉴》/农业/受灾面积和成灾面积。

附录二　作者相关研究成果

序号	成果名称	成果形式	作者	出版社及出版时间或发表刊物及刊物年期
1	我国气候智能型农业生产及贸易发展	论文	李秀香、赵越、简如洁	《当代财经》2011 年第 7 期
2	农产品贸易的气候变化风险及其应对	论文	李秀香、赵越、程颖	《国际贸易》2011 年第 11 期
3	积极应对农业气候风险	论文	李秀香、章萌	《探索与争鸣》2012 年第 2 期
4	国际气候智能型农业的探索及启示	论文	李秀香、邓丽娜	《江西社会科学》2012 年第 9 期
5	气候智能型城市建设研究	专著	李秀香	江西人民出版社，2012
6	尽快建立农业气候指数保险制度	论文	李秀香	《探索与争鸣》2013 年第 12 期
7	对我国推广农业气候指数保险的思考	论文	李秀香	《江西社会科学》2013 年第 12 期
8	加强气候品质认证，提升农产品出口质量	论文	李秀香、冯馨	《国际贸易》2016 年第 7 期
	以下是转载及社会反响			
1	我国气候智能型农业生产及贸易发展研究	论文	李秀香、赵越、简如洁	《高等学校文科学术文摘·学术前沿》2011 年第 5 期转载《当代财经》2011 年第 7 期同名文章
2	气候智能型城市建设研究	专著	李秀香	专著获得第十五届江西省优秀社会科学成果三等奖
3	2014 年 11 月 5 日李秀香接受了《中国科学报》记者采访，对气候智慧型农业特点、国际经验以及我国发展期气候智慧型农业的瓶颈等问题谈了自己的看法，采访稿以"中国气候智慧型农业的未来"为题发表在当日《中国科学报》第五版上。	新闻稿	胡璇子（对李秀香等采访稿）	《中国科学报》2014 年 11 月 5 日

后　记

在国家社会科学基金"我国气候智能型农业发展研究"（项目编号：11BJY103）顺利结题，在书稿即将付梓之际，研究团队在欣喜之余，总有无数感慨。

2011年9月，课题刚批下来，江西省社会科学规划办公室主任王玉宝，江西财经大学原校长史忠良教授、科研处副处长李志强教授和国际经贸学院首席教授许统生等课题专家组，便对课题研究的思路、研究方法、数据采集和处理、研究重点与需要注意的问题提出了具体指导意见和建议，为本课题、本书稿的顺利完成打下了坚实的基础，在这里一并表示衷心感谢！

2011年6月～2012年9月，我作为江西省政协委员参加了省政协人口资源与环境委员会组织的"两个服务体系建设"的调研，先后对江西省8个县市的农业气象服务体系建设进行了实地调研，走访了相关管理部门、农业生产基地、气象服务部门，以及企业、村镇等，积累了一手资料和具体数据。这里要对江西省政协人资环委的老领导们致以最诚挚的感谢！

2014年11月，李秀香接受了《中国科学报》记者的采访，采访稿以《中国气候智慧型农业的未来》为题发表在11月5日《中国科学报》第五版上，这使本书的核心内容获得了多领域的认可和传播，这里也对《中国科学报》实习记者胡璇子女士表示衷心感谢！

书稿的顺利完成离不开课题组成员赵越、史言信、吕飞、戴明辉、徐颖慧、秦天放、程颖、周兰兰和朱娟娟等同志们的努力与付出，他们在实地考察与调研、文献资料的搜集与整理、书稿的撰写与修改等方面做出了大量工作。书稿的统稿工作由我和吕飞共同完成，计量模型分析部分主要由赵越撰稿。我们团队成员的共同努力，推动了书稿顺利出版，在此对大家表示最真诚的感谢！

最后，十分感谢责任编辑孙燕生先生和文稿编辑吕颖女士对书稿耐心细致的打磨，使得书稿文字表达更加精炼准确，写作更加规范。

李秀香
2017 年 5 月 18 日

图书在版编目（CIP）数据

中国气候智能型农业研究 / 李秀香著. -- 北京：
社会科学文献出版社，2017.9
（江西省哲学社会科学成果文库）
ISBN 978 - 7 - 5201 - 1007 - 5

Ⅰ.①中…　Ⅱ.①李…　Ⅲ.①气候变化 - 影响 - 农业
研究 - 中国　Ⅳ.①F32

中国版本图书馆 CIP 数据核字（2017）第 149234 号

·江西省哲学社会科学成果文库·
中国气候智能型农业研究

著　　者 / 李秀香

出 版 人 / 谢寿光
项目统筹 / 王　绯　周　琼
责任编辑 / 孙燕生　吕　颖

出　　版 / 社会科学文献出版社·社会政法分社（010）59367156
　　　　　地址：北京市北三环中路甲 29 号院华龙大厦　邮编：100029
　　　　　网址：www. ssap. com. cn
发　　行 / 市场营销中心（010）59367081　59367018
印　　装 / 三河市尚艺印装有限公司

规　　格 / 开本：787mm × 1092mm　1/16
　　　　　印张：17.75　字数：279 千字
版　　次 / 2017 年 9 月第 1 版　2017 年 9 月第 1 次印刷
书　　号 / ISBN 978 - 7 - 5201 - 1007 - 5
定　　价 / 78.00 元